Inhaltsverzeichnis

Anhang

Zu diesem Buch

Die vorliegende Lernhilfe **Vorbereitung auf das Abitur Musikgeschichte bis 1900** wendet sich an Schülerinnen und Schüler der Oberstufe bzw. Sekundarstufe II, die den Grund- oder Leistungskurs Musik wählen oder bereits gewählt haben.

Dieser Titel ist hervorragend geeignet als Hilfe:

- zur Vorbereitung auf Klausuren sowie besonders auf das schriftliche und/oder mündliche Abitur,
- zur Wiederholung von Grundlagen und anderem Unterrichtsstoff aus dem Bereich der Musikgeschichte,
- zur Anfertigung von Referaten und Facharbeiten
- und als Nachschlagewerk, aber auch als kontinuierliche Lektüre.

Die umfangreichen Informationen bieten die Möglichkeit, sich über den Unterrichtsstoff hinaus weiterzubilden und dieses Wissen bei Klausuren und Prüfungen erfolgreich einzubringen. Zahlreiche Verweise erleichtern das Auffinden von Zusammenhängen. Trotz der strengen Auswahl bei den Themenbereichen sind im Bereich der **Musikgeschichte bis 1900** alle wichtigen Unterrichtsstoffe und Inhalte der Lehrpläne aller Bundesländer abgedeckt. (Die **Musiktheorie** ist in einem eigenen Band aufbereitet.)

Die Fachbegriffe sind ausführlich und exakt definiert. Eine Definition ist durch farbige und fette Schrift des **Fachbegriffs** optisch kenntlich gemacht. *Farbiger Kursivdruck* kennzeichnet weitere, nicht ganz so wichtige Fachausdrücke. Wird ein Fachbegriff benutzt, der bereits im Band **Vorbereitung auf das Abitur Musiktheorie** definiert und behandelt wurde, so wird darauf hingewiesen. Zum leichteren Verständnis wurden manchmal kurze Erläuterungen erneut aufgegriffen. Die Etymologie (Herkunft) eines Fachbegriffs ist dann angegeben, wenn sie hilfreich erscheint. Weiterführende Ergänzungen sind durch die Bezeichnung „Anmerkung“ markiert.

Wichtige Grundprinzipien bei der Abfassung der Texte waren zum einen eine komprimierte Darstellung, zum anderen eine möglichst leichte Verständlichkeit, sowie eine sehr gute Übersichtlichkeit. Die Kapitel sind in thematisch gleich strukturierte Unterabschnitte gegliedert. Wo erforderlich, wird am Anfang eines Abschnittes ein kurzer Überblick über die weiteren Einteilungen gegeben. Das Buch enthält zahlreiche Notenbeispiele, die die Sachverhalte verdeutlichen und einprägsamer gestalten. Die Notenbeispiele sind treffend und stammen aus bekannten Werken.

Aus jedem Zeitabschnitt seit dem 17. Jahrhundert ist mindestens ein Komponist mit seiner Biografie und seinen wichtigsten Werken vertreten. Die Biografie der Komponisten und ihre Kompositonen werden in der Epoche abgehandelt, in der sie hauptsächlich wirkten. Eine Ausnahme bilden *Monteverdi* und *Beethoven*, deren Werke in zwei Epochen behandelt sind.

Namen von Komponisten werden – außer bei osteuropäischen Sprachen – zuerst im Original genannt, soweit erforderlich wird in Klammern die deutsche Übersetzung hinzugefügt.

Zu Dank verpflichtet ist der Autor Herrn Gerhard Sautter für wertvolle Hinweise. Ganz besonderen Dank gebührt den Herren Prof. Dr. Mathias Bielitz, Rainer Butz und Dr. Peter Simonett für die vielen Gespräche während der Arbeit an diesem Buch. Großer Dank gebührt auch Frau Anita Riede für ihre umfangreiche Hilfe bei der Formulierung.

Der Verfasser

1 Zur Einteilung von westlicher Musik und Allgemeines zum Musikerberuf

1.1 Kunstmusik – Volksmusik – Popularmusik

Die Musik unseres Kulturkreises vor 1900 kann stark vereinfachend eingeteilt werden in *Kunstmusik* und *Volksmusik*.

Kunstmusik
- weist einen hohen Grad an Komplexität auf,
- ist schriftlich überliefert und
- wird von einem umfangreichen theoretischen Schrifttum begleitet.

Die europäische Kunstmusik kann seit dem 15. Jahrhundert in verschiedene Stilebenen eingeteilt werden, d. h. die Werke besitzen deutliche Unterschiede bezüglich ihrer Komplexität (→ 4.1.1).

Volksmusik ist dagegen
- von geringer Differenziertheit, in der Regel nur einstimmig,
- im Ansatz zunächst nicht schriftlich überliefert und
- wird eher ohne ausführliche Theorie gepflegt und vererbt.

Von der Kunst- und Volksmusik ist die **Popularmusik** zu unterscheiden, die im ausgehenden 19. Jahrhundert entstanden ist und sich mit dem Aufkommen der Massenmedien im 20. Jahrhundert stark verbreitet hat. Sie kann grob charakterisiert werden als
- leicht eingängig und
- im 20. Jahrhundert stark durch die Massenmedien geprägt (→ Bd. III).

Die Ausführungen in diesem Band, auch bezüglich des Musiklebens, beziehen sich allein auf die Kunstmusik.

1.2 Zur zeitlichen Einteilung der westlichen Musikgeschichte

Die europäische Kunstmusik ist einem andauernden Veränderungsprozess unterworfen. Hierbei ist zuweilen ein besonders einschneidender Wandel zu verzeichnen. Ein solcher kann sich relativ abrupt, also innerhalb weniger Jahre, oder kontinuierlich, also im Verlauf von einigen Jahrzehnten, vollziehen. Sehr rasch ging beispielsweise der Stilwandel um 1600 vonstatten, langsam der ab 1730.

Eine Zäsur in der europäischen Musik nach der Antike steht nur selten in unmittelbarem Zusammenhang mit der politischen Geschichte; in den meisten Fällen ist kaum ein Zusammenhang zu erkennen. Die Zäsuren der Musikgeschichte nach der Antike sind im Allgemeinen nicht identisch mit solchen der Geschichte anderer Künste. Der musikalische Barock beginnt beispielsweise um 1600, in der Kunstgeschichte früher.

Zwischen zwei deutlichen Einschnitten legt die Musikgeschichtsschreibung zumeist eine Epoche fest. Dabei sollte aber beachtet werden, dass die Musik eines solchen Zeitabschnitts trotzdem sehr heterogen ist. Die Einschnitte sind mehr oder weniger allgemein akzeptiert, allerdings nicht die Namen für die sich daraus ergebenden Epochen.

Im vorliegenden Buch werden zunächst die *Vorgeschichte*, der *Alte Vordere Orient* (ab ca. 3000 v. Chr.) und die *Antike* (ca. 1200 v. Chr. bis ca. 500 n. Chr.) kurz abgehandelt. Diese Begriffe stammen aus der politischen Geschichte und sind allgemein akzeptiert.

Im weiteren Verlauf wird eine Benennung der Epochen vorgenommen, die in der neueren deutschen Musikwissenschaft verbreitet ist. Die Musik von ca. 500 bis ca. 1420 wird mit *Mittelalter* bezeichnet. Danach folgt eine Einteilung und Bezeichnung nach *Jahrhunderten*, wobei das *15. und 16. Jahrhundert* zusammengefasst sind. Die Epochengrenzen laufen dabei nicht immer genau um die Jahrhundertwende (ca. 1600/ca. 1730/ca. 1814).

Lange Zeit war es üblich, die Epochen mit anderen Bezeichnungen zu versehen, die auch heute noch gebräuchlich sind. Das 15. und 16. Jahrhundert wird oft mit dem allgemeinen geistesgeschichtlichen Begriff *Renaissance* betitelt, die folgenden Jahrhunderte mit Bezeichnungen, die auch in anderen Künsten üblich sind, nämlich *Barock*, *Klassik* und *Romantik*. Diese Begriffe sind sicher fasslicher als Angaben nach Jahrhunderten. Es besteht hierbei jedoch die Gefahr, Merkmale der Kunst- und Geistesgeschichte der jeweiligen Zeit in problematischer Art und Weise auf die Musik zu übertragen.

Im Folgenden wird der Begriff *Barock* synonym mit *Musik zwischen ca. 1600 und ca. 1730* verwendet. Hier ist die Gefahr der Übertragung von Merkmalen der Kunstgeschichte weniger gegeben. *Renaissance* wird im Zusammenhang mit Musik nicht gebraucht. *Klassik*, genauer *Wiener klassischer Stil*, wird die Musik von Haydn, Mozart und Beethoven zwischen 1780 und 1814 genannt. *Romantik* ist hier nicht ein Name für eine Epoche, sondern für ein Merkmal in der Musik des 19. Jahrhunderts.

1.3 Geografische Unterschiede

Die Kunstmusik variiert zu einer bestimmten Zeit an verschiedenen Orten stark. Besonders deutlich war der Unterschied in Europa zwischen westlichem und östlichem Teil seit der Aufteilung des Römischen Reiches um 400 n. Chr.

Auch innerhalb des westlichen Teils von Europa waren die Unterschiede zwischen den einzelnen Regionen deutlich. Ähnlich wie in anderen Künsten war die Musik innerhalb einer sprachlichen und/oder politischen Einheit ähnlich. Geografische Grenzen förderten dabei die Eigenentwicklung. So war die englische Musik im Mittelalter recht verschieden von der festländischen.

Manchmal waren Besonderheiten auf eine kleine Region, zuweilen auf eine einzige Stadt beschränkt. Im Mittelalter war beispielsweise die *Notre-Dame-Epoche* auf Paris und die *Ile de France* begrenzt. Neue Entwicklungen in der Oper durch das Aufkommen von öffentlichen Opernhäusern seit 1637 in Venedig vollzogen sich zunächst in dieser Stadt.

Bei der Benennung von geografisch spezifizierter Musik wird nachstehend der Begriff „-sprachig" weggelassen. Unter *italienischer Musik* wird also beispielsweise immer *italienischsprachige Musik* verstanden, auch wenn sie in Wien geschrieben wurde.

1.4 Zur systematischen Einteilung der Kunstmusik

Man teilt die europäische Musik folgendermaßen ein:

Europäische Musik

Vokalmusik (Gesang und evtl. Instrumente) | Instrumentalmusik (nur Instrumente)

geistliche Musik (religiöse Texte) | weltliche Musik (nicht religiöse Texte)

Kirchenmusik (Musik mit (→) *liturgischer* Funktion im Gottesdienst) | Nicht liturgische geistliche Musik (z. B. Oratorium, geistliches Lied)

katholische Kirchenmusik | evangelische Kirchenmusik

In den folgenden Kapiteln wird für die Epochen ab ca. 1420 bei den Gattungen zunächst die Vokalmusik behandelt, da sie allgemein als höherwertig als die Instrumentalmusik eingestuft wurde. (Zum Unterschied zwischen evangelischer und katholischer Kirchenmusik → 4.5.2. Zum Unterschied zwischen Kirchenmusik und nicht liturgischer geistlicher Musik → 5.5.)

1.5 Zur Beziehung zwischen Theorie und Praxis

Seit der Antike gibt es im westlichen Kulturkreis eine umfangreiche Theorie der Musik. Diese beinhaltete nicht nur die Lehre von der Struktur der Musik, also das, was wir heute z. B. „allgemeine Musiklehre" und „Harmonielehre" nennen würden, sondern thematisierte auch viele andere Aspekte, z. B. Beziehungen zum gesungenen Text und Wirkungen der Musik auf die Menschen.

Die Theorie über die Struktur der Musik und die Praxis beeinflussten sich gegenseitig. Zumeist entwickelten sich in der Praxis Neuerungen, welche sodann von der Theorie aufgenommen wurden.

Zuweilen entstanden Theorien über Musik, die nach heutigen Erkenntnissen der Praxis vermutlich nicht entsprachen. Die (→) *Ethoslehre* der alten Griechen hatte beispielsweise für die ausgeübte Musik wohl keine Bedeutung.

1.6 Allgemeines zum Musikerberuf

1.6.1 Arbeitgeber von Musikern

Seit dem Mittelalter standen Berufsmusiker der Kunstmusik als Sänger und Instrumentalisten im Dienst der **Kirche**, der **Höfe** und der **Städte**. Im 18. und 19. Jahrhundert gesellten sich dazu verstärkt sog. **freie Musiker**, also solche, die nicht in einem festen Anstellungsverhältnis standen.

Kirche und Hof. Im Mittelalter entwickelten sich an den Kirchen und am Hof *Kapellen*. Unter einer **Kapelle** versteht man in der Musik eine Vereinigung von Sängern und/oder Instrumentalisten in kirchlichen oder fürstlichen Diensten, welcher die Ausführung anspruchsvoller Musik übertragen war. Bis zum 16. Jahrhundert bestand eine Kapelle, gemäß der Vorherrschaft der Vokalmusik, in erster Linie aus Sängern. Seit dem 17. Jahrhundert wurde mit *Kapelle* zunehmend nur noch ein Instrumentalensemble bezeichnet. Unter einem **Kapellmeister** versteht man den Leiter einer Kapelle. Seine Aufgaben wandelten sich gemäß der Funktion derselben.

Evangelische Kirche. Unter einem **Kantor** versteht man heute allgemein einen Kirchenmusiker an größeren Kirchen. – Von großer Bedeutung und von hohem Ansehen war bis ins 19. Jahrhundert das Amt des **evangelischen Kantors**. Dieser hatte die Verantwortung für die Kirchenmusik und musste auch Unterricht an der mit der Kirche verbundenen Lateinschule und Aufgaben im städtischen Musikleben übernehmen. Der Chor eines Kantors (**Kantorei** genannt) bestand aus Schülern der Lateinschule, (→) *Stadtpfeifern* und Bürgern (Mitglieder eines (→) *Collegium Musicum*). Berühmte Kantorenämter sind bis heute dasjenige der Kreuzkirche in Dresden und der Thomaskirche in Leipzig.

Stadtpfeifer (auch **Ratsmusiker** genannt) waren nach dem Vorbild der Zünfte organisierte, bei einer Stadt angestellte Musiker. Sie wurden seit dem 16. Jahrhundert verstärkt eingesetzt. Jeder Stadtpfeifer musste mehrere Instrumente beherrschen. Ihre Aufgaben bestanden darin, bei der Kirchenmusik mitzuwirken, die Hofmusik zu verstärken, bei öffentlichen und privaten Anlässen zu spielen sowie auf Türmen Signale und Choräle zu blasen (*Abblasen*). Mit dem Aufkommen des öffentlichen Konzertwesens im 18. Jahrhundert erfolgte der Niedergang der Stadtpfeifer. Seit dem 18. Jahrhundert werden Musiker verstärkt bei **städtischen Orchestern** angestellt.

1.6.2 Besetzung der Gesangspartien

Die Besetzung von Gesangspartien war in früheren Jahrhunderten deutlich verschieden von der heutigen. Frauen traten erst ab dem 17. Jahrhundert in Erscheinung.

Hohe Stimmen (in der folgenden Tabelle in Klammern und kursiv gedruckt) wurden in der Regel von Knaben, *Falsettisten* (Männer in Alt- und Sopranlage, → Bd. I; 4.7) und (→) *Kastraten* gesungen.

Epoche	Katholische Kirche (außer Frauenklöster)	Evangelische Kirche	Hof	Bürgerliches Konzertwesen mit Oper
Mittelalter	Kleriker (*Knaben, Falsettisten)*	—	Berufsmusiker	—
15./16. Jhd.	Kleriker, Berufsmusiker (*Knaben, Falsettisten)*	—	Berufsmusiker (*Falsettisten, Frauen)*	—
17./18. Jhd.	Kleriker, Berufsmusiker (*Knaben, Falsettisten, Kastraten*)	Schüler, Stadtpfeifer; in Ansätzen gemischte nicht-professionelle Chöre *(Knaben, teilweise Frauen)*	Berufsmusiker (*Falsettisten, Frauen, Kastraten*)	Berufsmusiker (*Frauen, Kastraten Falsettisten*)
Seit dem 19. Jhd.	Kleriker, Berufsmusiker; gemischte nichtprofessionelle Chöre *(Knaben, teilweise Frauen)*	Schüler, gemischte nicht-professionelle Chöre *(Knaben, Frauen)*		Berufsmusiker, gemischte nicht-professionelle Chöre für Chorwerke *(Frauen)*

Bei heutigen Aufführungen älterer Musik gibt es hinsichtlich der Vokalbesetzung folgende Probleme:

- **Falsettisten** besitzen einen tieferen Stimmumfang als Frauen. Heute werden Partien für diese Stimmlage durch Frauen oder auch Falsettisten ausgeführt.
- **Kastraten** sangen Männerrollen. Eine Kastratenpartie kann problemlos von einem Falsettisten übernommen werden. Problematisch ist aber zuweilen die Übernahme einer solchen Partie durch eine Altistin, da ihre Stimme als tiefe gehört wird; der Part ist aber als hoher gedacht.

1.6.3 Zum Leben von Komponisten

Hauptberuf des Komponisten. Komponisten waren üblicherweise bis ins 20. Jahrhundert ausübende Musiker, in der Regel an der Kirche oder am Hof, selten (→) *Stadtpfeifer*. Seit dem 18. Jahrhundert gab es auch „freie" Komponisten, also solche, die nicht angestellt waren, z. B. *Händel*, *Mozart* und *Beethoven*. Für Frauen waren die oben genannten Ämter in der Regel nicht offen. Nichtadlige Frauen hatten kaum eine Möglichkeit Komponistin zu werden.

Ausbildung. Ausgebildet wurden junge angehende Komponisten in der Regel von den Eltern, durch Privatunterricht, an der Schule oder in einem **Konservatorium**, d. h. einem privaten, städtischen oder staatlichen Lehrinstitut für Musik. Diese entstanden in Italien seit dem 16. Jahrhundert; ab der zweiten Hälfte des 18. Jahrhunderts wurden Konservatorien in vielen Städten Europas und der USA gegründet.

Soziale Stellung. Erfolgreiche Komponisten wurden seit dem Mittelalter gefeiert und waren hochberühmt, z. B. *Guillaume de Machaut* im 14. Jahrhundert. Weniger bedeutende Komponisten waren jedoch nicht so hoch angesehen wie heute. Viele Eltern großer Komponisten waren noch im 19. Jahrhundert dagegen, dass ihr Kind Musiker bzw. Komponist werden wollte, z. B. die Eltern von *Schubert* und *Berlioz*. Erst im 20. Jahrhundert änderte sich die soziale Stellung des Komponisten.

Das **Mäzenatentum** in der Musik ist vom Mittelalter bis heute verbreitet. Etliche Komponisten hatten **Mäzene**, das sind Gönner, die die Künstler finanziell unterstützen (→ *Rameau*, → *Beethoven*, → *Tschaikowsky*, → *Verdi*, → *Wagner*).

1.6.4 Zur Charakterisierung von Werken

Zur Klassifizierung von Werken

Zur Bezeichnung von Werken gibt es drei verschiedene Möglichkeiten:

- **Opuszahlen.** Seit dem Ende des 16. Jahrhunderts ist es üblich, dass Komponisten ihre Werke mit Opuszahlen versehen. Oft wurden, um Bescheidenheit auszudrücken, mehreren Werke gleicher Gattung zusammengefasst und ihnen eine Opuszahl mit jeweils verschiedenen Nummern gegeben, z. B. Op. 4 Nr. 3. Für Stücke, denen ein Komponist keine Opuszahl gegeben hat, gibt es zuweilen eine Werkliste, die *Werk ohne Opuszahl (WoO)* genannt wird.
- **Bezeichnung nach Wissenschaftlern.** Zuweilen wurden die Werke eines Komponisten von einem Wissenschaftler katalogisiert, der dem Verzeichnis seinen Namen gegeben hat (z. B. das Köchel-Verzeichnis für *Mozarts* Werke oder das Deutsch-Verzeichnis für *Schuberts* Werke).
- **Bezeichnung nach der Gesamtausgabe.** Gibt es eine (→ Bd. I; 13.6) *Gesamtausgabe* der Werke eines Komponisten, so werden diese in der Regel durch ein entsprechendes Werkverzeichnis katalogisiert (z. B. BWV = Bach-Werke-Verzeichnis oder HHV = Hallesches-Händel-Verzeichnis).

Zur Angabe der Anzahl von Werken bei Komponisten

Die Angaben der Anzahl von Werken einer bestimmten Gattung können in verschiedenen Veröffentlichungen schwanken, und zwar aus folgenden Gründen:

- Die Bestimmung einer Gattung ist nicht eindeutig, z. B. bei *Mozarts* frühen Sinfonien.
- Es können entweder nur die vollständigen oder auch zusätzlich die fragmentarischen Werke gezählt werden.
- Es können entweder nur die überlieferten oder auch zusätzlich die verloren gegangenen Werke aufgeführt werden.
- Zuweilen kann ein Werk einem bestimmten Komponisten nicht zugeordnet werden. Besonders vor dem 19. Jahrhundert war es verbreitet, Stücke unbekannter Komponisten unter dem Namen großer Komponisten herauszugeben, um ihren Marktwert zu erhöhen.

Zur Jahreszahl eines Werkes

Die einem Werk zugeordnete Jahreszahl kann in verschiedenen Veröffentlichungen variieren. Zu trennen ist zwischen dem Jahr der Komposition, der Uraufführung und der Publikation der Noten. Außerdem kann das Werk später umgearbeitet worden sein. Im vorliegenden Buch steht im Klammern in der Regel das Jahr der Uraufführung, wenn nichts Anderes angemerkt ist.

2 Vorgeschichte, Alter Vorderer Orient und Antike

2.1 Vorgeschichte

Die Vorgeschichte erstreckt sich von den Anfängen der Menschheitsgeschichte bis zur Entstehung der ersten *Hochkulturen* (ca. 3000 v. Chr.). Da keine schriftlichen Zeugnisse vorliegen, lassen sich über die *Art* und die *Bedeutung* der Musik keine gesicherten Aussagen treffen. Von der Musik heutiger Naturvölker auf die Musik der Vorgeschichte zu schließen, ist Spekulation. Aus dieser Zeit sind verschiedene Musikinstrumente erhalten. Zu den frühesten gehören Flöten mit mehreren Grifflöchern, die ca. 10 000 Jahre alt sind.

2.2 Der Alte Vordere Orient (ab ca. 3000 v. Chr.)

Ab ca. 3000 v. Chr. entwickelten sich vier große Zentren der Hochkulturen:

- **Alter Vorderer Orient** (Mesopotamien/Ägypten),
- **Indien** (am Indus und Ganges),
- **China** (am Hoangho) und
- das **präcolumbianische Amerika** (Mexiko/Peru), chronologisch in der angegebenen Reihenfolge. Die ersten drei genannten Kulturzentren standen miteinander in wirtschaftlicher und kultureller Verbindung. In diesen Kulturen spielte die Musik eine bedeutende Rolle (→ Bd. III). Im Folgenden ist nur vom *Alten Vorderen Orient* die Rede.

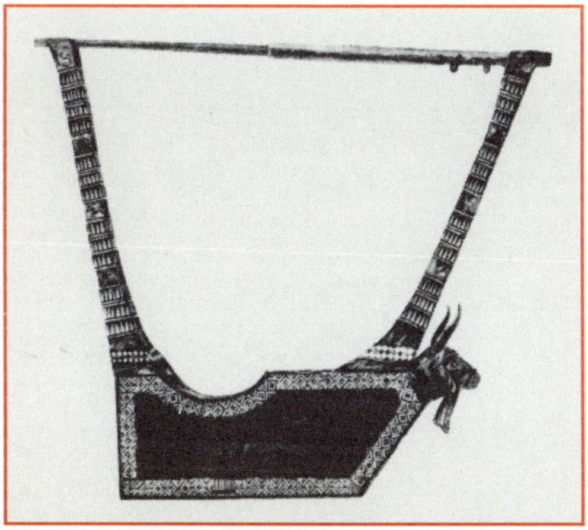

Rekonstruierte Leier aus Mesopotamien, ca. 2450 v. Chr.

Über **Instrumente** des *Alten Vorderen Orients* sind wir durch Abbildungen, vor allem Reliefs, durch Funde und durch Erwähnungen in der Bibel informiert. Es gab Harfen, Leiern, Flöten, Rohrblattinstrumente, Trompeten und Schlaginstrumente.

Die **Aufführungsorte und -anlässe** sind ebenfalls belegt. Bilder zeigen Musiker bei Kultfeiern, Tänzen, Wettkämpfen und bei Mahlzeiten. Es gab Berufsmusiker.

Über die **Art der Musik** selbst weiß man wenig. Man vermutet Musik in einer einfachen (→ Bd. I) *pentatonischen* Tonleiter.

2.3 Die Antike (ca. 1200 v. Chr. bis ca. 500 n. Chr.)

2.3.1 Einleitung

Im antiken Griechenland standen nicht nur Bildende Kunst, Literatur, Naturwissenschaften, Mathematik und Philosophie in hoher Blüte. Auch die Musik, vor allem die Musiktheorie, spielte eine wichtige Rolle. Verbreitet waren sowohl vokale wie auch instrumentale Musik.

Die griechische Kultur, einschließlich der Musik, wurde von der späteren europäischen Kultur als Vorbild betrachtet. Es gab insbesondere *Renaissancen*, d. h. „Wiedergeburten", die eine Wiederbelebung der antiken Kultur anstrebten. Die wichtigste war die (→) *Renaissance* genannte Epoche im 15. und 16. Jahrhundert. (Vgl. 6.2).

Auf die Bedeutung der griechischen Musik für Europa weist auch die Sprachgeschichte hin. Zahlreiche musikalische Begriffe stammen aus dem Griechischen. Beispielsweise wurde das griechische Wort für Musik *(musiké)* vom Lateinischen übernommen (*musica*) und von da aus in die europäischen Sprachen getragen.

Nach der Eroberung Griechenlands durch Rom im Jahre 146 v. Chr. verbreitete sich die griechische Kultur, somit auch die Musik und die Musiktheorie, im ganzen Römischen Reich.

2.3.2 Quellen

Notenbeispiel 2.1:

Hymne des Mesomedes (2. Jhd. n. Chr.)

Übersetzung: Erfahrener Kalliope, Führer der reizenden Musen, / und erfahrener Lehrer, Sohn von Leto, Delian Paian, / hilf mir und sei bei mir.

Altgriechischer Becher, um 475 v. Chr.

Plastiken und **Vasen** mit Abbildungen von Instrumenten und Aufführungen sind in großer Zahl überliefert worden. Weniger häufig sind **Schriften** zur Theorie und Aufführungspraxis.

Instrumente sind kaum überliefert. Die Griechen besaßen eine für uns lesbare genaue Notenschrift. Allerdings sind die tradierten **Notenzeugnisse** nicht sehr zahlreich und unvollständig.

2.3.3 Instrumente

Ein wichtiges Instrument war der *Aulos*, ein *Rohrblattinstrument*, das zumeist als **Doppelaulos** auftrat. Die **Kithara** und die **Lyra** sind *Leierinstrumente* (weisen also zwei Arme mit einem Querbalken auf). Außerdem verwendet wurden **Harfen, Panflöten, Trompeten** und **Schlaginstrumente**.

2.3.4 Aufführungsorte und -anlässe

Die Musik nahm im kulturellen Leben einen hohen Stellenwert ein. Außer in Konzerten wurde beim Sport, bei der Arbeit, in der Erziehung, bei kultischen Handlungen, bei Märschen und in der Freizeit musiziert. Es gab Berufsmusiker.

2.3.5 Allgemeine Charakteristika der Musik

Die griechische Musik war **einstimmig**. Man praktizierte allerdings einfache Formen der *Heterophonie*. **Heterophonie** liegt vor, wenn zwei oder mehr Stimmen in ähnlicher Art gleichzeitig erklingen. Man kannte auch **Wechselgesang**.

2.3.6 Die griechische Materialtonleiter

Unter einer **Materialtonleiter** einer Kultur versteht man diejenigen Töne, die das Material für alle Musikstücke derselben bilden. Wir besitzen in unserer Kultur beispielsweise eine *Materialtonleiter*, bei der die Oktave in 12 gleiche Halbtonschritte eingeteilt ist. Die *Materialtonleiter* der Griechen teilte die Oktave in 24 Vierteltonschritte ein, die aber nie allesamt in einem Stück verwendet wurden.

Hauptsächlich kamen in der griechischen Musik in einem Stück Töne aus einer Tonleiter vor, die den weißen Tasten unseres Klaviers entspricht. Man könnte diese Tonleiter *hauptsächliche Materialtonleiter* nennen. – Das europäische Mittelalter hat diese *hauptsächliche Materialtonleiter* der griechischen Musik übernommen.

2.3.7 Die griechischen Tonarten

In unserer **heutigen Musik** ist der Begriff der **Tonart** definiert durch

a) einen Ausschnitt aus unserer *Materialtonleiter*, z.B. die Skala mit den Tönen *cis, d, e, fis, g, a, h* (D-Dur oder h-Moll), sowie
b) durch bestimmte melodische und harmonische Gegebenheiten, die z.B. in Verbindung mit der genannten Skala die Tonart h-Moll festlegen.

Die **griechischen Tonarten** waren ebenfalls

a) durch einen Ausschnitt aus der (*hauptsächlichen*) *Materialtonleiter* und
b) bezüglich melodischer Wendungen charakterisiert.

Die Ausschnitte aus der Materialtonleiter sind uns heute bekannt. Wir wissen aber nichts über die melodischen Wendungen, da in den überlieferten theoretischen Werken darüber nichts ausgesagt wurde und der erhaltene Melodienschatz zu klein und zu fragmentarisch ist, als dass sich Rückschlüsse ziehen ließen. Über wichtige Eigenschaften der griechischen Tonarten wissen wir also nicht Bescheid. Die Theorie des Grundtones, der an prägnanten Stellen erklingt, insbesondere am Ende eines Stückes, kannten die Griechen nicht. Diese Vorstellung ist erst im europäischen Mittelalter entstanden.

Die Namen der griechischen Tonarten sind die gleichen wie diejenigen der (→) *Kirchentonarten* des europäischen Mittelalters. Die mittelalterlichen Tonarten unterscheiden sich jedoch grundsätzlich von den griechischen. Obendrein stimmen die Anfangstöne der Skalen nicht überein.

2.3.8 Die Notation

Die Notation war etwa von 300 vor bis 400 n. Chr. gebräuchlich, also eine sehr lange Zeit. Die Bezeichnung der **Tonhöhen** erfolgte durch griechische Buchstaben, die über dem Text angebracht waren.

Notenbeispiel 2.2:

Tondauern:			—	⌴				⌴
Tonhöhen:	C		Z	Z	K	I	Z	I
Text:	’O	-	σον	ζῆς,	φαί		-	νου;

Anfang des Seikilos-Liedes (1. Jh. n. Chr.)

Anmerkung: Die Tonhöhen waren seit der Antike bis ins 20. Jahrhundert nur ungefähr festgelegt. Eine exakte Bestimmung gibt es erst seit 1939, als der (→ Bd. I; 3.1) Kammerton a^1 mit 440 Hz geeicht wurde.

Der **Rhythmus** der griechischen Notation ging entweder aus dem Sprachrhythmus hervor oder aus Zusatzzeichen. *Kein* Zeichen bedeutete dabei *einzeitige Länge*; das Zeichen „—“ hieß *zweizeitige Länge* und „⌴“ *dreizeitige Länge*. Im europäischen Mittelalter verbreitete sich eine Notenschrift, in welcher die Tonhöhen exakt notiert werden konnten, erst um 1000 (→ 3.4.2).

2.3.9 Die Ethoslehre

Begriff und Allgemeines. Unter dem Begriff **Ethoslehre** versteht man die Lehre von der Wirkung der Musik auf den Menschen. Der Begriff selbst ist allerdings erst im 20. Jahrhundert üblich geworden. Abgesehen von einigen Grundmeinungen gibt es bei den griechischen Autoren zum Teil erhebliche Unterschiede in der Beurteilung des Einflusses der Musik.

Anschauungen darüber sind seit dem 6. Jahrhundert v. Chr. bekannt. *Platons* (427–347 v. Chr.) Äußerungen über den Gebrauch von Musik waren eher unsystematisch und rigide; er lehnte beispielsweise die meisten Instrumente ab.

Aristoteles. *Platons* Anschauungen wurden von seinem Schüler *Aristoteles* (384–322 v. Chr.) übernommen, dabei aber abgemildert. Wichtige Aspekte sind folgende:

- Der Zweck der Musik ist Erziehung, Reinigung der Seele (*Katharsis*) und Zeitvertreib.
- Die Wirkungen der *Tonarten* auf die Seele sind folgende: *mixolydisch* macht traurig; *dorisch* vermittelt mittlere und gesetzte Denkweise und ist somit für die Erziehung sinnvoll; *phrygisch* macht begeistert.
- Musik soll im Unterricht behandelt werden, da sie angenehm ist und junge Leute nichts Unangenehmes vertragen; Musik hält die größeren Kinder „von der Straße fern".
- Der *Aulos* gehört eher zur Feier von Orgien; das Spielen auf diesem Instrument hat keine Auswirkungen auf das Denken.

Nach Aristoteles. In der Folgezeit wurden diese Vorstellungen weiter überliefert und verändert. Es gab auch immer wieder Philosophen und philosophische Schulen, die den Einfluss der Musik auf den Menschen leugneten.

Die Leistung der Griechen beruht darin, dass sie zum einen Seelenzustände geordnet und zum anderen bemerkt haben, dass diese von verschiedenen Arten der Musik hervorgerufen werden können. Die griechische Musiktheorie hat es nur unzureichend verstanden, solche Merkmale der Musik angemessen zu benennen. Wir würden heute sagen: Tonlage, Tempo, Instrumentalbegleitung, Charakter der Melodie usw. beeinflussen die Seele. (Vgl. 5.1.5: Affektenlehre.)

2.3.10 Das Christentum in der ausgehenden Antike

Die Etablierung des Christentums als Staatsreligion

Im Römischen Reich wurde nach Phasen der Verfolgung und Tolerierung des Christentums im Jahre 313 durch Kaiser *Konstantin* das *Toleranzedikt von Mailand* erlassen, welches die Ausübung des Christentums endgültig erlaubte. Im Jahre 391 wurde es Staatsreligion; andere Kulte wurden verboten. Seitdem ist das Christentum die prägende Religion Europas.

Wesentliche Anschauungen zur Kirchenmusik

Einer der einflussreichsten Musiktheoretiker und Philosophen für das Mittelalter war der Mailänder Bischof *Augustinus* (354–430). Wesentliche Forderungen für die Musik waren:

- Musik ist nur in der Kirche erlaubt. Jeglicher Gebrauch der Musik außerhalb der Kirche ist ein *abusus musicae*, d.h. ein Missbrauch der Musik.
- In der Kirche sollen keine Instrumente verwendet werden.
- In der Kirche ist ein „weltlicher Gebrauch" von Musik untersagt. Die genaue Bedeutung dieses Begriffes ist unklar.

Diese Forderungen von *Augustinus* wurden im frühen Mittelalter weiterhin erhoben. Inwieweit sie eingehalten wurden, ist unbekannt. Jedenfalls ist weltliche Musik erst seit dem ausgehenden 11. Jahrhundert überliefert (→ 3.5). (Zur Verwendung der Orgel im Gottesdienst siehe 3.1.3.)

Anmerkung: Im Verlauf der europäischen Geschichte gab es immer wieder päpstliche Erlasse gegen den Gebrauch bestimmter musikalischer Mittel in der Kirche. (Beispiele: → *Docta Sanctorum* 3.7.2, → *Tridentinisches Konzil* 4.5.1 und → *Annus qui* 6.5.2.)

Die Zurückdrängung heidnischen Wissens

Nach der Einführung des Christentums als Staatsreligion und dem Verbot anderer Kulte wurde, insbesondere durch das aufkommende Mönchtum, das heidnische Wissen stark in den Hintergrund gedrängt. Dies widerfuhr auch der Musiktheorie. Die musikalische Notation geriet gänzlich in Vergessenheit. Der letzte große Philosoph, der die antike Musiktheorie zusammengefasst hat, ohne allerdings eigene wichtige Beiträge zu leisten, ist *Boethius* [bo'etsius] (um 480–524).

Die Teilung des Römischen Reiches

Im Jahre 395 wurde das Römische Reich geteilt. Kultursprache des Westens blieb Latein. – Das oströmische (= byzantinische) Reich blieb bis zum Jahre 1453 bestehen, in welchem es vom *Osmanischen Reich* ausgelöscht wurde. Die Kultursprache im Osten war Griechisch. Die Musik des *byzantinischen Reiches* wird im Folgenden nicht thematisiert.

3 Das Mittelalter (ca. 500 bis ca. 1420)

3.1 Allgemeines

3.1.1 Zum Beginn des Mittelalters

Um 500 kann sowohl in der politischen wie auch in der Musikgeschichte der Beginn des Mittelalters angesetzt werden, und zwar aufgrund folgender Ereignisse:

- Das weströmische Reich ging im Jahre 476 formal unter. An seine Stelle traten Germanenreiche.
- Das größte und wichtigste Reich, das Frankenreich, welches einen großen Teil von Mittel- und Westeuropa abdeckte, wurde katholisch.
- Nach dem Tod des (→) *Boethius* im Jahre 524 begann zunächst ein dunkles Zeitalter in der Musik. Die spätantiken musikalischen Theorien waren zwar nicht ganz verschwunden. Bis zum 9. Jahrhundert sind aber weder Noten noch theoretische Zeugnisse zur Entwicklung der Musik überliefert.

3.1.2 Überblick über die Einteilung

Im Folgenden wird die Entwicklung der Musik des Mittelalters von der Einstimmigkeit zur komplexen Mehrstimmigkeit weitgehend chronologisch dargestellt. Eine Ausnahme von der chronologischen Reihenfolge bilden lediglich die Abschnitte 3.3.5 und 3.5, welche daher als *Exkurse* bezeichnet werden. – Ab dem 12. Jahrhundert wird nur die französische Musik behandelt.

Die überlieferte Musik der ersten Jahrhunderte des Mittelalters ist ausschließlich geistlich. Erst seit dem ausgehenden 11. Jahrhundert ist weltliche Musik tradiert.

Ein erster deutlicher Einschnitt in der Musikgeschichte ist um 800 anzusetzen. Etwa zu diesem Zeitpunkt war der (→) *Gregorianische Choral*, zentrales einstimmiges Repertoire der westlichen Kirchenmusik, festgelegt. Nach 800 entstand in Anlehnung an die griechische Musiktheorie die mittelalterliche, insbesondere das System der (→) *Kirchentonarten*. Außerdem wurden nach 800 die (→) *Neumen* (Notationszeichen) entwickelt.

Ein weiterer Einschnitt ist um 900 festzustellen. Mit der Abhandlung (→) *Musica enchiriadis* beginnt die Überlieferung der Mehrstimmigkeit. Außerdem wurden seit etwa diesem Zeitpunkt die (→) *Neumen* zu einer allgemein verbreiteten Schrift. Schließlich war die Entwicklung der *Kirchentonarten* abgeschlossen.

Die zentrale Zäsur der mittelalterlichen Musikgeschichte ist diejenige um 1180. In dieser Zeit erlebten die mehrstimmige Musik und die weltliche Kunstmusik einen plötzlichen stürmischen Aufschwung.

Eine weiterer Einschnitt ist um 1320 anzusetzen. Etwa zu diesem Zeitpunkt war die neue Form der Notation, die (→) *Mensuralnotation*, voll ausgebildet, durch welche die Musik große rhythmische Differenzierungsmöglichkeiten erhielt.

3.1.3 Instrumente

Zur Verwendung von Instrumenten bei Vokalmusik

Die Kunstmusik des Mittelalters war in erster Linie Vokalmusik. Instrumente konnten jedoch die Vokalstimmen verdoppeln bzw. oktavieren (→ Bd. I; *colla parte* spielen), vermutlich auch teilweise oder ganz ersetzen. Genaue Angaben sind nicht zu machen. (Zur Ausführung des Tenors in *Motetten* → 3.6.4.) Seit dem 13. Jahrhundert wird auch eigenständige Instrumentalmusik überliefert (→ 3.6.6).

Instrumente

Zu den wichtigsten Instrumenten des Mittelalters zählt die (→ Bd. I) *Orgel*. Sie wurde seit dem 9. Jahrhundert eingesetzt, zunächst aber nicht im Gottesdienst, sondern als didaktisches Hilfsinstrument. Wir wissen nicht genau, seit wann die Orgel im Gottesdienst verwendet wurde. Belegt ist dies seit dem 12. Jahrhundert.

Außerdem war eine Vielzahl anderer Instrumente in Gebrauch. Von den Saiteninstrumenten sind zu nennen: die *Harfe*, die *Laute*, die **Fiedel**, eine Vorform der modernen Violine, und die *Drehleier*. Unter einer Drehleier versteht man ein Streichinstrument mit (→) *Bordun-* und anderen, gegriffenen Saiten, welche nicht mittels eines Bogens, sondern durch ein gedrehtes Rad gestrichen werden (vgl. 7.4.5 Winterreise von *Schubert*).

Besetzung

Im gesamten Mittelalter wurden Werke für Instrumentalensemble als abstrakter mehrstimmiger Satz komponiert. Die Art der Instrumente war nicht festgelegt.

3.2 Geistliche, einstimmige Musik bis zur Entstehung des Gregorianischen Chorals (ca. 500 bis ca. 800)

3.2.1 Die katholischen liturgischen Texte

Definition und Entstehung der Liturgie

Unter **Liturgie** versteht man alle ordnungsmäßig bestehenden gottesdienstlichen Handlungen. **Liturgische Texte** sind demnach zur *Liturgie* gehörige Texte. Die meisten liturgischen Texte entstammen der Bibel. Die häufig verwendeten *Psalmen* stehen im Alten Testament. Die katholische Liturgie entstand in den ersten Jahrhunderten nach Christus. Sie war im Groben um ca. 500 n. Chr ausgebildet. Im Detail hat es im Lauf der Jahrhunderte zahlreiche textliche Veränderungen gegeben. Grundsätzlich waren alle Texte lateinisch. Einschneidende Veränderungen in der Liturgie brachte das *Zweite Vatikanische Konzil* (1962–1965). Die wichtigsten katholischen liturgischen Texte sind die der *Messe* und des *Offiziums*.

Messe und Requiem

Unter einer (katholischen) **Messe** (lat.: *missa*) versteht man erstens den katholischen Hauptgottesdienst. (Zur zweiten Definition siehe unten.)

Mit dem Begriff **Ordinarium (missae)** bezeichnet man solche Texte, die das ganze Jahr über bei jeder Messe gleich sind. Das **Proprium (missae)** ändert sich von Tag zu Tag; seine Texte sind auf die Kirchenjahreszeit und die Heiligenfeste bezogen.
Unter der *Missa pro defunctis* (Messe für Verstorbene), auch **Totenmesse** oder wegen des Textanfangs **Requiem** genannt, versteht man erstens die besondere Form der Messe, die bei Beerdigungen abgehalten wird. (Zur zweiten Definition siehe unten.)

Das Offizium

Unter dem **Offizium** (lat.: die Pflicht), auch **Stundengebete** genannt, versteht man die Gottesdienste, die zu festgelegten Tages- und Nachtzeiten in allen Klöstern und von jedem Priester gebetet werden; es stellt eine Amtspflicht dar, daher der Name.

Anmerkung: Die Bestandteile des Offiziums sind *Matutin* (vor Tagesanbruch), *Laudes* (bei Sonnenaufgang), *Prim* (ca. 6 Uhr), *Terz* (ca. 9 Uhr), *Sext* (etwa Mittag), *Non* (ca. 15 Uhr), *Vesper* (bei Sonnenuntergang), *Complet* (gewöhnlich nach der *Vesper*).

Möglichkeiten des Vortrags der liturgischen Texte

Bis zum (→) *Zweiten Vatikanischen Konzil* gab es folgende Möglichkeiten, die liturgischen Texte vorzutragen:

- einstimmiger Gesang mit Melodien des (→) *Gregorianischen Chorals*;
- lautes oder leises Beten durch den Priester;
- mehrstimmiges Singen mit anderen Melodien.

Je häufiger ein Text im Verlauf der Liturgie vorkam, desto öfter wurde er vertont. Sehr häufig waren deshalb Vertonungen des *Ordinarium missae*.

Zweite Definition von Messe und Requiem

Der Begriff **Messe** meint zweitens die Vertonung derjenigen Texte des *Ordinarium missae*, nämlich: **Kyrie, Gloria, Credo, Sanctus mit Benedictus, Agnus Dei** [de:i]. Die Messe ist die wichtigste Gattung der katholischen Kirchenmusik. Der Begriff **Requiem** beschreibt die Vertonung des *Ordinariums* und des *Propriums* der *Totenmesse*. Weitere wesentliche Gattungen der katholischen Kirchenmusik sind *Te Deum* und *Magnificat*.

Das Gemeindelied

Das Gemeindelied hatte in der katholischen Kirche im Mittelalter bis zur (→) Reformation eine untergeordnete Bedeutung. Gesungen wurde vor und nach der Messe, in Andachten und auf Wallfahrten. Als Reaktion auf die *Reformation* wuchs die Bedeutung des Gemeindeliedes seit dem 16. Jahrhundert.

Änderungen durch das Zweite Vatikanische Konzil (1962–1965)

Das (→) *Zweite Vatikanische Konzil* setzte fest, dass Latein als die Sprache der Kirche erhalten bleibt. Es ist nun aber gestattet, liturgische Texte in der Volkssprache zu beten und zu singen. Liturgische Texte können nun teilweise ersetzt werden, z.B. durch Kirchenlieder, ähnlich wie in der (→) *evangelischen Kirche*. Beispielsweise kann anstelle des *Gloria* ein Glorialied erklingen, also ein Lied, dessen Inhalt sich auf das *Gloria* bezieht.

3.2.2 Die frühen katholischen liturgischen Melodien (bis zum 8. Jahrhundert)

Zusammen mit den liturgischen Texten entstanden diesen fest zugeordnete einstimmige Melodien. Als Vorbild diente der *jüdische Tempelgesang*. Die liturgischen Texte und die Melodien waren bis zum 8. Jahrhundert in Europa je nach Region unterschiedlich. Es hatten sich verschiedene Arten des *Chorals* entwickelt.

Unter **Choral** (von lat.: *cantus choralis* – Chorgesang) versteht man erstens die einstimmigen liturgischen Gesänge der katholischen Kirche (zur weiteren Bedeutung → 4.5.2).

Zu den verschiedenen Choralformen in Europa gehörten beispielsweise der *irisch-britische*, der *mozarabische* (spanische), der *ambrosianische* (mailändische), der noch heute existiert, und der *altrömische* Choral.

3.2.3 Die Entstehung des Gregorianischen Chorals im 8. Jahrhundert und seine Bedeutung

Entstehung und Definition

Der altrömische Choral wurde in der zweiten Hälfte des 8. Jahrhunderts im Rahmen der Zentralisierung der Kirche im ganzen Frankenreich verbreitet. Dies geschah ohne Notation. Der fränkische Kaiser *Karl der Große* verbot um 800 alle anderen Choralformen in seinem Reich, außer dem *ambrosianischen*. Die Kirche und somit indirekt der Kaiser bekamen durch die Zentralisierung mehr Macht.
Unter dem **Gregorianischen Choral** versteht man also diejenige einstimmige Vertonung der liturgischen Texte der römisch-katholischen Kirche, die auf den altrömischen Choral zurückgeht und die seit dem 8. Jahrhundert im Frankenreich verbreitet wurde.

Der Name *Gregorianischer Choral* hängt mit Papst *Gregor* dem Großen (um 600) zusammen, der mit diesem aber nichts zu tun hat.

Bedeutung

Der Gregorianische Choral war und ist die Grundlage der katholischen Kirchenmusik. Er wird seit dem 8. Jahrhundert bis heute in den Kirchen gesungen. Die Liturgie war demnach sehr eng mit dem Gesang verbunden. Die stille Messe war eher die Ausnahme.
Nach dem (→) *Zweiten Vatikanischen Konzil* ging die Bedeutung des Gregorianischen Chorals in der Kirche zurück.

Die Melodien des Gregorianischen Chorals sind sehr oft Grundlage der mehrstimmigen Kirchenmusik. Auch in der weltlichen Musik erscheinen sie zuweilen (→ 7.6.2 *Berlioz*: Symphonie fantastique).

Der Gregorianische Choral wird heute auch in der Popmusik nachgeahmt.

3.3 Die Entstehung der Musiktheorie und der Neumen (ca. 800 bis ca. 900)

3.3.1 Die Notation im 9. und 10. Jahrhundert: Adiastematische Neumen

Definitionen. Im 9. Jahrhundert begann man, die Melodien des Gregorianischen Chorals zu notieren, zunächst mit *adiastematischen Neumen*. Unter **Neumen** (griech.: *neuma* – Wink, Gebärde) versteht man Notenzeichen des 9. bis 14. Jahrhunderts, mit denen in der Regel einstimmige Gesänge aufgezeichnet wurden. **Adiastematische Neumen** sind solche, deren Tonhöhe nicht genau bestimmbar ist. Diese *Neumen* entstanden zwischen 830 und 850. Sie wurden in Texten über die Silben gesetzt. Zunächst wurden Neumen nur vereinzelt verwendet; seit ca. 900 waren sie allgemein verbreitet.

Formen der Neumen allgemein

- Es gab zwei Hauptzeichen, die jeweils einen Ton darstellen. Sie stammen mit großer Wahrscheinlichkeit aus den Akzentzeichen der griechischen Schrift, die heute noch beispielsweise in der französischen Schrift vorkommen.
  · oder \: Punctum (Punkt) bedeutete: gegenüber dem vorigen Ton tiefer,
  / oder ∧: Virga (Stäbchen) hieß: gegenüber dem vorigen Ton höher.
- *Melismen* wurden durch Neumen dargestellt, die aus den Hauptzeichen zusammengesetzt sind.
- Außerdem gab es ornamentale Neumen.

Durch Neumen wurden auch Ausdrucksart, Rhythmus und vermutlich Tempo notiert. Genaues lässt sich heute nicht mehr feststellen.

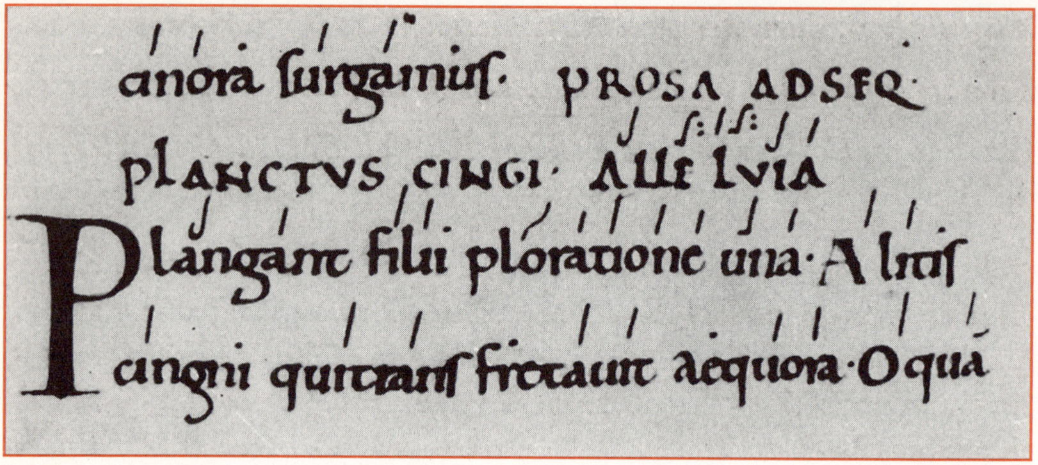

Beispiel für adiastematische Neumen, um 1000

3.3.2 Die Entstehung der mittelalterlichen Musiktheorie, besonders der Kirchentonarten (9. Jahrhundert)

Durch die Wiederentdeckung der griechischen musiktheoretischen Schriften im 9. Jahrhundert entstand die mittelalterliche Musiktheorie.

Wesentlicher Bestandteil war das Konzept der *Kirchentonarten*, das durch das System der griechischen Tonarten angeregt wurde. Nach der theoretischen Etablierung der Kirchentonarten wurden die Choralmelodien derart verändert, dass sie in deren System passten. Sie wurden vor allem (→ Bd. I) *diatonisch*.

Ein einstimmiges Stück des Mittelalters steht in einer bestimmten **Kirchentonart**, wenn es einen durch sie bestimmten Umfang und einen entsprechenden Grundton (eine *Finalis*) besitzt, der als zentraler Bezugston hörbar ist und zumeist am Ende erklingt. Der Begriff *Tonart* ist hier also ganz anders verwendet als bei Dur und Moll.

Bei den 8 Kirchentonarten des Mittelalters unterscheidet man *authentische* und *plagale*. Bei den *authentischen* Tonarten erhebt sich die Melodie über dem Grundton, im Falle der *plagalen* erklingt sie über und unter dem Grundton. Mittels der Kenntnis der Tonarten kann man Melodien leichter erfassen.

Authentische Tonarten

Tonart	Name	Grundton	Umfang
I	dorisch	d	c bis d^1
III	phrygisch	e	e bis e^1
V	lydisch	f	f bis f^1
VII	mixolydisch	g	g bis g^1

Plagale Tonarten

Tonart	Name	Grundton	Umfang
II	hypodorisch	d	A bis a
IV	hypophrygisch	e	H bis h
VI	hypolydisch	f	c bis c^1
VIII	hypomixolydisch	g	d bis d^1

Das Notenbeispiel 3.1 steht in der dorischen Tonart. Vom Begriff der Kirchentonart ist der der (→ Bd. I) *Kirchentonleiter* zu unterscheiden.

3.3.3 Musikalische Eigenschaften des Gregorianischen Chorals am Ende des 9. Jahrhunderts

Die Eigenschaften des mittelalterlichen *Gregorianischen Chorals* sind heute nicht mehr genau festzustellen. Der Choral wurde ohne Rhythmus überliefert. Man kennt aber seit etwa 1000 die Tonhöhen des ganzen Repertoires gut.

Melodik	diatonisch, es gab nur ein Vorzeichen, das Be vor dem h; zumeist Tonschritte und kleine Sprünge
Beziehungen zwischen Silbenanzahl, Tonanzahl und Tonhöhe	(→ Bd. I) *syllabisch* (→ Bd. I) *melismatisch;* je wichtiger die liturgische Funktion ist, desto ausgeprägter sind die Melismen (→ Bd. I) *psalmodierend* (unter anderem bei (→) Psalmen)
Motive	deutlich vorhanden (siehe Notenbeispiel 3.1 Schlüsse der Abschnitte)
Rhythmik	unbekannt, es gab aber Rhythmen
Tempo	unbekannt
Metrum und Takt	unbekannt: vermutlich nicht vorhanden
Begleitung mit Instrumenten	vermutlich war ab dem 9. Jahrhundert die Orgel als Begleitinstrument möglich.
Besetzung (immer 2 Personen oder Gruppen)	*solistisch:* Priester und Vorsänger *responsorial:* Wechsel von Solo und Chor *antiphonal:* Wechsel zweier Chöre
Betonungsentsprechungen zwischen Text und Musik	nicht vorhanden
Besonderheiten des Ausdrucks	unbekannt, vorhanden

3.3.4 Exkurs
Der Gregorianische Choral heute:
Repertoire, Notation, Interpretationsweise

Repertoire. Die Melodien des Gregorianischen Chorals blieben im Wesentlichen bis heute gleich. Die rhythmische und den Ausdruck betreffende Ausführung dürfte je nach Zeitraum unterschiedlich gewesen sein; gesicherte Aussagen sind nicht möglich.

Notation. Notiert wird der Choral mit der (→) *Quadratnotation* aus dem 12. Jahrhundert auf vier Linien. Verwendet werden der C- und der F-Schlüssel. Die verschiedenen Zeichen sind aus den (→) *Neumen* entstanden. Jedes Zeichen bedeutet genau eine Note, außer dem Parallelogramm (▰), welches zwei Zeichen repräsentiert. Bei übereinander stehenden Noten wird zunächst die untere gesungen. Ein Punkt hinter einer Note und ein Strich über einer Note versinnbildlicht eine Verlängerung. Ein Doppelstrich bedeutet eine Sinneinheit. Ein kleiner Strich stellt ein Atemzeichen dar.

Notenbeispiel 3.1:

Beginn des 4. Kyrie aus dem Graduale Romanum

Interpretationsweise. Zumeist werden heute beim Vortrag mögliche Nuancen bzgl. der Tonlängen und des Ausdrucks bei den verschiedenen Zeichen nicht mehr berücksichtigt.

3.3.5 Die Anreicherung des Gregorianischen Chorals durch Tropen und Sequenzen (= Mittelalterlicher Choral; seit dem 9. Jahrhundert)

Der Gregorianische Choral wurde seit dem 9. Jahrhundert erweitert durch *Tropen* und *Sequenzen*, die heute mit dem Begriff **mittelalterlicher Choral** bezeichnet werden.

Ein **Tropus** ist eine *unselbstständige*, formal nicht festgelegte Ergänzung zum Gregorianischen Choral. Er kann in ein Stück eingeschoben oder diesem angehängt sein. Formen des Tropus:

- (syllabische) Textierung von Melismen;
- neues Melisma;
- neue Melodie mit neu gedichtetem Text.

Eine **Sequenz** ist ein *selbstständiges*, also abtrennbares, formal festgelegtes Stück mit neuem Text und neuer Musik. (Zur anderen Bedeutung des Begriffs → Bd. I.)

Tropen und *Sequenzen* waren fakultativ, also nicht (→) *liturgisch*. Die Trennung zwischen mittelalterlichem Choral, also *Tropen* und *Sequenzen*, und Gregorianischem Choral war immer deutlich.

Schematische Darstellung von Tropen und Sequenzen:

ggttttttttttttgggg ggggtttttttttttt ggggggggg sssssssssssssss gggggggggggg

g: Gregorianischer Choral; t: Tropus; s: Sequenz

Ursprünglich entstanden Tropen vermutlich, indem zwecks leichterer Merkbarkeit lange Melismen textiert wurden. Seit dem 9. Jahrhundert wurde beständig eine große Anzahl von Tropen und Sequenzen komponiert. Man nimmt an, dass dadurch auch weltliches Liedgut in die Kirchenmusik eindrang.

Im (→) *Tridentiner Konzil* (1545–1563) wurden alle Tropen verboten; von den 5000 Sequenzen wurden nur vier beibehalten, die somit zum Gregorianischen Choral zählen.

3.4 Einfache geistliche Mehrstimmigkeit (ca. 900 bis ca. 1180)

Um 900 ist ein Einschnitt zu setzen, weil nun die Neumen nicht mehr nur vereinzelt in Handschriften vorkamen, sondern zu einer allgemein üblichen Schrift wurden. Außerdem wurde ab ca. 900 zum ersten Mal Mehrstimmigkeit überliefert.

3.4.1 Frühe (geistliche) Mehrstimmigkeit: Quint- und Quartorganum der Musica enchiriadis (ca. 900)

Allgemeines

In der um 900 entstandenen Abhandlung *Musica enchiriadis* [ençiri'a:dis] ist zum ersten Mal Mehrstimmigkeit bezeugt. Das Werk ist eines der wichtigsten Traktate des Mittelalters, was durch die zahlreichen Abschriften belegt ist. Sein Verfasser ist nicht bekannt. In der Musica enchiriadis waren die Tonhöhen exakt festgelegt. Die Notation erfolgte nicht durch Neumen, sondern indem Silben zwischen die Linien geschrieben wurden.

Mehrstimmigkeit vor der Musica enchiriadis

Mehrstimmigkeit gab es vermutlich bereits früher, und zwar in Form von
- Parallelgesang von Quinten und Quarten,
- (→) Heterophonie,
- einem Bordun.

Unter einem **Bordun** versteht man einen tiefen Begleit- oder Halteton. Oft erklingt eine **Bordunquinte**, d. h. zwei Borduntöne im Abstand einer Quinte.

Anmerkung: Manche Instrumente besitzen *Bordunsaiten* (z. B. die (→) *Drehleier*) oder *Bordunpfeifen* (z. B. der *Dudelsack*).

Zum Organum allgemein

Die *Musica enchiriadis* beinhaltet unter anderem Anweisungen zur Herstellung eines *Organums.* Unter einem **Organum** (lat.: Werkzeug, Orgel; Plural: Organa) versteht man einen mehrstimmig vertonten Abschnitt des Gregorianischen Chorals. Der Name weist darauf hin, dass bei der mehrstimmigen Gesangsweise die Orgel beteiligt war. Als *Organum* wurden (→) *liturgisch* besonders wichtige Textstellen vertont.

Die Choralmelodie hieß *vox principalis*; die neu hinzutretende Stimme, die bei den frühen Organa darunter lag, wurde *vox organalis* genannt.

Außer beim Quintorganum wurde beim Organum der Choralausschnitt in Sinneinheiten eingeteilt, an deren Anfang und Ende ein Einklang stand. Ein Stück des Gregorianischen Chorals sah also beispielsweise folgendermaßen aus:

		1.Sinn-einheit	2. Sinn-einheit	3. Sinn-einheit	
vox principalis:	pppppppppppppppppppppppppppppppppppppppppppppppppppppppppppp				
vox organalis:		oooooooooooooooooooooooooooooooooooooooo			
	einstimmiger Abschnitt	zweistimmiger Abschnitt = *Organum*			einstimmiger Abschnitt

Konsonanz – Dissonanz

Im gesamten Mittelalter galten der Einklang, die Oktave, die Quinte und die Quarte als **vollkommene Konsonanzen**. Terzen und Sexten waren **unvollkommene Konsonanzen**, alle anderen Intervalle waren dissonant. Heute gilt die Quarte als dissonant.

Anmerkung: Oktave, Quinte und Quarte waren vollkommen konsonant, weil sie mittels einfacher Saitenteilungen (→ Bd. I; 3.1: Reine Intervalle) erzeugt werden konnten.

Quintorganum der Musica enchiriadis

In der *Musica enchiriadis* wurden zwei Arten von Organa gelehrt, das *Quintorganum* und das *Quartorganum*. Ein **Quintorganum** ist ein Abschnitt, in dem die *vox organalis* eine Quinte tiefer parallel zur *vox principalis* geführt wird.

Notenbeispiel 3.2:

Quintorganum aus der Musica enchiriadis

Quartorganum der Musica enchiriadis

Ein **Quartorganum** ist ein Abschnitt, dessen einzelne Sinneinheiten nach folgenden Regeln aufgebaut sind:

- Es beginnt im Einklang.

- Anschließend wird die *vox organalis* auf einem Ton solange repetiert (in unvollkommenen Konsonanzen und Dissonanzen), bis sich eine Quarte ergibt.
- Sodann wird die *vox organalis* in reinen (vollkommen konsonanten) Quarten parallel zur *vox principalis* geführt.
- Am Ende einer Sinneinheit steht ein Einklang.

Anmerkung: Ein Parallelsingen in reinen Quarten war nicht möglich, da eine Quarte unter h, das fis, im damaligen Tonsystem nicht vorkam.

Notenbeispiel 3.3:

Quartorganum aus der Musica enchiriadis

Weiteres

Quint- und Quartorganum sind keine Kompositionen, sondern „Gebrauchsanweisungen", wie zu einem Abschnitt eine zweite Stimme gefunden werden kann. Die Lehre vom Quartorganum ist der Beginn der Lehre vom (→ Bd. I; 15.1) *Kontrapunkt*, also davon, wie zu einer Stimme selbstständige weitere Stimmen gefunden werden können.

Quartorgana könnten aufgeschrieben worden sein, wurden aber wahrscheinlich wegen ihrer Einfachheit zumeist ohne Notation erfunden und eingeübt.

Cantus-Firmus-Struktur

In der Musica enchiriadis ist nicht nur zum ersten Mal Mehrstimmigkeit bezeugt, sondern auch gleichzeitig das für die europäische Musik zentrale Kompositionsprinzip der *Cantus-firmus-Struktur*.

Unter einem **Cantus firmus** (lat.: feststehender Gesang; Abkürzung: C. f.) versteht man die einem mehrstimmigen Tonsatz zugrunde gelegte einstimmige Melodie oder Tonfolge, die in der Regel nicht gleichzeitig in mehreren Stimmen erklingt. Die Vorlage kann **präexistent**, also geistlicher oder weltlicher Herkunft, sein oder vom Komponisten selbst stammen.

Oft erscheint der *Cantus firmus* in langen Notenwerten in den originalen Rhythmusproportionen. Er kann aber auch rhythmisch verändert oder melodisch ausgeschmückt sein. *Cantus-Firmus-Struktur* besitzen die meisten mehrstimmigen Kompositionen des Mittelalters. Dieser Begriff wird jedoch vornehmlich für die Musik ab dem 15. Jahrhundert verwendet. Ihre Struktur war bis zum Barock wesentlich. In dieser Epoche erscheint sie beispielsweise in der (→) *Choralkantate*.

3.4.2 Diastematische Neumen (ab dem 10. Jahrhundert)

Im 10. Jahrhundert entstanden die **diastematischen Neumen**, das sind solche, die in unterschiedlichem vertikalen Abstand über die Silben geschrieben wurden, je nachdem wie hoch ein Ton war. Bald führte man zur genauen Darstellung der Tonhöhe Linien ein, alsbald Linien im Terzabstand, so wie noch heute üblich. Zu Beginn des 11. Jahrhunderts waren 4 Linien im Gebrauch. Noch in der heute gebräuchlichen (→) *Quadratnotation* für den Gregorianischen Choral sind 4 Linien üblich. Erst sehr viel später wurden 5 Linien zur Norm. An den Anfang des Notensystems wurden Buchstaben geschrieben, aus denen sich die heutigen Schlüssel entwickelten, der Violinschlüssel aus dem g, der Bassschlüssel aus dem f, der Alt-Schlüssel aus dem c.

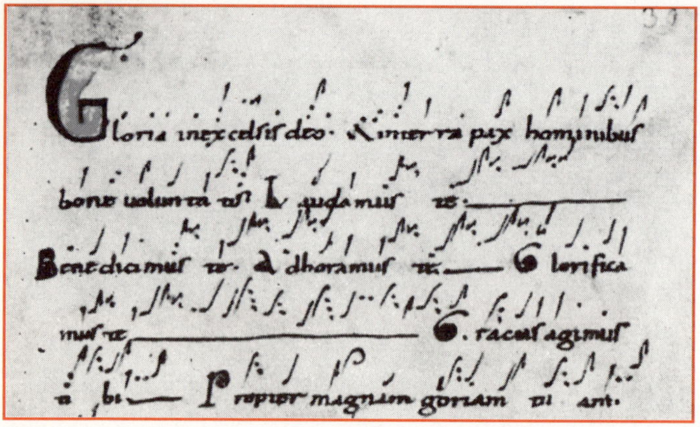
Beispiel für diastematische Neumen, 11. Jahrhundert

3.4.3 Das Organum (um 1100)

Um 1100 trat das Organum in eine neue Phase. Die bisherigen Organa waren lediglich Abwandlungen des Quartorganums der *Musica enchiriadis*.

Notenbeispiel 3.4:

Beispiel eines Organums um 1100

Folgende Änderungen sind bedeutsam:

- Die Stimmen endeten sehr viel öfter im Einklang, in der Regel am Schluss eines Wortes.
- Gegenbewegung der Stimmen, also Bewegung in verschiedene Richtungen, war vorherrschend.
- Der Abstand der Stimmen wurde bis zur Oktav erweitert.
- Stimmkreuzung war üblich.

3.4.4 Die Entstehung der Quadratnotation (12. Jahrhundert)

Um die Mitte des 12. Jahrhunderts entwickelte sich im nördlichen Frankreich die *Quadratnotation*. Unter der **Quadratnotation** versteht man eine Neumenschrift, die durch die Verwendung von Quadraten anstelle der früheren Punkte oder Striche gekennzeichnet ist. Notiert wurde weiterhin auf vier Linien. Die Quadratnotation wird noch heute für den Gregorianischen Choral verwendet. Deren Zeichen wurden auch für die (→) *Modalnotation* benutzt.

3.5 Exkurs
Weltliche einstimmige Musik (11. bis 16. Jahrhundert)

3.5.1 Troubadours, Trouvères und Minnesänger (vornehmlich 12. und 13. Jahrhundert)

Bedeutung. Die ersten überlieferten Zeugnisse von weltlicher Dicht- und Liedkunst des Mittelalters stammen aus dem Ende des 11. Jahrhunderts. Die Kirche, die sich gegen jegliche weltliche Musik gewandt hatte (→ 2.3.10), hatte ihren Einfluss in dieser Hinsicht eingebüßt.

Definition und Geschichte. Die Dicht- und Liedkunst entstand in Südfrankreich mit den *Troubadours*. Unter einem **Troubadour** [truba'du:r] (provençalisch: *trobar* – finden) versteht man einen südfranzösischen Dichter-Komponisten des 11. bis 13. Jahrhunderts, der in provençalischer Sprache (in der *langue d'oc*) schrieb. Die *Troubadours* wurden von der benachbarten hispano-maurischen Kultur der iberischen Halbinsel angeregt.

Von Südfrankreich aus verbreitete sich die Bewegung nach Nordfrankreich, wo sich in der zweiten Hälfte des 12. Jahrhunderts die *Trouvèrekunst* entwickelte. Unter einem **Trouvère** (franz.: trouver – finden) versteht man einen nordfranzösischen Dichter-Komponisten des 12. bis 13. Jahrhunderts, der in einer Sprache schrieb, welche die Vorform des heutigen Französisch war.

Im deutschen Sprachraum entstand, beeinflusst durch Frankreich, in der zweiten Hälfte des 12. Jahrhunderts die Kunst der *Minnesänger*. Unter einem **Minnesänger** (mittelhochdeutsch: Minne – Liebe) versteht man demnach einen mittelhochdeutschen Dichter-Komponisten des 12. bis 15. Jahrhunderts. Sie wurden so genannt, weil die Liebe das vorherrschende Thema ihrer Lieder war.

Die Kunst der *Troubadours*, *Trouvères* und *Minnesänger* hatte ihren Höhepunkt um 1200. In Frankreich lief die Bewegung um 1300 aus. Der Minnesang hielt sich noch bis ins 15. Jahrhundert.

Träger. Die Lieder wurden am Hof vorgetragen. Die Musiker waren vornehmlich Ritter, d. h. niedrige Adlige, außerdem hohe Adlige, Kleriker und im Dienst des Adels stehende Bürgerliche. Die Künstler waren in der Regel gleichzeitig Dichter und Musiker; viele sangen auch selber.

Zu den bekanntesten Trouvère-Sängern gehört *Adam de la Halle* (ca. 1237–1286). Berühmte Minnesänger sind *Walther von der Vogelweide* (um 1170 bis 1228) und *Oswald von Wolkenstein* (1377–1445), der als der letzte Minnesänger gilt.

Die **Texte** handelten vor allem von der Liebe. Besonders beim Minnesang wurde unterschieden zwischen der *hohen Minne*, der unerfüllten Liebe mit erzieherischem Wert, und der sinnlichen *niederen Minne*. Außerdem gab es politische, moralische und sonstige Lieder.

Melodie. Man weiß, dass seit dem 11. Jahrhundert die Gedichte mit eigenständigen Melodien gesungen wurden. Überliefert sind Melodien jedoch erst seit dem 13. Jahrhundert. Da sie oft in Quadratnotation aufgeschrieben wurden, ist der Rhythmus unbekannt (vgl. Notenbeispiel 3.5). Es gibt auch einige Überlieferungen in (→) *Modal-* und (→) *Mensuralnotation*, bei denen der Rhythmus eindeutig ist.

Die tradierten Melodien gleichen im Stil geistlichen Liedern der damaligen Zeit. Sie stehen in den (→) *Kirchentonarten*. Üblicherweise sind sie syllabisch mit gelegentlichen kurzen melismatischen Figuren. Häufig war (→ Bd. I) *Kontrafaktur*, also die Unterlegung einer bekannten Melodie mit einem neuen Text.

Formen. Strophische Formen waren üblich.

Von den zahlreichen übrigen Formen sei hier nur das **Rondeau** erwähnt, das auch in der mehrstimmigen Musik bis ins 15. Jahrhundert von Bedeutung war. Es besitzt folgenden Aufbau:

Abschnitt	1.	2.	3.	4.	5.	6.	7.	8.
Musik	A	B	A	A	A	B	A	B
Text	v	w	x	v	y	z	v	w
	Text-Refrain						Text-Refrain	

Es gibt hier nur einen Text-Refrain, keinen musikalischen Refrain.

Vortragsweise. Wahrscheinlich wurden bei der Aufführung melodische Ornamente hinzugefügt, sodass sich die Melodie von Strophe zu Strophe änderte.

Vermutlich wurden die Lieder teilweise mit Instrumenten (→ *Fiedel*, *Laute*, *Harfe*) vorgetragen. Diese übernahmen wohl Vor-, Zwischen- und Nachspiele; zum Gesang begleiteten sie nicht mit Akkorden, sondern in (→) *Heterophonie*, vielleicht auch mit einer einfachen Gegenstimme.

Notenbeispiel 3.5:

Wizlau von Rügen (ca. 1268–1325), We ich han gedacht (Beginn)

3.5.2 Meistersinger (15. und 16. Jahrhundert)

Definition, Träger, Geschichte. Meistersinger waren bürgerliche, zumeist in Städten sesshafte, dichtende, komponierende und singende Handwerker, die sich in Singschulen organisierten. Sie verstanden sich als Nachfahren der Minnesänger. Die ersten Vereinigungen entstanden im 14. Jahrhundert. Der Meistersang hatte seine Blüte zwischen ca. 1440 und ca. 1600. Die Singschulen hielten sich teilweise bis ins 19. Jahrhundert.

Die Musik und die Organisation wurden durch genaue Satzungen geregelt. Die Zunft war streng hierarchisch gegliedert. An höchster Stelle stand der Merker, welcher die Einhaltung der Regeln zu überwachen hatte. Das Leben und die Organisation der Meistersinger wurde von (→) *Wagner* in seiner Oper *Die Meistersinger von Nürnberg* portraitiert.

Der berühmteste Meistersinger war der Schuster *Hans Sachs* (1494–1576), der auch eine Hauptperson in *Wagners* Oper ist.

Die **Texte** der Meistersinger waren vornehmlich religiös, konnten aber auch politisch-satirisch sein.

Die **Melodien** waren zum Teil melismatisch.

Die **Form** der Lieder war zumeist strophisch, wobei eine Strophe in der (→ Bd. I) *Barform* steht (A A B).

Die **Vortragsweise** war solistisch und ohne instrumentale Begleitung.

3.6 Notre-Dame-Epoche und Ars antiqua in Frankreich (ca. 1180 bis ca. 1320): Entwicklung zur komplexen geistlichen und weltlichen Mehrstimmigkeit

3.6.1 Allgemeines

Musikhistorische Abgrenzung, Intensität des Stilwandels und Stileinheitlichkeit

Allgemeines und räumliche Abgrenzung. Das letzte Drittel des 12. Jahrhunderts war eine der entscheidendsten Perioden in der Geschichte der mittelalterlichen mehrstimmigen Musik. Die Veränderungen, welche die geistliche und die weltliche Musik betrafen, gingen von der im Jahre 1163 gegründeten Kathedrale von Notre-Dame in Paris aus und waren im Wesentlichen auf die *Ile de France* begrenzt. In anderen Regionen Europas vollzog sich kaum eine ähnliche Entwicklung. Diese werden im Folgenden daher nicht behandelt.

Wesentliche Änderungen waren folgende:
- Hatte sich die mehrstimmige Musik bisher nur langsam gewandelt, so begann jetzt eine Zeit rascher Weiterentwicklung.
- Nachdem die griechische Notenschrift mit ihrer exakten Möglichkeit der rhythmischen Notation zu Beginn des europäischen Mittelalters verlorengegangen war, wurde in der neu entstandenen (→) *Modalnotation* nun zum ersten Mal wieder der Rhythmus genau notierbar.
- Die weltliche Musik nahm erheblich an Bedeutung zu. Zum ersten Mal überhaupt wurde weltliche mehrstimmige Musik überliefert. Dies entsprach dem Aufschwung, welcher der weltlichen Literatur um 1200 vor allem in Nordfrankreich und im Deutschen Reich zuteil wurde. Zu den literarisch bedeutendsten Werken zählt *Tristan* (1205–1210) von *Gottfried von Straßburg*.

Bezeichnungen für die Epoche. Für gewöhnlich wird der Abschnitt von ca. 1180 bis ca. 1250 *Notre-Dame-Zeit* genannt, nach der gleichnamigen Kathedrale in Paris. Die sich anschließende Periode bis ca. 1320 wird mit *Ars antiqua* (lat. alte Kunst) bezeichnet; dieser Begriff stammt aus dem 14. Jahrhundert; er sollte die „alte Kunst" gegen die neue (*Ars nova*) abgrenzen. Der Einschnitt zwischen Notre-Dame-Zeit und Ars antiqua ist nicht sehr deutlich, daher werden beide Zeiträume im Folgenden zusammengefasst.
Anmerkung: Der Beginn der *Ars antiqua* kann mit dem Aufkommen der (→) *Mensuralnotation* angesetzt werden.

Wichtige Gattungen / Gewichtung

Wichtige Gattungen waren das *Organum*, die (→) *Motette*, der (→) *Conductus* und das mehrstimmige *Lied*.

Gewichtung. Die weltliche Musik erfuhr einen enormen Aufschwung. Für diese wurden nun auch die Mittel der geistlichen Musik verwendet, also Notenschrift und Mehrstimmigkeit. Vor 1200 wurde von weltlichen Liedern in der Regel nur der Text überliefert (→ 3.5).

Notation

Modalnotation (ca. 1180–1250)

Unter der **Modalnotation** versteht man eine Notation, mit welcher eine mehr oder weniger starre Folge von einfachen Rhythmen eindeutig notiert werden konnte. Sie wurde von ca. 1180 bis zur zweiten Hälfte des 13. Jahrhunderts in der *Ile de France* zur Aufzeichnung mehrstimmiger Musik verwendet.

Die Modalnotation benutzte als Zeichen diejenigen der (→) *Quadratnotation*. Der Rhythmus ist an der Gruppierung der Notenköpfe erkennbar. Im Wesentlichen kommen drei Tondauern vor: ein-, zwei- und dreizeitige. Sie werden in der heutigen Notation üblicherweise als Achtel, Viertel und punktierte Viertel übertragen.

Die in der Modalnotation aufgeschriebene Musik wird **Modalmusik** genannt. Diese ist deutlich in Dreierrhythmen gruppiert. Sie besitzt einen deutlichen (→) *Takt*. Üblicherweise wird Modalmusik in der heutigen Notation im 6/8-Takt notiert. – Modale Rhythmik ist deutlich im Notenbeispiel 3.6 zu erkennen.

Notation in der zweiten Hälfte des 13. Jahrhunderts

Im Verlauf des 13. Jahrhunderts wurde die Notation allmählich immer komplexer, d.h. Notenwerte konnten immer genauer notiert werden. Die *Modalnotation* entwickelte sich somit zur (→) *Mensuralnotation*, die um 1320 voll ausgebildet war.

Zum Ende der Partitur-Überlieferung

Bis um die Mitte des 13. Jahrhunderts wurden mehrstimmige Stücke in Partitur notiert, danach in nacheinander aufgeschriebenen Stimmen.

Amerkung: Dies lag daran, dass die Tondauern des (→) *Tenors* der Motetten allmählich immer länger geworden waren. Eine Notation in Stimmen sparte somit Platz und damit Papier.

Musikalische Merkmale

Melodik

Die Melodik wurde im Verlauf des 13. Jahrhunderts parallel zur Entwicklung der Notation zunehmend komplexer.

Takt und Rhythmik

In der ersten Hälfte des 13. Jahrhunderts war die (→) *modale* Rhythmik noch deutlich. Sie verschwand mit der Weiterentwicklung der Notation. Gleichzeitig verschwand auch der *Takt* aus der polyphonen Musik.

Musik besitzt einen **Takt**, wenn folgende drei Eigenschaften erfüllt sind:

a) Ihr kann ein Puls unterlegt werden;
b) dieser Puls ist deutlich betont;
c) die Betonungen des Pulses sind unterschiedlich stark.

Die Kunstmusik seit der zweiten Hälfte des 13. Jahrhunderts bis zum ausgehenden 16. Jahrhundert besitzt selten einen Takt, da nur die Merkmale a) und c), nicht aber b) vorhanden sind. Das Merkmal c) kommt hauptsächlich dadurch zustande, dass auf die (leicht) betonten Pulse in der Regel Konsonanzen erklingen.
Anmerkung: Seit den 30er Jahren des 20. Jahrhunderts verwendet man zur Kennzeichnung von Musik ohne Takt zuweilen *nicht durchgezogene Taktstriche*.

In der gesamten mittelalterlichen Musik wird auf die **Übereinstimmung von textlichen und musikalischen Betonungen** keine Rücksicht genommen.

Harmonik

Auf betonte Zählzeiten erklang in der Regel in der Dreistimmigkeit ein *Quint-Oktav-Klang*, z.B. d a d^1. Die Quarte wurde im Verlauf des 13. Jahrhunderts zur Dissonanz.

Jede Oberstimme musste mit der Unterstimme einen sinnvollen zweistimmigen Satz bilden, die Oberstimmen konnten dann untereinander disssonieren.

Die Harmonik des 13. bis zum ausgehenden 17. Jahrhundert heißt *modal*. Die Harmonik einer Zeitepoche wird **modal** genannt, wenn jedes in ihr komponierte Stück die jeweils zugrunde gelegte Tonleiter ständig beibehält. Die *modale Harmonik* entwickelte sich im Verlauf des 17. Jahrhunderts zur (→) *durmolltonalen Harmonik*. In dieser kann in einem Stück die zugrunde gelegte Tonleiter dauerhaft wechseln, es können also für längere Zeit neue Vorzeichen vorkommen. Ein Stück, bei welchem die Tonleiter nicht wechselt, kann sowohl modal als auch durmolltonal sein. – Beide Arten der Harmonik werden als tonal bezeichnet.
Anmerkung: Sehr wohl können in einem Stück mit modaler Harmonik (→) *harmonische Schlusswendungen* auf der Grundlage verschiedener Töne vorkommen, auch (→) *authentische Kadenzen*. Eine solche liegt z.B. im Notenbeispiel 5.4 vor, das in der modalen Harmonik komponiert ist.

Die zugrunde gelegte Tonleiter in modaler Musik war zunächst die Tonleiter der (→ Bd. I) *Stammtöne*. Seit dem 16. Jahrhundert wurden verstärkt auch andere Tonleitern verwendet.

Die zugrunde gelegte Tonleiter konnte durch Töne der (→ Bd. I) *chromatischen Tonleiter* angereichert werden. Dies war seit dem Ende des 13. Jahrhunderts in Theorie und Praxis möglich. Die Musik ist aber zum allergrößten Teil recht streng (→ Bd. I) *diatonisch*. Chromatik erscheint erst im 16. Jahrhundert verstärkt, vor allem im Madrigal.

Textur

Unter **Textur** wird im Folgenden der Grad der Abhängigkeit der gleichzeitig erklingenden Stimmen verstanden (vgl. Bd. I; 7.7).

Stimmenanzahl. Während bisher nur zwei Stimmen üblich waren, wurde bald die Dreistimmigkeit zur Norm; Zwei- und Vierstimmigkeit war selten.

Satzstrukturen. Man kann zwei wesentliche Satzstrukturen unterscheiden. Den polyphonen Motettensatz (→ *Motette*) und den homophonen Conductussatz (→ *Conductus*).

Musikalische Semantik

Die Oberstimmen von Motetten enthielten sehr häufig kleinere Teile von Melodien von bekannten Liedern oder Motetten. Hier liegen die ersten deutlichen Zitate der europäischen Musikgeschichte vor.

3.6.2 Musikleben und Komponisten

Die meisten Werke sind noch anonym überliefert. Einige Komponisten sind jedoch namentlich bekannt. Zu den führenden Komponisten geistlicher Musik der Notre-Dame-Zeit gehören *Leonin* (zweite Hälfte des 12. Jahrhunderts) und *Perotin* (um 1165 bis um 1220; vgl. 3.6.3). Zu den bedeutendsten weltlichen Komponisten des 13. Jahrhunderts zählt der (→ 3.5) *Troubadour Adam de la Halle*, der Motetten und Lieder schrieb.

3.6.3 Organum

Struktur des Organums

Das *Organum* der Notre-Dame-Zeit war länger als dasjenige um 1100. Die *vox principalis*, also der Choralausschnitt, lag nun in der Unterstimme.

Man unterschied im Wesentlichen die *Halteton-* und die *Discantus-Satztechnik*. In einem Abschnitt mit **Haltetonsatztechnik** wurden die Tonlängen des Choralausschnitts stark gedehnt. Die Unterstimme wurde daher auch *Tenor* ['te:nor] genannt (lat.: *tenere* – halten). Der Tenor wurde vermutlich von einem Instrument vorgetragen. (Das Wort Tenor wird auf der zweiten Silbe betont, wenn es die heutige Stimmlage meint, also ab dem 15. Jahrhundert.)

Anmerkung: Haltetonpartien wurden früher auch Orgelpunkt genannt. Davon wurde der heutige Begriff des *Orgelpunkts* abgeleitet.

Bei einem Abschnitt mit **Discantussatztechnik** erklangen in beiden Stimme längere Melismen. Die Unterstimme besaß dabei relativ kurze Töne, die Oberstimme sehr kurze Töne, wobei auf jeden Ton der Unterstimme ein bis 4 Töne der Oberstimme ertönten.

Zur Verlängerung der Discantuspartien erhielt der Tenor oft zwei oder mehrere **Cursus** (Singular: lat.: *Cursus* – der Verlauf), d. h. die Choralmelodie erklang zwei- oder mehrmals hintereinander. Dieses Prinzip der Einteilung des Tenors war noch in der *Motette* des 13. und 14. Jahrhunderts üblich.

Notenbeispiel 3.6:

Leonin: Ausschnitt aus einem Organum

Der Tenor war außerdem in eine größere Anzahl von *Ordines* eingeteilt. Unter einem **Ordo** (lat.: Ordnung, Glied) versteht man einen kurzen Abschnitt mit einem einfachen Rhythmus, wobei sich dieser Rhythmus in den folgenden *Ordines* wiederholt. Das Organum starb im 13. Jahrhundert ab.

Schema eines Organums der Notre-Dame-Zeit mit zwei Abschnitten:

	Haltetonpartie (-satztechnik)	Discantuspartie (-satztechnik)
Oberstimme *(vox organalis):* hinzukomponierte Stimme	relativ kurze Töne in modaler Rhythmik	sehr kurze Töne in längeren Melismen, wobei auf jeden Ton der Unterstimme 1 bis 4 Töne der Oberstimme erklingen in modaler Rhythmik
Unterstimme *(vox principalis),* Tenor: zumeist Choralausschnitt	lange Töne	relativ kurze Töne in modaler Rhythmik 1. Cursus 2. Cursus 1. Ordo 2. Ordo usw.

Das Magnus liber organi

Die bedeutendste Sammlung von *Organa* ist das *Magnus liber organi* (Das große Buch des Organums) von (→) *Leonin*. Es enthält zweistimmige Organa. (→) *Perotin* bearbeitete das Werk, indem er die Organa zur Drei- und Vierstimmigkeit erweiterte.

3.6.4 Motette (polyphon)

Definition und Entstehung

Unter einer (→ Bd. I; 9.3.4) **Motette** (franz.: *le mot* – das Wort) versteht man eine am Ende des 12. Jahrhunderts entstandene Gattung der Vokalmusik. Seit dem 16. Jahrhundert ist für sie das Fehlen von speziell für Instrumente vorgesehenen Instrumentalstimmen typisch. Bis zum 16. Jahrhundert wurde der Tenor einer Motette in langen Tondauern wahrscheinlich rein instrumental ausgeführt. Die Motette war bis ca. 1600 eine wesentliche Gattung der westlichen Musik.

Die Motette entstand, indem einer *Discantuspartie* eines Organums (als → *Tropierung*) ein Text unterlegt und dieser Abschnitt unabhängig vom Organum aufgeführt wurde. Bald wurden Motetten auch neu komponiert, indem ein Ausschnitt des Gregorianischen Chorals wie im Organum rhythmisiert und mit einer neuen textierten Oberstimme versehen wurde. Die Oberstimme wurde **Duplum** oder **Motetus** genannt.

Viele zweistimmige Motetten wurden zu dreistimmigen, indem man ein **Triplum** in kürzeren Notenwerten, also eine dritte Stimme, mit neuem Text hinzusetzte, sodass zwei verschiedene Texte gleichzeitig erklangen. Der neue Text nahm oft auf den alten Bezug. Bald wurden auch dreistimmige Motetten neu komponiert. Zweistimmige Motetten werden **einfache** genannt; Motetten mit zwei textierten Oberstimmen heißen **Doppelmotetten**

Notenbeispiel 3.7:

Doppelmotette „Dominator – Ecce –Domino“ (um 1225) (1. Hälfte der Komposition)

Bedeutung

Die Motette war die erste weltliche mehrstimmige Gattung. Zunächst gab es weltliche, später auch geistliche. Die meisten Motetten des 13. Jahrhunderts waren weltlich. Die geistliche Motette war liturgisch; sie ersetzte Teile des (→) *Proprium*.

Die dreistimmige Motette war die am höchsten stehende Gattung am Ende des 13. Jahrhunderts. Sie entspricht *in der Bedeutung* etwa der Triosonate im 17. Jahrhundert oder dem Streichquartett im 18. und 19. Jahrhundert.

Musikalische Merkmale der Motette

Allgemeine Satztechnik. Anfangs herrschte *Discantussatztechnik*; im Verlauf des 13. Jahrhunderts wurde der Tenor immer länger. Üblich sind 3 Stimmen, 2- und 4-stimmige Motetten sind selten.

Anmerkung: Die polyphone Satzstruktur, bei der eine Stimme mit präexistentem Material in langen Notenwerten erklingt, war bis zum Barock wesentlich, z. B. bei der (→) *Choralkantate*.

Zum Tenor. Der Tenor stammte entweder aus dem Gregorianischen Choral oder war weltlich. Eine instrumentale Ausführung ist wahrscheinlich. Der Tenor ist wie beim Organum der Notre-Dame-Zeit zumeist in mehrere *Cursus* und *Ordines* eingeteilt.

Das Schema einer Motette des 13. Jahrhundert ähnelt also dem unten genannten aus dem 14. Jahrhundert (→ 3.7.3). Anstelle von *Color* ist *Cursus* anstelle von *Talea* ist *Ordo* zu setzen.

Text

Meistens besaßen Doppelmotetten zwei altfranzösische Texte, des Öfteren zwei lateinische, selten verschiedensprachige; auch gleichzeitig geistliche und weltliche Texte kamen vor. Zuweilen bezogen sich die Texte der beiden Oberstimmen auf den Inhalt des Choralausschnitts im Tenor.

3.6.5 Conductus (homophon)

Neben Organum und Motette war im 13. Jahrhundert der *Conductus* eine dritte zentrale Gattung. Ein **Conductus** (lat.: *conducere* – zusammenführen) ist ein ein- oder mehrstimmiges geistliches, in der Regel nicht liturgisches, homorhythmisches lateinisches Lied des 12. und 13. Jahrhunderts. Er unterscheidet sich in Form und Inhalt von der Motette.

Merkmale des Conductus:
- **Stimmenanzahl:** zumeist 2, auch 1 oder 3, selten 4;
- **Satztechnik:** homorhythmisch, zumeist syllabisch, alle Stimmen singen den gleichen Text;
- **Form:** zumeist strophisch;

- **Text:** lateinisch; mahnend, anklagend, moralisierend;
- **Funktion:** in der Regel nicht *liturgisch*, zumeist aufgeführt beim Schreiten von Geistlichen;
- **Geschichte:** Der einstimmige Conductus entstand schon im frühen 12. Jahrhundert. Im Verlauf des 13. Jahrhunderts wurde der Conductus unmodern.

Der Conductus-Stil wurde auch in weltlichen Liedern verwendet.

3.6.6 Instrumentalmusik

Die überlieferte Instrumentalmusik des Mittelalters ist in erster Linie Tanzmusik. Zahlreiche ein- und zweistimmige Tanzsätze sind in Handschriften des 13. und 14. Jahrhunderts tradiert.

3.7 Ars nova und Ars subtilior in Frankreich (ca. 1320 bis ca. 1420) Hochentwickelte mittelalterliche geistliche und weltliche Mehrstimmigkeit

3.7.1 Allgemeines

Musikhistorische Abgrenzung, Intensität des Stilwandels und Stileinheitlichkeit

Räumliche Abgrenzung. Im 14. Jahrhundert sind drei wichtige Zentren der westeuropäischen Musik zu unterscheiden: Frankreich, vor allem Paris mit der *Ile de France*, Italien und England. Frankreich war im 14. Jahrhundert wie auch im 13. führend. Die Begriffe *Ars nova* und *Ars subtilior* gelten für die Musik in Frankreich.

Wesentliche Änderungen waren folgende:

- Die (→) *Mensuralnotation* war um 1320 voll ausgebildet.
- Durch sie konnten nun fast alle Rhythmen notiert werden, was die Rhythmik und die Satzstruktur der Musik erheblich komplexer werden ließ. Die Beschränkung auf rhythmische Dreiergliederung entfiel.
- Weltliche Musik erhielt Übergewicht über die geistliche.
- Die Stellung der Komponisten wurde bedeutsamer. Der Ruhm des Komponisten (→) *Machaut* stand dem der berühmten Dichter *Dante* oder *Petrarca* kaum nach.

Bezeichnungen für die Epoche. Die Zeit von ca. 1320 bis ca. 1370 wird heute *Ars nova* genannt. Die damaligen Komponisten und Theoretiker setzten diese gegen die *Ars antiqua* ab. Der Abschnitt von ca. 1370 bis ca. 1420 heißt *Ars subtilior* (lat.: feinere Kunst). Sie unterscheidet sich von der *Ars nova* durch höhere Komplexitität der Rhythmen und kunstvolle Notation.

Anmerkung: Ars nova hieß ein Traktat über die neue Notation, das vom bedeutenden Komponisten und Dichter *Philippe de Vitry* (1291–1361) verfasst wurde.

Gattungen / Gewichtung / neue Großformprinzipien

- Die Motette war weiterhin die zentrale Gattung.
- Mehrstimmige Lieder gewannen an Bedeutung.
- Der Conductus verschwand.

Gewichtung. Die weltliche Musik wurde gegenüber der geistlichen vorherrschend.

Kompositionsprinzipien bzgl. der konstruktiven Stimme. Unter einer **konstruktiven Stimme** kann eine solche verstanden werden, welche präexistent oder führend ist. Man kann im Mittelalter zwischen folgenden zwei Prinzipien unterscheiden:

- Beim **Tenorsatz**, welcher der Motette zugrunde liegt, ist der Tenor die konstruktive Stimme; dieser ist präexistent, d. h. ein Choralausschnitt oder weltlich.
- Beim **Oberstimmensatz**, der in der Regel bei Liedern angewandt wurde, ist die Oberstimme die konstruktive Stimme, welche die führende ist. Sie ist nicht präexistent, sondern neu komponiert.

Neues Großformprinzip ist die *Isorhythmie* (→ *isorhythmische Motette*).

Notation: ausgebildete Mensuralnotation (ca. 1320 bis ca. 1600)

Unter der **Mensuralnotation** versteht man eine Notation, mittels derer fast alle Rhythmen notiert werden konnten. Sie entstand in der zweiten Hälfte des 13. Jahrhunderts aus der (→) *Modalnotation*, war um 1320 voll ausgebildet und wurde bis ca. 1600 verwendet. In dieser Notation wurden alle ein- und mehrstimmigen Musikstücke aufgezeichnet außer dem Gregorianischen Gesang und Musik für Tasteninstrumente und Laute.

Zunächst wurden die Zeichen schwarz ausgemalt, und zwar in der *schwarzen Mensuralnotation*. Die *weiße Mensuralnotation* ab ca. 1425 verwendete hohle Notenköpfe (→ 4.1.3).

Die gebräuchlichsten Noten waren folgende:
Schwarze Mensuralnotation: ■ Longa, ■ Brevis, ◆ Semibrevis, ◆ Minima, usw.

Weiße Mensuralnotation: □ □ ◇ ◇

Aus den Einzelzeichen der weißen Notation entwickelten sich unsere heutigen Noten, die *Semibrevis* wurde zur ganzen Note.

In heutigen Ausgaben von mensural notierter Musik werden die Zeichen auf unterschiedliche Weise übertragen. Man spricht von einer Übertragung im Maßstab 1 : 1, wenn die *Semibrevis* zur ganzen Note wird. Ein Übertragungsmaßstab von 1 : 2 liegt vor, wenn eine *Semibrevis* als halbe Note notiert wird. Üblich ist heute die Übertragung von 1 : 4, d. h. die *Semibrevis* wird zur Viertelnote. So wird auch in allen Beispielen hier verfahren.

Anders als in unserer heutigen Notation und ähnlich wie in der *Modalnotation* ist der Notenwert eines Zeichens nicht „absolut“, sondern nur aus dem Zusammenhang zu erkennen.

In der heutigen Notation ist das Verhältnis zwischen einer Note und der nächstkleineren immer 1 : 2. Ein Halbe ist eingeteilt in zwei Viertel, diese in zwei Achtel usw. In der Mensuralnotation kann die *Brevis* und die *Semibrevis* sowohl in zwei, als auch in drei Teile eingeteilt werden. Dies hängt ab von dem sog. **Mensurzeichen** zu Beginn eines Stückes.

Mensurzeichen	Brevis Semibrevis Minima	Übertragung (im Maßstab 1 : 4)	
C	■ = ◆◆ = ⧫⧫ ⧫⧫	𝅗𝅥 = ♩♩ = ♪♪ ♪♪	(2/4-Takt)
○	■ = ◆◆◆ = ⧫⧫ ⧫⧫ ◇◇	𝅗𝅥 = ♩♩♩ = ♪♪ ♪♪ ♪♪	(3/4-Takt)
Ͼ	■ = ◆◆ = ⧫◇◇ ◇◇◇	𝅗𝅥 = ♩♩ = ♪♪♪ ♪♪♪	(6/8-Takt)
⊙	■ = ◆◆◆ = ⧫⧫⧫ ⧫◇◇ ◇◇◇	𝅗𝅥 = ♩♩♩ = ♪♪♪ ♪♪♪ ♪♪♪	(9/8-Takt)

In Mensuralnotation aufgezeichnete Musik kann einen (→) *Takt* besitzen oder nicht.

Bei bestimmten Mensurzeichen hing die Länge der Noten nicht nur von den Mensurzeichen ab, sondern zusätzlich auch von der Notengruppierung. Die genaue Länge der Notenwerte konnte nur mithilfe von komplizierten Regeln erkannt werden.

Anders als in der heutigen Notation gab es in der Mensuralnotation keine Haltebögen, keinen Punkt, der eine Note verlängert, und keine Taktstriche.

Im Verlauf der Jahrhunderte wurden die kleineren Notenwerte immer weiter geteilt, das Tempo insgesamt verlangsamt.

Artikulation und Dynamik wurden in der Mensuralnotation nicht aufgezeichnet.

Die Mensuralnotation ist ein für heutige Verhältnisse merkwürdig kompliziertes Notationssystem (vgl. Abbildung in Kapitel 4).

Alle mensural notierte Musik wurde in nacheinander aufgeschriebenen Stimmen, nicht in Partituranordnung notiert (→ 3.6.1 Notation).

Musikalische Merkmale

Melodik

Es kommen neben dem b allmählich immer mehr Töne mit **Vorzeichen** dazu, zunächst das fis. Sie erscheinen besonders an (→) *harmonischen Schlusswendungen*.

Takt und Rhythmik

Die Rhythmen wurden erheblich komplexer, es gab vor allem kleinere Notenwerte, Wechsel des Mensurzeichens und ganz verschiedene Rhythmik in den Oberstimmen der Motetten. Zum ersten Mal traten (→ Bd. I) *Synkopen* auf.

Während im 13. Jahrhundert nur Dreierrhythmen notierbar waren, konnten seit der *Ars nova* auch Zweierrhythmen aufgeschrieben werden.

Harmonik mit Schlusswendungen

Terzen und Sexten. Es wurden häufiger Terzen und Sexten verwendet als im Jahrhundert zuvor, besonders bei weltlichen Liedern.

Harmonische Schlusswendungen. Bereits im 13. Jahrhundert hatten sich *harmonische Schlusswendungen* herausgebildet. Unter einer (→ Bd. I; 7.6) **harmonischen Schlusswendung** versteht man eine Folge von Zusammenklängen, die am Schluss von musikalischen Abschnitten und selten an anderen Stellen erklingen. Die Schlusswendungen erscheinen im Verlaufe eines Stückes zumeist auf der Basis verschiedener Töne.

Anmerkung: *Harmonische Schlusswendungen* werden auch *Kadenzen* genannt. Der Begriff *Kadenz* wird jedoch hauptsächlich in der akkordisch konzipierten Musik seit dem 17. Jahrhundert für die Folge *Subdominante in Grundstellung*, *Dominante in Grundstellung*, *Tonika in Grundstellung und Oktavlage* verwendet, welche zur Unterscheidung auch **authentische Kadenz** genannt wird. Im Folgenden wird der Begriff *Kadenz* nur für die *authentische Kadenz* verwendet.

Folgende harmonische Schlusswendungen waren bis ins 16. Jahrhundert üblich.

Notenbeispiel 3.8:

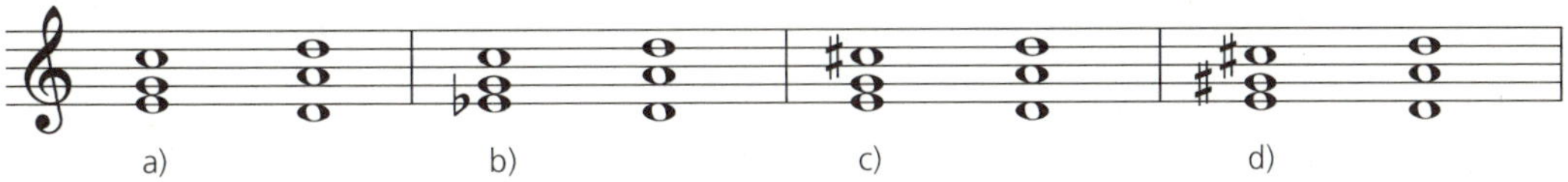

Die gebräuchlichsten harmonischen Schlusswendungen des 14. Jahrhunderts

Im 15. Jahrhundert entstanden weitere harmonische Schlusswendungen (→ 4.1.4).

Zum Verbot von Parallelen reiner Oktaven und Quinten. Im 14. Jahrhundert kam in der Musiktheorie das Verbot von Parallelen in reinen Oktaven und Quinten auf (→ Bd. I; 15.2). In der Praxis wurde das Verbot jedoch erst im 15. Jahrhundert durchgehend befolgt. Ein Grund für dieses Verbot ist kaum anzugeben. Die Folge davon ist, dass die mehrstimmige Satzweise dadurch komplexer wurde.

Textur

Stimmenanzahl. Das 14. Jahrhundert ist gekennzeichnet durch die Verwendung einer neuen Stimme im Raum des Tenors, nämlich des *Contratenors*, der teilweise über, teilweise unter diesem liegt. Wie vermutlich der Tenor war wohl auch der Contratenor instrumental. – Vierstimmigkeit ist insgesamt häufiger als zuvor.

Musikalische Semantik

Eine der ersten symbolischen Textausdeutungen erscheint im 14. Jahrhundert, das *Noëma*. Unter einem **Noëma** versteht man die Hervorhebung eines Textes durch einen homophonen, nur aus Konsonanzen bestehenden Abschnitt innerhalb eines polyphonen Werkes (vgl. 4.1.5).

3.7.2 Musikleben und Komponisten

Musikleben

Die neuen musikalischen Entwicklungen stießen bei der Kirche auf großen Widerstand, da sie die Verwendung von Gregorianischen Melodien für Liebeslieder als Herabwürdigung des Chorals betrachtete und da sie in der Komplexität der neuen Musik einen zu starken Reiz vermutete, der die Frömmigkeit im Gottesdienst gefährdete. *Papst Johannes XXII* wandte sich 1324/25 mit dem Erlass *Docta Sanctorum* gegen die *Ars nova*. In diesem sind Kirchenstrafen angedroht, falls die neue Musik in der Kirche aufgeführt werde. Die Kirche konnte aber die neue Musikentwicklung nicht aufhalten (vgl. 2.3.10).

Guillaume de Machaut

Zu den bedeutendsten Dichtern und Komponisten des 14. Jahrhunderts zählt *Guillaume de Machaut* oder *Machault* [ma'ʃo] (ca. 1300 bis 1377), der auch als Dichter berühmt war. Ab 1323 war er Sekretär Johanns, Herzog von Luxemburg und König von Böhmen. Ab 1340 wirkte er als Kleriker an der Kathedrale von Reims. Er unternahm weite Reisen durch ganz Europa. *Machaut* hinterließ ein umfangreiches dichterisches Werk. Außerdem komponierte er 23 Motetten, an die 100 Lieder und eine vierstimmige Messe, die zu den bedeutendsten Werken des 14. Jahrhunderts gehört.

3.7.3 Isorhythmische Motette (polyphon; Tenorsatz)

Die Motette war die Hauptgattung der Ars nova. Norm war die Doppelmotette mit zwei französischen Texten.

Musikalische Merkmale

Allgemeine Satztechnik. Bei der Motette war wie bisher der Tenor die konstruktive Stimme. Er blieb die unterste Stimme in langen Notenwerten.

Zum Tenor. Dieser war zumeist ein Choralausschnitt, konnte aber auch weltlichen Ursprungs sein. Er wurde weiterhin vermutlich instrumental ausgeführt.

Isorhythmie. Wesentliches Merkmal der Motette des 14. Jahrhunderts ist die *Isorhythmie*. Die Struktur des Tenors entsprach dabei im Prinzip derjenigen im 13. Jahrhundert. Der Tenor bestand aus mehreren **Colores** (Singular: lat.: *color* – die Farbe, der Schmuck, das Ornament), d. h. mehreren gleichen Tonhöhenfolgen. Was nun *Color* hieß, war im 13. Jahrhundert *Cursus* genannt worden. Der Tenor war außerdem in eine größere Anzahl von **Taleae** (Singular: *Talea* ['ta:lea], von franz.: *taille* – Abschnitt, Form) eingeteilt, Folgen von Tondauern. Ein Tenor aus dem 13. Jahrhundert war genau analog in *Ordines* eingeteilt; eine *Talea* war jedoch rhythmisch wesentlich komplexer und länger als ein *Ordo* im 13. Jahrhundert. Während der *Ordo* leicht hörbar ist, ist das bei der *Talea* kaum der Fall.

Notenbeispiel 3.9:

G. de Machaut, Mottete Nr. 1 (Ausschnitte)

Eine Komposition ist **isorhythmisch**, wenn ihr Tenor in melodische *Colores* und rhythmische *Taleae* gegliedert ist. Bei einem isorhythmischen Werk können auch andere Stimmen partiell oder vollständig das Prinzip der Color- und Talea-Gliederung aufweisen. Dies ist zuweilen an Abschnittsenden der Fall. Des Öfteren entsprechen sich auch bestimmte Abschnitte der Oberstimmen im Rhythmus. Im Notenbeispiel 3.9 ist beispielsweise der Rhythmus der Oberstimme in den „Takten“ 5–8 gleich wie in den „Takten“ 17–20.

Das isorhythmische Prinzip wurde noch bis ins 15. Jahrhundert für festliche Anlässe verwendet.

Text

Mehrtextigkeit war wie im 13. Jahrhundert üblich. Die Texte handelten von Liebe, Politik, Sozialem usw. Viele Texte tadelten den Klerus und es gab oft Anspielungen auf zeitgenössische politische Ereignisse.

Schematisches Beispiel einer isorhythmischen Motette

Stimme	Text	Tondauern	1. Hauptteil	2. Hauptteil
Triplum	A, gereimt	sehr kurz		
Duplum oder Motetus	B gereimt	kurz		
Tenor (Cantus) zumeist Melisma des Gregor. Chorals, auch weltlich	kurz (oft ein Wort oder eine Silbe)	mittellang bis lang	1. Color 1. Talea ǀ 2.Talea ǀ Rest	2. Color 3. Talea ǀ 4.Talea ǀ Rest

Abschnitte, deren Rhythmus in einer oder mehreren Oberstimmen gleich ist

3.7.4 Lied (polyphon; Oberstimmensatz)

Notenbeispiel 3.10:

G. de Machaut, Rondeau Nr. 21, Quant je ne voy (Beginn)

Im 14. Jahrhundert gewannen mehrstimmige Lieder an Bedeutung. Ihre **Formen** entsprachen den einstimmigen (→ 3.5).

Satzstruktur. Fast alle Lieder waren von der Oberstimme aus geplant. Hinzu trat der Tenor, mit dem die Oberstimme einen sinnvollen zweistimmigen Satz bildete. Ein Contratenor konnte als Füllstimme hinzutreten. Die gleichen Sätze sind oft mit und ohne Contratenor überliefert. Es gab auch vierstimmige Liedsätze.

Harmonik. Die Lieder wiesen häufiger Terzen und Sexten auf als die Motetten des 14. Jahrhunderts (siehe Notenbeispiel 3.10).

Die **Melodik** war fließender, die **Rhythmik** ruhiger und gleichmäßiger als in den Motetten (siehe Notenbeispiel 3.10).

3.8 Tabellarische Übersicht über die vokale Kunstmusik und die Notation

3.8.1 Die vokale Kunstmusik im Mittelalter (ca. 500 bis ca. 1420)

Zeit	Musikalische Epochenbezeichnungen für Frankreich	Geistliche einstimmige Musik	Wichtige Gattungen der geistlichen mehrstimmigen Musik	Weltliche einstimmige Kunstmusik	Bedeutung und Gattungen der weltlichen mehrstimmigen (Kunst-)Musik	Notation
ca. 500 bis ca. 800		**Verschiedene Formen des Chorals; seit ca. 800 Gregorianischer Choral**	keine, es gab aber vermutlich einfache Mehrstimmigkeit	vorhanden, aberkeine Überlieferungen	unbekannt	keine
ca. 800		**Beginn der Musiktheorie, unter anderem Kirchentonarten;** Tropen und Sequenzen	s. o.	s. o.	s. o.	**ab ca. 830: adiastematische Neumen (vereinzelt)**
ca. 900		Gregorianischer Choral, Tropen, Sequenzen	**Beginn der überlieferten Mehrstimmigkeit um 900 (Organum),** später komplexere Organa	seit ausgehendem 11. Jahrhundert zunehmende Bedeutung (Troubadours, Trouvères, Minnesänger)	unbekannt	**Neumen werden zur Gebrauchsnotation;** ab ca. 1000: diastematische Neumen
ca. 1180	Notre-Dame und Ars antiqua	Gregorianischer Choral, Tropen, Sequenzen	modalrhythmisches Organum, Motette, Conductus	besitzt große Bedeutung	**wird bedeutsam: Motette, Lied**	**Modalnotation,** (einfache Mensuralnotation)
ca. 1320 bis 1420	Ars nova, Ars subtilior	Gregorianischer Choral, Tropen, Sequenzen	Motette	verliert an Bedeutung	bedeutender als geistliche Musik: Motette, Lied	**endgültige Mensuralnotation** (bis ca. 1600)

Fett gedruckt sind die Merkmale, welche für die Zeiteinteilung wesentlich sind.

3.8.2 Notationsformen

Die Entwicklung der Musik ist ohne diejenige der Notation nicht denkbar. Beide befruchteten sich gegenseitig.

Merkmal	griechische Notation	adiastematische Neumen	diastematische Neumen	Quadratnotation	Modalnotation	Mensuralnotation	heutige Notation
von – bis	ca. 300 v. Chr. bis ca. 400 n. Chr.	ca. 830 bis 10. Jh.	10. bis 14. Jh.	ab 12. Jh. bis heute	ca. 1180 bis 13. Jh.	13. Jh. bis ca. 1600	ab 17. Jh.
(relative) Tonhöhe	genau	ungefähr	recht bis ganz genau	genau	genau	genau	genau
notierbare Rhythmen	einfache	unbekannt	unbekannt	unbekannt	einfache	fast alle	alle
Bei Mehrstimmigkeit Partituranordnung	entfällt	entfällt	ja	entfällt	ja	nein	ja

Außer diesen Notationsformen gab es die Tabulaturnotation für Tasteninstrumente und Laute.

4 Das 15. und 16. Jahrhundert (ca. 1420 bis ca. 1600)

4.1 Musikalische Neuerungen

4.1.1 Musikhistorische Abgrenzung, Intensität des Stilwandels und Stileinheitlichkeit

Allgemeines

Um 1420 setzte in der Musik auf dem europäischen Festland ein allmählicher Stilwandel ein. Er wurde von den Zeitgenossen deutlich wahrgenommen. Zentral waren die Neuerungen in der Harmonik, die darin bestanden,

a) dass nun hauptsächlich Terzen und Sexten verwendet wurden, und
b) dass der Gebrauch von Dissonanzen strengen Regeln unterworfen wurde, welche stark dissonante Klänge verhinderten.

Der neue musikalische Stil auf dem Festland war maßgeblich von England beeinflusst, wo sich die neuen Entwicklungen früher vollzogen.

Um 1420 endet in der Musikgeschichte somit das Mittelalter. In der politischen Geschichte wird der Ausgang des Mittelalters in der Regel später angesetzt, oft mit der Entdeckung Amerikas durch Columbus im Jahre 1492.

Die Musik des 15. und 16. Jahrhunderts war wie im Mittelalter hauptsächlich vokal. Selbstständige Instrumentalmusik gewann erst im ausgehenden 16. Jahrhundert größere Bedeutung.

Neben den genannten Neuerungen in der Harmonik ist die Verbreitung der (→) *Imitation* als durchgängiges Formprinzip um 1500 von zentraler Bedeutung. Dadurch lässt sich die Zeit zwischen ca. 1420 bis ca. 1600 in zwei Abschnitte gliedern.

Führung. Das Zentrum der musikalischen Entwicklung, das im 14. Jahrhundert Frankreich war, wurde im 15. Jahrhundert der franko-flämische Raum, d. h. ein Gebiet, welches das heutige Nordfrankreich und die heutigen Benelux-Länder umfasst. Im ausgehenden 15. Jahrhundert ging die Führung auf Italien über. Hier waren Rom und vor allem die (→) *Venezianische Schule* maßgeblich beteiligt.

Stileinheitlichkeit

Zum ersten Mal in der europäischen Kunstmusik gab es deutlich verschiedene *Stilebenen*. **Hoher Stil** zeichnete sich durch komplexe Polyphonie, im 16. Jahrhundert durch deutliche semantische Beziehungen zwischen Musik und Text aus. **Niederer Stil** war eher homophon und ohne deutliche Semantik. Geistliche Musik war hohen Stils, bei der weltlichen gab es unterschiedliche Stilhöhen. Die einzelnen Stilebenen wurden in der Zeit nach 1600 immer vielfältiger.

4.1.2 Wesentliche Gattungen/Gewichtung/neue Großform-Prinzipien

Wesentliche Gattungen

Geistliche Gattungen. Die Messe, also die Vertonung des *Ordinarium missae*, wurde zur zentralen Gattung des 15. und 16. Jahrhunderts. Außerdem war die Motette weiterhin stark verbreitet, wobei die weltliche allmählich verschwand.

Wesentlich für das 16. Jahrhundert ist die Entstehung der (→) *evangelischen Kirchenmusik* im Zuge der (→) *Reformation*.

Weltliche Gattungen. Zentrale weltliche Gattungen waren die (→) *Chanson* und das (→) *Madrigal*, welches um 1530 entstand.

Gewichtung

Im Unterschied zum 14. Jahrhundert erhielt die geistliche Musik gegenüber der weltlichen ein leichtes Übergewicht.

Kompositionsprinzipien bzgl. der konstruktiven Stimme

Zu den unter 3.7.1 beschriebenen Kompositionsprinzipien bzgl. der konstruktiven Stimme kam im 15. Jahrhundert der **rein polyphone Satz** hinzu, bei dem alle Stimmen gleichberechtigt sind.

Beim (→) *Tenorsatz* erklang der Tenor weiterhin zumeist in langen Notenwerten. Dieser Satz war im 15. Jahrhundert noch wesentlich in Messen und Motetten, wurde aber im 16. Jahrhundert immer seltener. Er lag auch dem deutschen (→) *Tenorlied* zugrunde. – Das Notenbeispiel 4.2 zeigt einen Tenorsatz. Die Melodie des Tenors stammt aus dem Notenbeispiel 4.1.

Der (→) *Oberstimmensatz* und der *rein polyphone Satz* sind seit dem 16. Jahrhundert die zentralen Prinzipien. Letzerer liegt vor in den Notenbeispielen 4.4, 4.5, 4.6 und 4.11.

Neues Großformprinzip ab ca. 1500: Verbreitung der Imitation, Soggetto-Form

Eine wesentliche Neuerung für die europäische Musikgeschichte war die Verbreitung der *Imitation* und der sich daraus entwickelnden *Soggetto-Form*.

Bei der (→ Bd. I) **Imitation** wird eine melodisch-rhythmische Sinneinheit einer Stimme in einer anderen Stimme identisch oder ähnlich wiederholt. Imitation liegt bereits im (→ Bd. I) *Kanon* vor, der im 13. Jahrhundert entstand. Sie kam außerhalb des Kanons in polyphonen Werken im 15. Jahrhundert allmählich auf, zunächst vereinzelt in der Oktave oder im Einklang, später in der Quinte.

Um 1500 wurde die Imitation zum beherrschenden Strukturprinzip der Musik, indem die *Soggetto-Form* entstand. Ein (→ Bd. I) **Soggetto** ist eine einstimmige kurze Melodie ohne deutliches Ende, welche in einem polyphonen Musikabschnitt zunächst in einer Stimme erscheint, dann von den anderen Stimmen nacheinander übernommen wird. Eine Komposition besitzt **Soggetto-Form**, wenn sie in einzelne Abschnitte gliederbar ist, die in der Regel von einem jeweils neuen *Soggetto* bestimmt sind. – *Soggetto-Form* liegt vor in den Notenbeispielen 4.4, 4.5, 4.6 und 4.11.

Großformprinzip: Arten von Vorlagen bei Messe und Motette

Allgemeines

Unter einer **Vorlage** versteht man ein ein- oder mehrstimmiges präexistentes Stück oder eine vom Komponisten selbst verfasste Tonfolge, die als Grundlage für ein mehrstimmiges Werk dient.

Das Prinzip der Vorlage, das als (→) *Cantus-firmus-Prinzip* in der Motette im gesamten Mittelalter Verwendung fand, wurde im 15. und 16. Jahrhundert in der Kirchenmusik beibehalten und weiterentwickelt. Eine Messe besaß zumeist eine solche und wurde nach ihr benannt, z. B. die *Missa Pange lingua* von *Josquin* nach der gleichnamigen Choralmelodie. Motetten waren im 15. Jahrhundert zumeist nach diesem Prinzip komponiert, im 16. Jahrhundert waren sie eher frei. Je umfangreicher eine Komposition war, desto eher wurde eine Vorlage verwendet. – Weltliche Gattungen, also z. B. Lieder und Madrigale, waren in der Regel frei. Nach dem 16. Jahrhundert waren Vorlagen in Kompositionen seltener; zumeist waren sie dann geistlich.

Freie Struktur

Diese war im 15. und 16. Jahrhundert ohne Einbeziehung einer Vorlage selten. Messen ohne Einbeziehung einer Vorlage wurden zumeist *sine nomine* (lat.: ohne Name) genannt. Sie kamen im ganzen 15. und 16. Jahrhundert vor, waren aber selten.

Cantus-firmus-Struktur

Als einstimmige Vorlage kam die Cantus-firmus-Struktur vorwiegend im 15. Jahrhundert vor.

Die (→) **Cantus-firmus-Struktur** liegt vor, wenn einer Motette bzw. allen Sätzen einer Messe eine einstimmige Melodie oder Tonfolge zugrunde gelegt ist. Dabei gab es auch Abschnitte ohne *Cantus firmus*, die öfter weniger Stimmen aufwiesen.

Der Cantus firmus erklang sehr oft in langen Notenwerten im Tenor, seine Geschwindigkeit konnte auch wechseln. – Zumeist kam er in Messen in jedem Satz vollständig vor. Manchmal war er auch auf die verschiedenen Teile der Messe aufgeteilt.

Cantus firmus im Tenor. Die Melodie lag zumeist im Tenor, daher ist auch der Name *Tenor-Messe* oder *Tenor-Motette* üblich (die Betonung liegt auf der ersten Silbe). Diese

Struktur ist die häufigste im 15. Jahrhundert und ist auch noch im 16. Jahrhundert anzutreffen. Der Cantus firmus besaß oft lange Notenwerte, umgangssprachlich *Pfundnoten* genannt; er konnte aber auch ausgeschmückt und durch kurze Noten den anderen Stimmen angenähert sein. – Notenbeispiel 4.2 zeigt den Beginn einer Tenor-Messe. Im Tenor erscheint in langen Notenwerten die Melodie des Liedes *L'homme armé* [lɔm ar'me:].

Notenbeispiel 4.1:

„L'homme armé" nach Pietro Aaron, Il Toscanello, Rimini 1523

Übersetzung: Den bewaffneten Mann muss man fürchten. Man hat überall ausrufen lassen, dass sich jeder mit einem eisernen Panzerhemd bewaffnen soll.

Cantus firmus in der Oberstimme (im Diskant). Bei der seltener, hauptsächlich im 15. Jahrhundert vorkommenden **Diskant-Struktur** von Messe und Motette lag der Cantus firmus in der Oberstimme und war in der Regel ausgeschmückt.

Teile eines **wandernden Cantus firmus** erschienen nacheinander in verschiedenen Stimmen, wobei er – außer bei Kanons – in der Regel nicht gleichzeitig in verschiedenen Stimmen vorkam. Eine Möglichkeit war etwa, dass die erste Liedzeile im Tenor, die zweite im Alt erschien usw.

Paraphrasen-Struktur (einstimmige Vorlage, um 1500)

Ein Werk in **Paraphrasen-Struktur** besitzt eine einstimmige Vorlage, deren Teile als (→) *Soggetti* verarbeitet sind und somit kurz nacheinander in verschiedenen Stimmen einsetzen. Die *Paraphrasen-Struktur* entstand mit der allgemeinen Verbreitung der Imitation um 1500. Sie war am Anfang des 16. Jahrhunderts beliebt. – Deutlich ist diese Struktur in Notenbeispiel 4.4 zu erkennen. Das erste *Soggetto* ist aus dem Beginn des ersten Abschnittes der Vorlage (Notenbeispiel 4.3) gebildet.

Notenbeispiel 4.2:

Cantus-firmus-Messe: G. Dufay: *Missa L'homme armé* (2. Hälfte 15. Jh.), Kyrie, Beginn

Notenbeispiel 4.3:

Gregorianische Melodie *Pange lingua,* Beginn

Notenbeispiel 4.4:

Paraphrasen-Messe: Josquin: *Missa Pange lingua* (Anfang 16. Jh) Kyrie, Beginn

Parodie-Struktur (mehrstimmige Vorlage, vornehmlich 16. Jahrhundert)
Eine Komposition in **Parodie-Struktur** besitzt keine einstimmige, sondern eine mehrstimmige Vorlage, in der Regel eine Motette, ein Madrigal oder eine Chanson. Der Ausdruck „Parodie“ hat nichts mit der heute üblichen Bedeutung im Sinne von scherzhafter Nachahmung zu tun. Die Art der Einbeziehung war vielfältig: Man konnte die Vorlage ganz oder partiell übernehmen und dabei Stimmen ersetzen, neue hinzu komponieren und/oder Zwischenteile einfügen.

Die Parodie-Struktur wurde bei der Messe, selten bei der Motette angewandt. Die Parodie-Messe war ab dem zweiten Drittel des 16. Jahrhunderts die häufigste Form der Messe. – Notenbeispiel 4.6 zeigt zwei Ausschnitte aus einer Parodiemesse; das Notenbeispiel 4.5 ist der Beginn einer Motette, die als Vorlage diente. Der Beginn der Messe ist identisch mit dem der Motette. Im weiteren Verlauf des Kyrie wird das Soggetto der Motette weiter verarbeitet (ohne Notenbeispiel). Der Beginn des zweiten Teils des *Kyrie*, nämlich des *Christe*, ist eine veränderte Version der Partie mit dem zweiten Soggetto der Motette (T. 13 folgende in Notenbeispiel 4.5).

Notenbeispiel 4.5:

Vorlage für eine Parodiemesse: *Jean Mouton* (1459–1522), *Motette Noe, noe,* T. 1 bis 17

Arten des Cantus firmus bzw. der Parodievorlage

Wie im Mittelalter konnte man den Cantus firmus oft nicht hörend erkennen, man konnte ihn aber in den Noten lesen.

Als **Cantus firmus** wurde bei Messe und Motette oft ein Choralausschnitt verwendet. Dadurch wurde die Messe einer bestimmten Zeit im Kirchenjahr zugeordnet. Oft wurde

Notenbeispiel 4.6:

Parodiemesse: *Jacob Arcadelt* (ca. 1505–1568),
Missa Noe noe: Kyrie, T. 1 bis 9 und T. 26–31

auch ein weltliches Lied benutzt. Der bekannteste Cantus firmus ist das Lied *L'homme armé* (siehe Notenbeispiel 4.1). Es gibt mindestens 31 L'homme-armé-Messen.

In einigen Fällen wurde der Cantus firmus vom Komponisten selbst verfasst. Dies ist bei einem *Soggetto cavato delle parole* (ital.: aus den Wörtern geholt) der Fall; darunter versteht man eine Tonfolge, deren italienische Tonnamen bezüglich der Vokale dem Klang von

Silben der textlichen Vorlage ähneln. Ein solches *Soggetto cavato* ist beispielsweise der *Missa Hercules Dux Ferrariae* (lat.: Herzog von Ferrara) von *Josquin* zugrundegelegt. Es besteht aus den Tönen

(d c d c d f e d), welche bezüglich der Vokale dem Klang der Silben ähneln:

re	ut	re	ut	re	fa	mi	re,
Her-	cu-	les	Dux	Fer-	ra-	ri-	ae.

Als **Parodievorlage** diente in der Regel ein weltliches Lied, ein Madrigal oder eine Motette.

Mögliche Gründe für Vorlagen bei Cantus firmus und Parodie:

- Der Komponist hatte Anhaltspunkte für seine Komposition und konnte seine Kunstfertigkeit unter Beweis stellen. Die musikalische Gestalt weltlicher Vorlagen war rhythmisch und melodisch prägnanter als ein Choralausschnitt.
- Eine Messe wurde durch die Verwendung eines Choralausschnittes als Vorlage einer bestimmten Zeit im Kirchenjahr zugeordnet, z. B. *Josquins Missa Pange lingua* dem Fest Fronleichnam. Wollte man keine liturgische Verbindung, nahm man eine weltliche Vorlage, die die Messe universeller nutzbar machte.
- Man konnte bei entsprechender Vorlage huldigen (z. B. bei *Hercules Dux Ferrariae*).

Übersicht über die Vorlagen in Messen und Motetten

	freie Struktur	**Cantus-firmus-Struktur**	**Paraphrasen-Struktur**	**Parodie-Struktur**
Zeit	im 15. und 16. Jahrhundert, aber insgesamt selten	hauptsächlich im 15. Jahrhundert	um 1500	16. Jahrhundert
Art der Vorlage	keine	einstimmig	einstimmig	mehrstimmig
Verarbeitung in der Komposition	keine	jeweils nur in einer Stimme, zumeist im Tenor, oft in langen Notenwerten	*Soggetti* sind Abschnitte der Vorlage; sie setzen kurz hintereinander ein.	in mehreren Stimmen

4.1.3 Notation und Verzierungspraxis

Die **Mensuralnotation** wurde beibehalten. Anstelle der schwarzen Mensuralnotation trat um ca. 1425 die weiße, bei der die Notenköpfe vornehmlich hohl blieben. Das sparte Tinte und Zeit. Außerdem war das allmählich aufkommende dünne Papier für das Ausfüllen mit Tinte ungeeigneter als das zuvor verwendete Pergament. Aus der weißen Mensuralnotation entwickelte sich die heutige Notation.

Verzierungen. Stücke, bei denen nur ein Sänger mitwirkte, konnten verziert werden.

4.1.4 Musikalische Merkmale

Detailform-Prinzipien: Chorspaltung und Mehrchörigkeit

Im 15. Jahrhundert wurde es üblich, einzelne längere Abschnitte durch unterschiedliche Stimmenzahl voneinander abzugrenzen.

Seit dem ausgehenden 15. Jahrhundert wird das Prinzip der *Chorspaltung* verwendet. **Chorspaltung** liegt in einem Stück vor, wenn es einzelne kurze, aufeinanderfolgende Abschnitte gibt, die jeweils unterschiedliche Stimmenanzahl aufweisen. Dieses Prinzip entwickelte sich aus der (→) *antiphonalen* Gesangsweise beim Gregorianischen Choral. Es kann als eine Vorform des (→ 5.1.4) *konzertierenden Prinzips* aufgefasst werden. *Chorspaltung* wird zuweilen auch *scheinbare* (→) *Mehrchörigkeit* genannt. – Deutlich ist sie in Notenbeispiel 4.4 zu erkennen.

Seit dem 16. Jahrhundert gewinnt das Prinzip der *Mehrchörigkeit* an Bedeutung. Ein Werk besitzt **Mehrchörigkeit,** wenn es zwei oder mehr, zumeist räumlich voneinander getrennte Vokal- und/oder Instrumentalgruppen gibt, die abwechselnd musizieren. Oft besitzen die Gruppen jeweils unterschiedliche Stimmlagen. Die *Mehrchörigkeit* beeinflusste die Entstehung des (→) *konzertierenden Prinzips* im 17. Jahrhundert.

Die *Mehrchörigkeit* ist ein altes Prinzip der Musik, beispielsweise realisiert im (→) *antiphonalen* Singen des Gregorianischen Chorals. Bedeutung gewann es durch die *Venezianische Schule*. Unter der **Venezianischen Schule** versteht man eine Gruppe venezianischer Komponisten des 16. Jahrhunderts, deren Werke sich unter anderem durch Mehrchörigkeit auszeichnen, bei denen auch Homophonie eine wichtige Rolle spielt. Die Technik der Mehrchörigkeit wurde durch das abwechselnde Spielen der beiden Orgeln angeregt, die auf verschiedenen Emporen in der Kirche San Marco platziert waren. Als Begründer gilt der Niederländer *Adrian Willaert* ['wila:rt] (1490–1562), der Kapellmeister in Venedig war. Weitere Mitglieder waren *Andrea Gabrieli* (1510–1586), *Cipriano de Rore* (1516–1565), *Giovanni Gabrieli* (ca. 1555–1612) und *Claudio Monteverdi* (1567–1643).

Melodik

Allgemeines. Die Melodik der Oberstimmen änderte sich zu Beginn des 15. Jahrhunderts; sie wurde allgemein sanglicher. Sekundschritte und kleine Intervalle überwogen nun; Sexten waren selten, verminderte und übermäßige Intervalle sowie Septen kamen so gut wie gar nicht vor. Die Melodik ähnelte somit in dieser Hinsicht der des Gregorianischen Chorals (vgl. 3.3.3). Im 16. Jahrhundert erschienen aber zuweilen bisher vermiedene Intervalle, auch Ausschnitte aus der (→ Bd. I) *chromatischen Tonleiter*, vor allem im (→) *Madrigal* zur Textausdeutung.

Erhöhungen und Erniedrigungen durch **Vorzeichen** wurden nicht immer notiert, da es in der Theorie Regeln gab, nach denen sie vorgenommen werden mussten, insbesondere zur Vermeidung starker Dissonanzen. Diese Regeln waren aber nicht eindeutig. Daher weiß man heute manchmal nicht genau, ob Erhöhungen oder Erniedrigungen einzelner Töne vorzunehmen sind oder nicht. Vorzeichen, die vom Herausgeber vorgeschlagen werden, sind in Partituren in der Regel nicht vor, sondern über die Noten gesetzt (vgl. Vorzeichen bei harmonischen Schlusswendungen).

Motivisch-thematische Beziehungen. Im 15. Jahrhundert wurden in der Musik hohen Stils (→ Bd. I) *motivisch-thematische Beziehungen* vermieden. Mit dem Aufkommen der Imitation entstanden solche zwischen verschiedenen Stimmen. Die Notenbeispiele 4.2, 4.4, 4.5, 4.6 und 4.11 zeigen deutlich, dass innerhalb einer Stimme keine Motive wiederholt werden. Es kamen aber zuweilen im hohen Stil Wiederholungen von Motiven innerhalb einer Stimme vor.

Takt und Rhythmik

Allgemeines. Die Rhythmik in der geistlichen Musik wurde einfacher gegenüber den komplexen Rhythmen des 14. Jahrhunderts.

Takt. Die Musik niederen Stils besaß in der Regel einen deutlichen (→) *Takt*, der jedoch im hohen Stil vermieden wurde.

Betonungsentsprechungen. Seit dem 16. Jahrhundert entsprachen bei den (→) *Soggetti* die Wortbetonungen den musikalischen Betonungen (vgl. Bd. I; 16.1): Außerhalb der Soggetti war das häufig nicht der Fall (vgl. 4.1.5).

Die **Mehrtextigkeit** verschwand im Verlauf des 15. Jahrhunderts.

Die **Textverteilung,** also die Zuordnung von Silben zu Tönen, war bei einfachen Stücken klar. Bei komplexen polyphonen Werken wurde sie den Sängern überlassen. Man konnte dabei Wiederholungen vornehmen. Allmählich legten die Komponisten größeren Wert auf genaue Textverteilung.

Heute wird die Textunterlegung vom Herausgeber oder von Sängern vorgenommen. Daher kann es bei Noten und Tonträgern jeweils unterschiedliche Versionen geben.

Harmonik

Die Harmonik der mehrstimmigen Musik des 15. und 16. Jahrhunderts war wie die des Mittelalters (→) *modal.*

Terzen, Sexten, Quarte

Einschneidende Neuerung zu Beginn des 15. Jahrhunderts war, dass die Terzen und Sexten nun sehr häufig verwendet wurden und dass Quint-Oktav-Klänge nur noch am Schluss von Abschnitten vorkamen. Die Quarte war dissonant. Sie wurde aber zwischen den oberen Stimmen wie eine Konsonanz behandelt. Somit waren mit heutigen Begriffen Dur- und Moll-Dreiklänge in Grundstellung und erster Umkehrung konsonant, die zweite Umkehrung war dissonant.

Konzeptionsweise
In der Musiktheorie wurde weiterhin das Denken in Stimmen gelehrt, in der Praxis gab es aber homophone Stücke, die ein Denken in Akkorden nahelegten.

Behandlung der Dissonanzen
Neben der allgemeinen Verwendung von Terzen und Sexten war die Regelung der Dissonanzbehandlung in Theorie und Praxis die zweite wesentliche Änderung in der Harmonik zu Beginn des 15. Jahrhunderts. Zuvor wurde die Dissonanzbehandlung nicht geregelt, was zuweilen zu stark dissonanten Klängen führte.

Auf schwere Zählzeiten erklangen zumeist konsonante Intervalle oder Dreiklänge. (In Notenbeispiel 4.7 in den Takten 1 und 2 sowie jeweils auf die erste Zählzeit in den Takten 3 und 4.) Die Dissonanzen auf schwere Zählzeiten mussten vorbereitet werden, d.h. im vorigen Klang eine Konsonanz sein (rote Noten in T. 3). Solche Dissonanzen mussten stufenweise nach unten aufgelöst werden. Auf leichte Zählzeiten konnten (→ Bd. I) *Durchgangsnoten* (rote Noten in den Takten 1 und 2) und (→ Bd. I) *Wechselnoten* erklingen.

Notenbeispiel 4.7:

Josquin: *Missa di dadi: Kyrie II,* Beginn (ohne Text, transponiert)

Harmonische Schlusswendungen
Die harmonischen Schlusswendungen des 14. Jahrhunderts (→ 3.7.1) wurden weiterhin verwendet. Im 15. Jahrhundert kamen neue hinzu. Sie waren bis ins ausgehende 16. Jahrhundert in Gebrauch und wurden dann von der (→) *Kadenz* als hauptsächlicher Schlusswendung abgelöst.

Notenbeispiel 4.8:

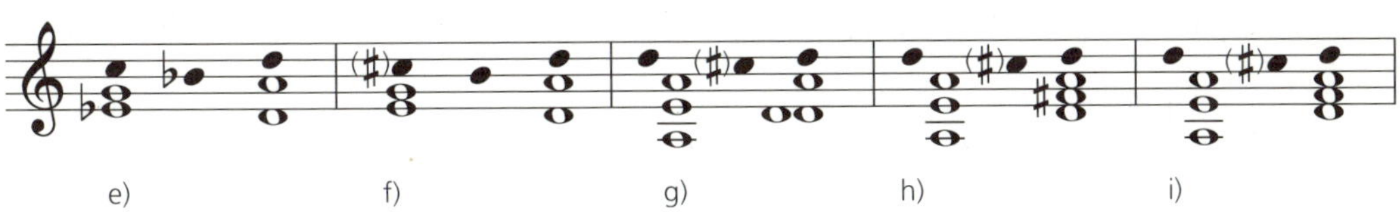

Neu hinzutretende harmonische Schlusswendungen des 15. und 16. Jahrhunderts

Verwandt mit den Schlusswendungen des 14. Jahrhunderts sind e) und f). Sie werden *Landino-Schlusswendungen* genannt, nach dem italienischen Komponisten *Francesco Landino*. Im 15. Jahrhundert waren sie sehr häufig und verschwanden danach.

Die Wendungen g), h) und i) erschienen im Verlaufe des 16. Jahrhunderts immer häufiger. Sehr oft ertönte vor dem zweitletzten Klang ein *Quartvorhalt*. Die Schlusswendungen h) und i) ohne Quartvorhalt sind (→ Bd. I) *Ganzschlüsse*.

Die Wendung g) galt als *stark*, d. h. sie bewirkte eine starke Zäsur; insbesondere erklang sie am Schluss eines Stückes. Alle übrigen waren *schwach*.

Die Schlusswendung g) ist in den Notenbeispielen 4.5 in T. 12/13, die Wendung h) in Notenbeispiel 4.11 in T. 60/61 ersichtlich.

Seit dem ausgehenden 16. Jahrhundert erklang zunehmend an jedem Ende eines Abschnittes ein Ganzschluss. Außerdem wurde vermehrt vor den zweitletzten Akkord der leitereigene Akkord auf dem 4. Tonleiterton, also mit modernen Begriffen ausgedrückt die *Subdominante*, einbezogen. Somit entstand die (→) *Kadenz*.

Anmerkung: Neben den oben genannten harmonischen Schlusswendungen gab es häufig (→ Bd. I) *Trugschlüsse*, also Wendungen, bei denen anstelle des erwarteten Schlussklanges ein anderer ertönt, wobei oft die erwartete Oberstimme erscheint. Ein Trugschluss liegt beispielsweise in Notenbeispiel 4.5 in T. 5/6 vor.

Harmonische Schlusswendungen wurden oft *umspielt*, d. h. deutliche Zäsuren wurden vermieden.

Beim vorletzten Klang einer Schlusswendung wurde der Ton, der eine kleine oder große Sekunde unter dem Grundton liegt (also z. B. c unter d), gemäß der damaligen Musiktheorie als **Leitton** gesungen, also als Ton, der eine kleine Sekunde unter dem Grundton liegt (im Beispiel cis). Eventuell nötige Vorzeichen wurden nicht notiert.

Textur

Stimmenanzahl. Im 15. Jahrhundert kam Vierstimmigkeit immer häufiger vor und wurde gegen Ende des Jahrhunderts zur allgemeinen Norm. Im 16. Jahrhundert finden sich auch oft fünf- und sechsstimmige Werke.

Die Stimmen konnten sowohl solistisch, wie auch chorisch besetzt werden.

Namen der Stimmen. Die oberste Stimme wurde *Discantus* oder *Superius* (lat.: höher) genannt, woraus der Begriff *Sopran* entstand. Aus dem (→) *Contratenor* entwickelten sich zwei Stimmen; der *Contratenor altus* (lat.: hoch) lag über dem Tenor, der *Contratenor bassus* (lat.: tief) darunter. Das Wort *Contratenor* fiel bald weg. Der Umfang des Basses weitete sich allmählich nach unten aus.

Homogenisierung der Stimmen. Zu Beginn des 15. Jahrhunderts waren die Stimmen wie im Mittelalter noch inhomogen. Der Tenor, der ja vermutlich instrumental ausgeführt wurde, besaß beispielsweise oft längere Notenwerte. Der vermutlich ebenfalls instrumental ausgeführte Contratenor, der teilweise über, teilweise unter dem Tenor lag, wies oft größere

Sprünge auf. Im Verlauf des 15. Jahrhunderts **homogenisierten** sich die Stimmen, d.h. sie glichen sich bezüglich ihrer Melodik an, wobei sie die oben unter 4.1.4 beschriebene Melodik annahmen. Eine homogenisierte Tenorstimme wurde gesungen. Wenn dies der Fall ist, wird der Begriff *Tenor* auf der zweiten Silbe betont.– Im Notenbeispiel 4.2 sind die Stimmen noch inhomogen, da der Tenor längere Notenwerte aufweist. Bei den späteren Notenbeispielen sind die Stimmen deutlich homogenisiert.

Sonderfall der Homophonie: Fauxbourdon. Eine im 15. Jahrhundert verbreitete homophone Satztechnik war der *Fauxbourdon*. Einem Musikabschnitt liegt die Satztechnik des **Fauxbourdon** [fobur'dõ] zugrunde, wenn – in modernen Kategorien gesprochen – Dreiklänge in erster Umkehrung parallel verschoben werden. Am Schluss von Abschnitten ertönten allerdings zur damaligen Zeit Quint-Oktav-Klänge.

Es gab Stücke, die ganz im *Fauxbourdon* geschrieben wurden; zuweilen wurde dabei die Mittelstimme nicht notiert. In vielen Werken gab es kurze Abschnitte in dieser Satztechnik. Die *Fauxbourdon-Technik* in Abschnitten war bis zum 19. Jahrhundert üblich.

Notenbeispiel 4.9:

Fauxbourdonsatz: *G. Dufay: Kyrie*

Kanonkünste. (→) *Kanons* gab es schon seit dem Mittelalter, allerdings nur im Einklang bzw. in der Oktave, d.h. alle Stimmen beginnen mit dem gleichen bzw. mit dem oktavierten Ton. Typisch für die Musik des 15. und 16. Jahrhunderts sind die kunstvollen Kanons. Es gab Kanons in allen möglichen Intervallen, d.h. die zweite Stimme setzte beispielsweise eine, zwei oder drei Tonstufen höher ein als die erste. Bei *Proportionskanons* erklangen die Stimmen in unterschiedlichem Tempo und Rhythmus. Die zweite Stimme konnte auch die (→ Bd. I) *Umkehrung* oder der (→ Bd. I) *Krebs* der ersten sein.

Lange und kürzere Abschnitte konnten als Kanon komponiert sein. Berühmt für ihre Kanonkünste sind *Johannes Ockeghem* (um 1525–1597), *Jacob Obrecht* (ca. 1450–1505), *Pierre de la Rue* [la'ry] (1460–1518) und *Josquin*.

Tempo-, Ausdrucks- und Dynamikbezeichnungen

Tempo- und **Ausdrucksangaben** kamen nicht vor. Angaben zur **Dynamik** erscheinen im ausgehenden 16. Jahrhundert vereinzelt.

4.1.5 Musikalische Semantik

Wesentliches Merkmal der Musik des 16. Jahrhunderts ist die verstärkte Semantik der Musik (vgl. Bd. I; Kap. 14). Gegen Ende des 16. Jahrhunderts entstand auch die *Programm-Musik*. Unter (→ Bd. I; 14.1) **Programm-Musik** versteht man Musik mit ausgeprägtem außermusikalischem Inhalt, zu welcher nicht gleichzeitig Bilder, Szenen und Texte gezeigt bzw. zu Gehör gebracht werden. Zu den frühesten Stücken gehört *The Battell* (engl.: die Schlacht) für Tasteninstrument aus dem Jahre 1591 von *William Byrd* (1543–1623).

Charakter

Im ausgehenden 15. Jahrhundert erhielten die einzelnen Abschnitte einer Messe einen zunehmend individuelleren Charakter, der dem Inhalt des Textes entsprach.

Besondere Betonung von Wörtern

Verstärkt wurden im 16. Jahrhundert Wörter betont durch lange oder hohe Töne oder durch Melismen. – Im Notenbeispiel 4.10 wird beispielsweise in T. 2 das Wort *pace* (Friede) durch eine lange Note hervorgehoben.

Tonmalerei

Das Prinzip der (→ Bd. I) *Tonmalerei* gab es bereits in der italienischen Musik des 14. Jahrhunderts in der sog. *Caccia* ['katʃa] (ital.: Jagd), das ist ein Stück, das eine Jagd darstellt. Vor allem Nachahmungen von Tierlauten sowie Hörnerklang durch Dreiklangsbrechungen waren beliebt. Die *Caccia* ist ein Vorläufer der (→) *Programm-Musik*.

Tonmalerei wurde verstärkt im 16. Jahrhundert verwendet, beispielsweise in den Chansons von (→) *Janequin* und vor allem beim (→) *Madrigal*.

Tonsymbolik

Das (→) *Noëma* war im 15. und 16. Jahrhundert verbreitet. In der Messe wurde die Textstelle *et incarnatus est* (lat.: und er ist Mensch geworden) aus dem *Credo* bis ins 19. Jahrhundert oft als *Noëma* vertont.

Verwendung von bereits vorhandenen Melodien

Zur Semantik von vorhandenen Melodien → 4.1.2 Arten von Vorlagen.

4.1.6 Instrumente/Besetzungen

Zur Verwendung von Instrumenten bei Vokalmusik

Wie im Mittelalter war bei der Aufführung von Vokalmusik der Einsatz von Instrumenten möglich. Sie konnten die Stimmen verdoppeln bzw. sie oktavieren (→ Bd. I: *colla parte* spielen) oder sie teilweise oder ganz ersetzen.

Instrumente

Für das 16. Jahrhundert ist die Vielfalt von Blas-, vor allem von Rohrblattinstrumenten, bemerkenswert. Instrumente wurden oft in Familien gebaut, von der Basslage bis zur Sopranlage. Die wichtigsten Blasinstrumente waren (→ Bd. I) *Blockflöten*, (→ Bd. I) *Krummhörner* und *Schalmeien*, die verwandt mit dem Krummhorn, aber schärfer im Ton sind. Als Tasteninstrumente wurden die (→ Bd. I) *Orgel*, das (→ Bd. I) *Cembalo* und das (→ Bd. I) *Clavichord* verwendet. Das am meisten verbreitete Zupfinstrument war die (→ Bd. I) *Laute*.

Besetzungen (und Idiomatik)

Bei der selbstständigen Instrumentalmusik, also der eigens für Instrumente komponierten Musik, kann man unterscheiden zwischen Werken für Tasteninstrumente und Laute einerseits sowie für Ensembles andererseits. Musik für Tasteninstrumente und Laute war *idiomatisch*. Unter einer **idiomatischen** (instrumentenspezifischen) Kompositionsweise versteht man eine solche, welche die Spielmöglichkeiten der Instrumente berücksichtigt. Werke für Ensemble wurden *nicht* für spezielle Instrumente komponiert. Somit lag hier keine *idiomatische* Kompositionsweise vor.

4.2 Andere Bezeichnungen für die Epoche/ Historischer Zusammenhang

Renaissance

Für die Musik zwischen ca. 1420 und ca. 1600 wird oft der Begriff *Renaissance* verwendet. Unter Renaissance [rənɛ'sã:s] (franz.: Wiedergeburt) versteht man

a) allgemein die Wiedererweckung einer vergangenen Epoche,
b) die Geistesbewegung des 15. und 16. Jahrhunderts, welche die Wiederbelebung der Antike in den Geisteswissenschaften und den Künsten zum Ziel hatte.

Der Begriff wurde in der zweiten Hälfte des 19. Jahrhunderts als Epochenbegriff für die Geistesgeschichte, die Kunstgeschichte und die Musik eingeführt.

Während Einflüsse von Renaissance-Ideen auf die Literatur und die Bildende Kunst prägend waren, spielen sie für die Entwicklung der Musik kaum eine Rolle. Allerdings führten Gedanken der Renaissance zur Entstehung der (→) *Monodie* um 1600.
Im Folgenden wird *Renaissance* nicht als Epochenbegriff für die Musik des 15. und 16. Jahrhunderts verwendet.

Frankoflämische bzw. niederländische Epoche

Das 15. und 16. Jahrhundert wird auch *frankoflämische* oder *niederländische Epoche* genannt, weil viele bedeutende Komponisten aus Nordfrankreich und Flandern bzw. den heutigen Niederlanden stammten (vgl. 4.1.1). Sie wirkten ebendort, viele wanderten aber auch nach Italien aus.

4.3 Musikleben und Komponisten

4.3.1 Musikleben

Wie im ausgehenden Mittelalter waren die **Kirche** und der **Hof** vorherrschend für das Musikleben des 15. und 16. Jahrhunderts (→ 1.6.1).

Notendruck. Eine wesentliche Neuerung im Musikleben war der Notendruck. Er förderte die genaue und schnelle Verbreitung der Musik beträchtlich. Um 1450 erfand *Johannes Gutenberg* den Buchdruck mit beweglichen Typen. Am Ende des 15. Jahrhunderts gab es die ersten Notendrucke mit beweglichen Typen im Doppeldruck, d.h. zunächst wurden Linien, darauf die Noten gedruckt. Im ersten Drittel des 16. Jahrhunderts entwickelte sich der einfache Druck, bei dem Linien und Noten zugleich gedruckt wurden. Dabei wurden die Notenlinien zwangsläufig unterbrochen, was die Abbildung 4.1 verdeutlicht. Musikdrucke mithilfe von gravierten Kupferplatten wurden 1586 eingeführt. Seit dem frühen 18. Jahrhundert ist das Druckverfahren verbreitet, bei dem Typenstempel in Weichmetallplatten eingeschlagen werden. – Die bedeutendsten Drucker des 16. Jahrhunderts sind *Ottaviano Petrucci* [pe'truttʃi] (1466–1539) in Venedig und *Pierre Attaingnant* [atɛ'ɲã] (1494–1552) in Paris.

Beispiel für einen Druck im 16. Jahrhundert

4.3.2 Guillaume Dufay (ca. 1400–1474)

Leben. Guillaume Dufay [dyfa'i] wurde ca. 1400 in oder um Cambrai, im heutigen Nordfrankreich, geboren. Er wurde als Chorknabe an der dortigen Kathedrale musikalisch ausgebildet. Früh ging er nach Italien und war zwischen 1420 und 1426 am Hofe in Rimini und Pesaro tätig. 1428 wurde er zum Priester geweiht. Von 1428–1437 stand *Dufay* mit Unterbrechungen im päpstlichen Dienst in Rom, Florenz und Bologna. Von 1437–1444 war er Kapellmeister am Hof von Savoyen in Oberitalien. Ab 1445 lebte er bis zu seinem Tod wieder in Cambrai als Kleriker an der Domkirche, von wo er zahlreiche Reisen unternahm.

Werke (Auswahl). *Dufay* schuf insgesamt ca. 200 Kompositionen, darunter Messen, Messteile, (→) *isorhythmische* und nicht isorhythmische Motetten sowie Chansons.

Bedeutung. *Dufay* galt bereits zu Lebzeiten als einer der führenden Komponisten.

4.3.3 Josquin des Prés (ca. 1440–1521)

Leben. Josquin des Prés [ʒɔskɛ̃ de'pre] oder *Desprez*, der in der Regel nur mit seinem Vornamen genannt wird, wurde ca. 1440 in der Gegend von Saint-Quentin oder von Cambrai im heutigen Nordfrankreich geboren. Sein Leben ist nur lückenhaft belegt. Er war an der Kirche von Saint-Quentin als Sängerknabe tätig. Wie *Dufay* ging *Josquin* früh nach Italien. Von 1459–1474 war er Sänger an der Domkapelle in Mailand, seit 1474 ebendort als Sänger am Hof. 1479 oder früher trat er in den geistlichen Stand ein. Von 1486–1499 war er Mitglied der päpstlichen Kapelle in Rom. Nach 1500 war er Kapellmeister am Hof zu Ferrara. Danach übernahm er ein geistliches Amt an der Domkirche in Condé-sur-l'Escaut im heutigen Belgien, wo er auch starb.

Werke (Auswahl). ca. 20 Messen, ca. 100 Motetten, ca. 70 Chansons und andere weltliche Werke.

Bedeutung. *Josquins* Ruhm als Komponist zu Lebzeiten und Jahrzehnte nach seinem Tod überstieg den aller seiner Zeitgenossen. Zu den frühesten Notendrucken überhaupt gehören drei Sammlungen seiner Messen. Heute sind *Josquins* Werke, wie allgemein solche um 1500, im Konzertsaal, in Kirchen und auf Tonträger wenig präsent. Er gilt aber unter Kennern als einer größten Komponisten aller Zeiten.

4.3.4 Orlando di Lasso (ca. 1532–1594)

Leben. *Orlando di Lasso* oder *Roland de Lassus* wurde ca. 1532 in Mons im heutigen Belgien geboren. Er war ebendort Sängerknabe. Früh ging er nach Italien und wurde 1553 Kapellmeister an der Laterankirche in Rom, wobei (→) *Palestrina* sein Nachfolger wurde. Von 1555–1556 hielt er sich in Antwerpen auf. Von 1556 bis an sein Lebensende wirkte er als Tenorsänger, dann als Kapellmeister beim Herzog von Bayern in München. Er unternahm zahlreiche Reisen.

Werke (Auswahl). *Lasso* schuf eine enorme Anzahl von Werken: über 70 Messen, über 500 Motetten und eine große Anzahl von weltlichen Kompositionen.

Bedeutung. *Lasso* war zu seiner Zeit einer der bedeutendsten Komponisten, berühmt vor allem wegen der stilistischen Breite seines Schaffens.

4.3.5 Giovanni Pierluigi da Palestrina (1525–1594)

Leben. Giovanni Pierluigi da Palestrina wurde in Palestrina bei Rom geboren. Er war zunächst Sängerknabe in Rom. 1544 wurde er Organist und Kantor in seiner Geburtsstadt. Von 1551–1566 war er Kapellmeister an verschiedenen römischen Kirchen, darunter an der Laterankirche als Nachfolger von (→) *Lasso*. Von 1566–1567 wirkte er als Musiklehrer am Collegium Romanum. 1567 wurde er Kapellmeister bei einem Kardinal in Rom und Tivoli. 1571 übernahm er das Amt des zweiten Kapellmeisters an der Peterskirche, wo er bis an sein Lebensende blieb.

Werke (Auswahl). über 100 Messen, über 500 Motetten, über 100 Madrigale.

Bedeutung. *Palestrina* galt als einer der bedeutendsten Komponisten seiner Zeit. Der Stil seiner Werke wurde vom (→) *Tridentiner Konzil* als Vorbild für die Kirchenmusik erklärt und blieb es jahrhundertelang. Der **Palestrinastil** wird bis heute in Kontrapunktlehren vermittelt (→ Bd. I; 15.1). Er besitzt die oben unter 4.1.4 genannten Merkmale, wobei es folgende Besonderheiten gibt:

- Vermeidung von Chromatik;
- Vermeidung von Motivwiederholungen in einer Stimme;
- fehlender Takt;
- starke Polyphonie, wobei homophone Stellen vorkommen können; deutliche Imitation;
- häufig sind Fünf- und Sechsstimmigkeit;
- fehlende (→) *obligate Instrumente* vgl. Notenbeispiel 4.1).

4.4 Weltliche Vokalmusik

4.4.1 Einleitung mit tabellarischer Übersicht

Im 15. und 16. Jahrhundert prägten sich in der weltlichen Musik nationale Stile und Gattungen in der Volkssprache deutlich heraus. Diese entstanden in den jeweiligen Ländern, wurden aber auch in anderen europäischen Regionen komponiert. Im Folgenden sind die wichtigsten Gattungen der weltlichen Vokalmusik des 15. und 16. Jahrhunderts aufgeführt.

	Chanson	Villanella	(weltliches) Madrigal	deutsches (mehrstimmiges) Lied
Sprache	französisch	italienisch	italienisch	deutsch
Stilhöhe	mittel	niedrig	hoch	hoch
Blüte	15./16. Jahrhundert	um 1540 bis Ende des 16. Jh.	um 1530 bis ca. 1630	16. Jahrhundert
Form	zum Teil strophisch	strophisch	in der Regel nicht strophisch	zum Teil strophisch

4.4.2 Chanson (französisch)

Definition

Der Begriff *Chanson* [ʃã'sõ] (franz.: Lied) besitzt mehrere Bedeutungen. Die oder das **Chanson** im weitesten Sinne ist ein vertonter lyrischer französischer Text. In dieser Definition entspricht der Begriff dem deutschen *Lied*. In einem engeren Sinn meint die **Chanson** das mehrstimmige französische Lied des 15. und 16. Jahrhunderts.

Bedeutung

Die Chanson war zu Beginn des 15. Jahrhunderts die beherrschende Gattung der weltlichen Vokalmusik. Sie wurde im 16 Jahrhundert vom (→) *Madrigal* abgelöst.

Musikalische Merkmale

Die Chanson wurde in der Regel in einem mittleren Stil komponiert.

Sie stand im 15. Jahrhundert, wie das französische Lied im 14. Jahrhundert, oft im (→ 3.7.1) *Oberstimmensatz*. Die Oberstimme wurde gesungen, die anderen wurden vermutlich instrumental vorgetragen. Im 16. Jahrhundert wurde mit der Verbreitung der Imitation die Chanson in rein polyphonem, rhythmisch komplexerem Stil komponiert.

Zunächst waren noch die seit dem Mittelalter für Lieder gebräuchlichen Formen üblich, deren wichtigste das (→ 3.5.1) *Rondeau* war. Diese Formen wurden allmählich aufgegeben.

Die Chanson wurde in die Instrumentalmusik übertragen und zur (→ 4.6.2) *Canzone*.

Komponisten

Berühmte Komponisten von Chansons waren *Dufay*, *Gilles Binchois* [bɛ̃'ʃwa] (ca. 1400–1460), *Ockeghem*, *Josquin* und *Lasso*. Besonders berühmt wurden die Chansons von Clément Janequin [ʒan'kɛ] (um 1485–1558; auch Jannequin). Sie weisen deutliche Textausdeutungen auf, beispielsweise Nachahmungen von Vogelstimmen, Schreien von Marktfrauen oder von Schlachtenlärm. Bekannt ist vor allem *Janequins* Chanson *La bataille de Marignan*, welche die besagte Schlacht darstellt.

4.4.3 Villanella (italienisch)

Definition und musikalische Merkmale

Unter einer **Villanella** (ital.: etwa Bauernliedchen) versteht man eine in den 1540er Jahren entstandene, mehrstimmige Gattung in italienischer Sprache, die folgende für den niederen Stil typische Merkmale aufweist:

- strophische Form;
- homophone Satzweise;
- volksliedhafte Melodik;
- syllabische Textvertonung und
- einfache Harmonik.

Bedeutung

Die *Villanella* entstand in Neapel und breitete sich in ganz Italien aus. Im ausgehenden 16. Jahrhundert näherte sie sich dem Madrigal an und verlor ihre Identität.

4.4.4 Madrigal (italienisch)

Definition

Unter einem **Madrigal** versteht man eine zumeist weltliche Vokalkomposition hohen Stils für mehrere Stimmen in italienischer Sprache, die im 16. und frühen 17. Jahrhundert blühte und deren musikalische Form in der Regel nicht strophisch ist. Zu geistlichen Madrigalen siehe fortlaufenden Text.

Anmerkung: In der italienischen Musik des 14. Jahrhunderts war ein **Madrigal** eine mehrstimmige vokale Gattung mit feststehender Form; es hat aber mit dem des 16. Jahrhunderts nur den Namen gemeinsam.

Bedeutung und Entwicklung

Das *Madrigal* entstand um 1550 in Italien. Es löste bald die *Chanson* in ihrer Bedeutung ab und wurde zur wichtigsten Gattung der weltlichen Vokalmusik.

Das *Madrigal* wurde zum Experimentierfeld für musikalische Neuerungen, besonders auf dem Gebiet der Harmonik und der Textausdeutung. Durch diese Gattung trat Italiens Führungsrolle klarer hervor.

Seit dem frühen 17. Jahrhundert wurden auch Madrigale mit (→) *Generalbass* geschrieben. Bald wurde die Stimmenzahl reduziert, wodurch Madrigale für Solo und Generalbass entstanden. So kam neben dem ursprünglichen polyphonen Madrigal eine neue Gattung auf, die aber den Namen beibehielt. Das polyphone Madrigal klang in den 1630er Jahre aus. Das Solomadrigal entwickelte sich zur (→) *Kantate*.

Texte

Das Madrigal entstand im Zuge der Wiederentdeckung der italienischen Literatur des späten Mittelalters, vor allem der Dichtung *Francesco Petrarcas* (1304–1374). Viele Texte von Madrigalen wurden seinem Werk entnommen. Außerdem wurden zeitgenössische Dichter wie *Ludovico Ariost* (1474–1533) und *Torquato Tasso* (1544–1595) vertont. Die Texte waren oft gefühlvoll und thematisierten die Liebe, des Öfteren mit Szenen aus dem Hirtenleben.

Musikalische Merkmale

Die **Stimmenzahl** betrug zunächst 4, später waren 5 und 6 Stimmen gebräuchlich.

Die Form war frei, später war die *Soggetto-Form* üblich; längere Madrigale waren wie Motetten oft zweiteilig.

Textur. Zunächst war das Madrigal eher homophon mit der Hauptmelodie in der Oberstimme. Bald wurde es deutlich polyphon.

Harmonik. Typisch für das Madrigal ist die harmonische Reichhaltigkeit und Kühnheit, besonders im Dienste der Textausdeutung. Verwendet wurden z. B. Chromatik, scharfe Dissonanzen und Folgen von Akkorden, deren Grundtöne eine Terz auseinander liegen.

Textausdeutungen. Zahlreiche und klare Textausdeutungen waren für das Madrigal typisch. Der Charakter der Musik wechselte zuweilen deutlich, auch abrupt. – Das Notenbeispiel 4.10 zeigt offenkundige Textausdeutungen. Die Musik beginnt (→ Bd. I) *homorhythmisch* in langen Notenwerten ohne Dissonanzen, was den Frieden ausdrückt. Bei „o meine schweren Gedanken" wird die Musik leicht polyphon und es erklingen einige Dissonanzen.

Notenbeispiel 4.10:

Cipriano de Rore: Datemi pace (Madrigal von 1557), Beginn
(Übersetzung: Gebt mir Frieden, o meine schweren Gedanken)

Komponisten

Bedeutende Komponisten von Madrigalen waren *Willaert*, *Jacob Arcadelt* (ca. 1505–1568), *Cipriano de Rore* (1616–1665), *Philippe de Monte* (1521–1603), *Lasso* und *Palestrina*.

Luca Marenzio (ca. 1553–1599), einer der bedeutendsten Komponisten des 16. Jahrhunderts, ist vor allem durch seine weltliche Musik berühmt. Er schrieb insgesamt etwa 500 Madrigale, außerdem 80 (→) *Villanellen*.

Zu den Hauptmeistern des Madrigals zählt auch *Don Carlo Gesualdo* [dʒezu'aldo], Fürst von Venosa (ca. 1560–1613). Seine Madrigale sind berühmt für ihre ausdrucksstarke, sehr dissonanzreiche, kühne Harmonik. *Gesualdo* ist auch bekannt als Mörder seiner ersten Gattin und ihres Liebhabers.

Zu den führenden Komponisten von Madrigalen gehört schließlich *Claudio Monteverdi*. Er schrieb 9 Madrigalbücher. Seine ersten 5 enthalten polyphone Madrigale. Die späteren weisen hauptsächlich Werke auf für einen oder mehrere Solisten, Generalbass und (→) *obligate Instrumente*.

Exkurs: Geistliches Madrigal

Neben weltlichen Madrigalen wurden auch geistliche komponiert, besonders seit den 1560er Jahren. Diese gehörten nicht zur Kirchenmusik, da sie keine liturgischen Funktionen besitzen (vgl. 1.4). Bekannte Komponisten geistlicher Madrigale waren *de Monte* und *Marenzio*.

Exkurs: Die Madrigalkomödie

Der Begriff **Madrigalkomödie** ist eine neuere Bezeichnung für eine Zusammenfassung von mehreren Madrigalen und anderen weltlichen Vokalstücken, die eine Handlung darstellten. Die Dialoge wurden dabei nicht solistisch, sondern mehrstimmig gesungen. Zu den bekanntesten Madrigalkomödien gehört *L'Amfiparnaso* (1597) von *Orazio Vecchi* ['vɛkki] (1550–1605). Die Madrigalkomödie ist ein Vorläufer der (→) *Oper*.

4.4.5 Deutsches (mehrstimmiges) Lied

Musikalische Merkmale

Das deutsche mehrstimmige Lied entstand im 15. Jahrhundert. Es war hohen Stils. Die wichtigste Struktur war das **Tenorlied**, bei dem der (→) *Cantus firmus* (die Melodie) im Tenor lag, wobei andere Stimmen gesungen oder gespielt wurden. Diese wurden kunstvoll gestaltet, vor allem durch Imitation. Der Tenor war eine vorgegebene Liedmelodie oder wurde neu geschaffen. Das Tenorlied kam hauptsächlich im deutschen Sprachgebiet vor.

Nach der Mitte des 16. Jahrhunderts trat das Tenorlied in den Hintergrund. Das neue deutsche Lied war polyphon und frei von einem Cantur firmus, es war stark von Villanella und Madrigal beeinflusst.

Komponisten

Zu den wichtigsten Komponisten zählte *Heinrich Isaac* (um 1450–1517). Eine seiner bekanntesten Kompositionen ist „Innsbruck, ich muss dich lassen". Er hat das Lied zweimal vertont, einmal als Tenorlied, einmal mit der Melodie in der Oberstimme.

Von Rang waren auch *Ludwig Senfl* (ca. 1486 – ca. 1542), der zu den bedeutendsten deutschen Musikern seiner Zeit gehört, *Lasso* und *Hans Leo Haßler* (1564–1612).

4.5 Geistliche Vokalmusik

4.5.1 Katholische Kirchenmusik (lateinisch)

Messe (Vertonung des Ordinarium missae)

Entstehung und Bedeutung
Bereits im 14. Jahrhundert gab es vereinzelt Messen, also vollständige Vertonungen des *Ordinarium missae*, beispielsweise von (→) *Machaut*. Im 15. und 16. Jahrhundert wurde die Messe zu einer zentralen Gattung, der sich fast jeder bedeutende Komponist ausführlich widmete. Unter den ersten Drucken von *Ottaviano Petrucci* um 1500 waren zahlreiche Messen. Im ausgehenden 16. Jahrhundert verlor die Messe in dem Maße an Bedeutung, wie die des Madrigals wuchs.

Großform: Zyklus
Ein Grund für die häufige Vertonung des Messtextes war vermutlich die Möglichkeit, sie als *Zyklus* zu komponieren.

Unter einem **Zyklus** versteht man ein Werk mit mehreren Sätzen oder abgeschlossenen Teilen, von denen einige oder alle gemeinsames musikalisches Material besitzen. Der Begriff wird zuweilen auch für eine mehrsätzige Komposition verwendet, deren Sätze kein gemeinsames Material aufweisen. (Der (→) *Liederzyklus* ist nach dieser Definition nicht unbedingt ein *Zyklus*.)

Die Messe des 15. und 16. Jahrhunderts war zumeist zyklisch, da sie üblicherweise eine (→) Vorlage besaß, die in allen Sätzen vorkam. Bei der (→) *Cantus-firmus-Messe* hatten die einzelnen Teile der Messe oft zusätzlich gleiche Anfangsmotive. Die Messe war der erste große Zyklus der westlichen Musikgeschichte. Die Komponisten waren angetan von der Möglichkeit, größere mehrteilige Werke mit einheitlichem Material zu schaffen.

Form der einzelnen Teile
Die fünf Hauptteile der Messe wurde in weitere sinnvolle Textabschnitte eingeteilt, welche jeweils oft verschiedene Mensurzeichen besaßen.

Der Schluss der Messe, das *Agnus dei III*, wurde zur Steigerung zuweilen aufwendiger vertont, beispielsweise durch Erhöhung der Stimmenzahl, verstärkte Polyphonie oder komplexe Kanons.

Textausdeutungen
Im Gegensatz zur Motette wurde der Text bei der Messe nicht sehr stark ausgedeutet. Das kompositorische Interesse bei der Messkomposition galt weniger dem Text, der ja immer gleich war, sondern dem Umgang mit der Vorlage.

Komponisten
Zu den bedeutendsten Komponisten im 15. Jahrhundert zählt *Dufay*. Er schrieb unter anderem eine (→) *L'homme-armé-Messe* (→ Notenbeispiel 4.2). Seine Messen besitzen einen

Cantus firmus in langen Notenwerten im Tenor und zeigen in Ansätzen Imitationen in der Oktave.

Johannes Ockeghem (um 1410–1497), ein Lehrer *Josquins*, schrieb mindestens 13 Messen. Sie weisen bereits eine (→) *Homogenisierung* der Stimmen auf, aber es gibt auch noch lange Notenwerte im Tenor.

Von hohem Rang ist auch *Jacob Obrecht* (um 1450–1505), der über 20 Messen schrieb. Bei ihm ist die Imitation bereits deutlich ausgeprägt. Die traditionelle *Cantus-firmus-Technik* wurde noch weitgehend beibehalten.

Die ca. 20 Messen *Josquins* gehören zu den bedeutendsten des 15. und 16. Jahrhunderts. Berühmt sind die *Missa pange lingua* (→ Notenbeispiel 4.4) und die (→) *Missa Hercules dux Ferrariae*. *Josquin* schrieb zwei (→) *L'homme-armé-Messen*. Bei seinen Messen spielt die Imitation eine wesentliche Rolle. Bezüglich der Vorlagen gehören sie sowohl dem (→) *Cantus-firmus-* und dem Paraphrasen-, als auch dem *Parodie-Typ* an.

Im 16. Jahrhundert wurde die *Parodiemesse* zur wichtigsten Form. Zu den Hauptvertretern gehören *Nicolas Gombert* (ca. 1500–1560), *Jacobus Clemens non Papa* (ca. 1512– ca. 1556), *Willaert* und *Lasso*, der über 70 Messen schrieb. Die mindestens 104 Messen von (→) *Palestrina* benutzen vorwiegend geistliche Vorlagen.

Motette (Vertonung eines Teils des Proprium missae)

Bedeutung
Im Verlauf des 15. Jahrhunderts verschwand die *weltliche* Motette ganz. An ihre Stelle trat die (→) *Chanson* und im 16. Jahrhundert das (→) *Madrigal*. – Die Bedeutung der geistlichen Motette ging zunächst zurück, wuchs aber im 16. Jahrhundert wieder.

Form
Zu Beginn des 15. Jahrhunderts gab es noch repräsentative (→) *isorhythmische* Motetten, z. B. *Nuper rosarum flores* von *Dufay* zur Einweihung des Florentiner Doms im Jahre 1436. Die Isorhythmie verschwand aber im 15. Jahrhundert. – Auch die *Mehrtextigkeit* der alten Motette wurde gegen Ende des 15. Jahrhunderts aufgegeben. – Lange Motetten waren häufig wie auch im 14. Jahrhundert zweigeteilt, wobei im zweiten Teil oft das Mensurzeichen gewechselt wurde.

Mit der Verbreitung der (→) *Imitation* und der (→) *Homogenisierung* der Stimmen entfiel im 16. Jahrhundert der Cantus firmus. Somit wurde die Motette frei komponiert.

Textausdeutungen
Diese waren in der Motette wichtiger als in der Messe.

Komponisten
Zu den bedeutendsten Komponisten von Motetten gehören *Dufay*, *Josquin*, *Lasso* und *Palestrina*.

Die Auseinandersetzung um die katholische Kirchenmusik im Konzil von Trient

Vorgeschichte

In der zweiten Hälfte des 15. Jahrhunderts verstärkte sich die Kritik gegen bestimmte Auswüchse der Kirchenmusik. Vor allem Messen wurden gerügt. In den Motetten waren die beanstandeten Sachverhalte seltener.

Notenbeispiel 4.11:

G. P. da Palestrina: Missa Papae Marcelli: Kyrie II, Beginn

Die Kritik richtete sich zum einen gegen die mangelnde Textverständlichkeit. Daher wurden mehrtextige Stücke und zu starke Polyphonie gerügt.

Zum anderen kritisierte man Vorlagen der Messen, die rein weltlichen Charakters waren und angeblich die Gefahr heraufbeschwörten, die Frömmigkeit zu beeinträchtigen. Als Vorlagen weit verbreitet waren beispielsweise Liebeslieder wie *Se la face ay pale* oder *Mille regretz*. Als besonders anstößig empfand man Jagd- und Kriegslieder. (→) *Janequin* hatte beispielsweise eine *Missa super „La bataille"* geschrieben, die eine Parodie seiner Chanson *La bataille de Marignan* darstellt.

Einige Bischöfe verboten im 16. Jahrhundert an ihren Kirchen mehrstimmige Kirchenmusik gänzlich.

Das Konzil von Trient

Das *Konzil von Trient* (1545–1563) oder *Tridentiner Konzil* ist eines der zentralen Konzile der abendländischen Geschichte. Es brachte vor allem eine umfassende Liturgie-Reform. Beispielsweise wurden die (→) *Tropen* und die meisten (→) *Sequenzen* verboten.

Hinsichtlich der mehrstimmigen Musik wurde beschlossen, dass aus den Kirchen alle Musik zu verbannen sei, bei deren Orgelspiel oder Gesang etwas Laszives oder Unreines vorkomme. Diese sehr allgemeine Formulierung brachte in der Praxis wenig Änderungen.

Im Zusammenhang mit dieser Beschlussfassung wird oft *Palestrinas* berühmte, einem Papst gewidmete *Missa Papae Marcelli* (komponiert 1562/63?) genannt, deren Text gut verständlich ist. Eine Legende, die durch die Jahrhunderte weiter tradiert wurde, besagt, dass *Palestrina* durch diese Messe ein Verbot auf dem Konzil verhindert hätte. Ein solches Verbot mehrstimmiger Kirchenmusik stand nicht zur Debatte und hätte vom Konzil auch nicht durchgesetzt werden können. (Vgl. 4.3.5.)

4.5.2 Evangelische Kirchenmusik (volkssprachlich)

Einleitung

Mit der Veröffentlichung der 95 Thesen gegen den *Ablasshandel* durch *Martin Luther* (1483–1546) im Jahre 1517 begann die *Reformation*. Unter **Reformation** versteht man die durch *Luther* ausgelöste kirchlich-religiöse Bewegung, welche die westliche Kircheneinheit auflöste, sowie neue kirchliche Gemeinschaften und eine neue religiöse Haltung entstehen ließ. Die beiden Hauptströmungen der Reformation waren das von *Luther* geprägte **Luthertum** (Anhänger: *Lutheraner*) und der von *Johannes Calvin* (1509–1564) begründete radikalere **Calvinismus** (Anhänger: *Calvinisten* oder *Reformierte*).

Der Begriff **evangelisch** meint die durch die Reformation entstandenen Kirchen betreffend. Unter **evangelischer Kirchenmusik** *im weiteren Sinne* versteht man die Musik aller *evangelischen* Kirchen, also beispielsweise insbesondere der *lutherischen* und der *calvinistischen* Kirche. Der Begriff *evangelische Kirchenmusik im engeren Sinne* bezeichnet die

Musik des *Luthertums* bzw. die *lutherische Kirchenmusik*. Diese Bedeutung ist allgemein gebräuchlich und wird auch im Folgenden verwendet.

Seit dem 16. Jahrhundert ist die Aufteilung der Kirchenmusik in *katholische* und *evangelische* (*lutherische*) üblich. Deutlich sind die Unterschiede in Funktion und Repertoire (siehe unten). (Zur Stellung des Oratoriums → 5.5.)

Luthertum

Zur Person Luthers

Es wird als Glücksumstand bezeichnet, dass *Luther* musikalisch vorgebildet war und die Musik liebte. Dadurch wurde gewährleistet, dass im *Luthertum* die Musik eine wesentliche Rolle spielte, im Gegensatz beispielsweise zum *Calvinismus*. *Luther* verfasste die Melodien zu mindestens 20 Kirchenliedern.

Die Funktion der evangelischen (lutherischen) Kirchenmusik

Während die Hauptfunktion der *katholischen* Kirchenmusik das Gotteslob ist, legt man in der *evangelischen* Kirchenmusik besonderen Wert auf die Verkündigung von Gottes Wort. Daher wurde die lateinische Sprache allmählich durch die deutsche bzw. durch die Landessprache ersetzt. Charakteristisch ist auch die Einbeziehung des Gemeindegesangs, der den Glauben stärken sollte. – In der katholischen Kirche hatte der Gemeindegesang über Jahrhunderte ein sehr untergeordnete Bedeutung (vgl. 3.2.1).

Zur evangelischen Liturgie (Texte)

Luther wollte zunächst keine völlige Trennung von Rom. Auch als der Bruch endgültig war, behielt die evangelische Kirche vieles von der traditionellen (→ 3.2.1) *Liturgie*, auch mit einem beträchtlichen Anteil an lateinischer Sprache.

1526 verfasste *Luther* die *Deutsche Messe*, die Grundlage eines deutschen Messgottesdienstes. Dieser folgte der römischen Messe, aber mit zahlreichen Änderungen. Mehrere Partien des *Propriums* wurden weggelassen. Weitere Abschnitte des *Propriums* und der größte Teil des *Ordinariums* wurden durch *Choräle* ersetzt. Unter einem **(evangelischen) Choral** versteht man ein einstimmiges evangelisches Kirchenlied. Der Begriff verdeutlicht die Funktion des Ersatzes für den Gregorianischen Choral. *Luthers* Vorgaben wurden nicht überall sofort in die Praxis umgesetzt; es gab zunächst zahlreiche Kompromisse zwischen seinen Bestimmungen und der römischen Messe.

Repertoire (ein- und mehrstimmige Gattungen)

Einstimmiges Kirchenlied. *Luther* selbst war maßgeblich an der Entstehung vieler Choräle (Kirchenlieder) beteiligt. Für sie schrieb er zahlreiche Texte und ging dabei zuweilen von Psalmen aus. Außerdem verfasste er Melodien, wobei er unter anderem auch bereits vorhandene deutschsprachige weltliche und geistliche Lieder sowie lateinische Kirchengesänge veränderte. Das erste einstimmige evangelische Gesangbuch entstand bereits 1523. Typisch für den Choral sind eine (→) *Kadenz* und oft eine (→ Bd. I) *Fermate* am Ende jeder Liedzeile.

Notenbeispiel 4.12:

Evangelischer Choral: Text und Melodie: *Luther:* Aus tiefer Not schrei ich zu Dir (phrygisch)

Mehrstimmiges Kirchenlied. Kirchenlieder wurden auch oft **mehrstimmig** gesungen. Seit dem Ende des 16. Jahrhunderts wurden sie häufig im sogenannten *Kantionalsatz* vorgetragen. Unter **Kantionalsatz** versteht man die mehrstimmige homorhythmische Setzweise eines Chorals, bei der die Melodie in der Oberstimme liegt.

Choralmotette. Neben Stücken im *Kantionalsatz* gab es auch kunstvollere vokale Gattungen der evangelischen Kirchenmusik. Gegen Ende des 16. Jahrhunderts entstand die *Choralmotette*. Unter einer **Choralmotette** versteht man eine (→) *Motette*, die als (→) *Cantus firmus* einen evangelischen Choral besitzt. Bedeutende Komponisten dieser Gattung waren *Hans Leo Haßler* (1564–1612) und *Michael Praetorius* (1571–1621). – Im 17. Jahrhundert entstanden weitere Gattungen der evangelischen Kirchenmusik (→ 5.5.4).

Ähnlich wie in der katholischen Kirchenmusik der *Gregorianische Choral* Grundlage für viele mehrstimmige Kompositionen war, basieren zahlreiche Werke der evangelischen Kirchenmusik auf einem *evangelischen Choral*.

Übersicht

	Katholische Kirchenmusik	Evangelische Kirchenmusik
Funktion:	Gotteslob	Verkündung von Gottes Wort, Gotteslob, aktive Beteiligung der Gemeinde
Repertoire:		
Sprache der vertonten liturgischen Texte	Lateinisch	Landessprache
einstimmige Gattungen:	Gregorianischer Choral	Evangelische Choräle
mehrstimmig vertonte Texte:	katholische Messe (Ordinarium und Proprium) und wichtige Teile des Offiziums	– evangelisches Ordinarium und Proprium, – Ersatztexte, – (seit dem 17. Jahrhundert) Kommentare und Meditationen zu Lesung und Evangelium
wichtige mehrstimmige Gattungen:	Messe, Requiem, Motette, Te Deum, Magnificat, bis ins 17. Jahrhundert häufig Einbeziehung des Gregorianischen Chorals, danach selten	mehrstimmiges Kirchenlied, Choralmotette, Geistliches Konzert, Kantate, Passion, Motette; dabei sehr oft Einbeziehung von (evangelischen) Chorälen

Zu den Sängern → 1.6.2.

Calvinismus

Johannes Calvin hegte ein generelles Misstrauen gegen musikalische Kunst im Gottesdienst. Es sollte nur Musik Berechtigung haben, die unmittelbar an das Wort gebunden und für die Gemeinde verständlich ist. Daher ließ er allein den einstimmigen Gesang durch die Gemeinde zu. Verboten wurde dabei das Singen von nicht-biblischen Texten. Die Textgrundlage des Gesangs waren die Psalmen aus dem Alten Testament.

4.6 Instrumentalmusik

4.6.1 Allgemeines und Einteilung

Zur Überlieferung

Vor 1450 ist wenig an eigenständiger, also eigens für Instrumente komponierte, Instrumentalmusik überliefert; vermutlich war sie aber weit verbreitet. Sie wurde zumeist improvisiert und mündlich überliefert. Nach 1450 wächst die Zahl der überlieferten Instrumentalkompositionen.

Einteilung

Innerhalb der selbstständigen Instrumentalmusik können folgende Stränge unterschieden werden:

- Abkömmlinge von Vokalformen (für Tasteninstrumente, Laute, Ensembles). Da die Verwendung von Instrumenten bei Vokalkompositionen gang und gäbe war, ist es nicht verwunderlich, dass eine große Anzahl von speziell für Instrumente komponierten Werken zunächst genau den Vokalformen folgten und sich erst allmählich von diesen lösten;
- Tanzformen und Themen mit Variationen (für Tasteninstrumente, Laute, Ensembles);
- Improvisatorische Stücke (für Tasteninstrumente und Laute).

Diese Stränge beeinflussten sich wechselseitig, man kann sie aber bis ins 18. Jahrhundert als getrennte Entwicklungszweige verfolgen.

4.6.2 Abkömmlinge der Vokalformen (für Tasteninstrumente, Laute, Ensembles)

Die beiden wichtigsten Gattungen waren das *Ricercar* und die *Canzone*.

Ricercar

Ein **Ricercar** [ritʃer'kar] (ital.: *ricercare* – suchen) ist der Name für ein Instrumentalstück des späten 16. und 17. Jahrhunderts (hauptsächlich für Tasteninstrument oder Laute) in (→ Bd. I) *Soggetto-Form*. Die ursprüngliche Form des Ricercars war diejenige der (→) *Motette*. Die Abschnitte waren somit nicht deutlich voneinander getrennt, sodass ein einheitlicher Fluss entstand. Wie die Motette bevorzugte das frühe *Ricercar* ruhige Notenwerte. Aus dem *Ricercar* entwickelte sich im 17. Jahrhundert die *Fuge*.

Canzone

Unter einer **Canzone** (ital.: Lied) versteht man eine Instrumentalkomposition des 16. und 17. Jahrhunderts, die eine Übertragung einer *französischen* (→) *Chanson* oder ein in deren Stil gehaltenes Originalwerk darstellt. Der Name *Canzone* ist die italienische Übersetzung von *Chanson*. Die ursprüngliche Canzone besaß (→) *Soggetto-Form* und Wiederholungen. Ihr Charakter war leicht, schnell bewegt, stark rhythmisch betont und von relativ einfacher Polyphonie. Im Verlauf des 16. Jahrhunderts entwickelten sich in der Canzone eine Anzahl von mehr oder weniger deutlichen Abschnitten. Die Canzone wurde um 1600 die Hauptform der Instrumentalmusik. Aus ihr entstand im 17. Jahrhundert die *Kirchensonate*.

4.6.3 Tanzformen und Themen mit Variationen (für alle Arten von Besetzung)

Der (→ Bd. I; 12) *Tanz* war seit dem Mittelalter weit verbreitet und hochgeachtet. Ein beträchtlicher Teil der Instrumentalmusik war demnach Tanzmusik. Für gewöhnlich wurden Tänze paarweise gruppiert; auf einen langsamen *Schreittanz* in geradem Takt folgte ein bewegterer *Spring-* oder *Drehtanz* in ungeradem Takt, der melodisch aus dem ersten entwickelt war. Aus diesem melodisch verwandten Paar, *Tanz* und *Nachtanz* genannt, entwickelte sich die (→) *Suite*.

Unter den gedruckten Tanzstücken findet sich zunächst manches Volksgut. Ursprünglich wurde zu ihnen getanzt; allmählich wurden die Tänze immer mehr (→ Bd. I) *stilisiert*. Sie verloren ihren ursprünglichen Zweck und wurden zur reinen Instrumentalmusik mit jeweils verschiedenem Charakter.

Zum Thema mit Variationen → 5.6.

4.6.4 Improvisatorische Stücke (für Tasteninstrumente, Laute)

Unter einem **improvisatorischen Stück** versteht man eine Komposition, die typische Merkmale einer Improvisation aufweist, nämlich

- freie Form,
- gebrochene Akkorde und
- schnelle Läufe.

Improvisatorische Stücke sind oft aus Improvisationen entstanden. Die Komponisten konnten hier ihre Fingerfertigkeit und die Klangfülle des Instruments zur Geltung bringen. Improvisatorische Stücke tragen Namen wie *Präludium*, *Toccata*, *Fantasie*, *Praeambulum*. Für sie sind zum ersten Mal (→) *idiomatische*, also ausgeprägt instrumentenspezifische Kompositionsweisen, verwendet worden.

5 Das 17. Jahrhundert (ca. 1600 bis ca. 1730)

5.1 Musikalische Neuerungen

5.1.1 Musikhistorische Abgrenzung, Intensität des Stilwandels und Stileinheitlichkeit

Allgemeines

Der Stilwandel um 1600 war einer der einschneidendsten in der ganzen europäischen Musikgeschichte, der auch von den Zeitgenossen als starke Zäsur empfunden wurde. Eine Reihe neuer Kompositionsprinzipien, von denen die zentralen der (→) *Generalbass*, die (→) *Monodie* und das (→) *konzertierende Prinzip* sind, kamen gleichzeitig auf und ergriffen schnell alle Gattungen. Das Zeitalter von ca. 1600 bis ca. 1730 wird *Barock* genannt.

Neuer Stil – alter Stil

In der Kirchenmusik wurde in einem Teilbereich des kompositorischen Schaffens weiter ein Stil verwendet, der die wesentlichen Neuerungen nicht oder nur in geringem Maße aufnahm. Dieser wurde *Stile antico* (ital.: *alter Stil*) genannt, im Gegensatz zum vorherrschenden **Stile moderno** (*neuer Stil*). Wesentliche Merkmale des **Stile antico** sind starke Vokalpolyphonie, das Fehlen von (→) *obligaten* Instrumenten, keine oder schwach ausgeprägte (→) *Monodie* und seltene Einbeziehung des (→) *konzertierenden Stils*. Manche Kompositionen im *Stile antico* wurden mit dem Generalbass begleitet.

Der *Stile antico* wurde besonders in der katholischen Kirchenmusik gepflegt. Das lag unter anderem am liturgischen Brauch, in der Fasten- und Adventszeit auf Instrumente zu verzichten. In der päpstlichen Kapelle wurden überhaupt keine Instrumente verwendet. Das (→) *Tridentiner Konzil* hatte den (→) *Palestrina-Stil* zur hauptsächlichen Kompositionsweise der Kirchenmusik erklärt. In der katholischen Kirchenmusik war daher der *Stile antico* am Palestrina-Stil orientiert, der bis ins 19. Jahrhundert mit nur geringfügigen Änderungen beibehalten wurde.

Im protestantischen Norden Deutschlands nahm der *Stile antico* im Laufe der Zeit jeweils aktuelle Kompositionsprinzipien auf. Der *alte Stil* war demnach nicht einheitlich. In *J. S. Bachs* (→) *h-Moll-Messe* finden sich Beispiele für „moderneren" *Stile antico* (z. B. *Kyrie II* und *Gratias*).

Selten wurde ein umfangreiches kirchenmusikalisches Werk in einem einzigen Stil vertont, weit häufiger war der **Stile misto** (gemischter Stil). Darunter versteht man entweder eine

Vermischung der beiden Kompositionsprinzipien in einem Werk oder die kontrastierende Anwendung in unterschiedlichen Sätzen.

5.1.2 Neue Gattungen/Gewichtung/neue Großform-Prinzipien

Neue Gattungen

Mit dem Stilwandel entstand eine Reihe neuer Gattungen:

- vokale: Oper, Oratorium, Geistliches Konzert, Kantate;
- instrumentale: Kirchensonate, Kammersonate, Fuge, Konzert.

Gewichtung

Die Oper wurde zur führenden Gattung. Sie beeinflusste in ihrer Entwicklung die anderen vokalen Gattungen maßgeblich. Charakteristisch für die Musik des 17. Jahrhunderts war, dass die Instrumentalmusik und der Anteil der Instrumente an der Vokalmusik erheblich an Bedeutung gewannen.

Neue Großform-Prinzipien

Die Großformgliederung wurde im Barock deutlicher als zuvor. Zentrales Formprinzip wurde das *Ritornell* (wiederkehrender, instrumentaler Abschnitt), sowohl in der Vokal- als auch in der Instrumentalmusik. Es war noch bis ins späte 18. Jahrhundert bedeutsam.

5.1.3 Notation und Verzierungspraxis

Verschwinden der Mensuralnotation

Die Mensuralnotation verwandelte sich allmählich in unsere Notenschrift, welche schließlich am Ende des 17. Jahrhunderts allgemein verbreitet war. Wichtige Neuerungen waren die Durchsetzung des Punktes hinter einer Note und der Taktstrich. Die Kompositionen wurden in Partituren überliefert.

Der Generalbass

Eine der wichtigsten Neuerungen der Musik um 1600 ist das Aufkommen des *Generalbasses*, der fast allen Kompositionen des 17. und frühen 18. Jahrhunderts zugrunde lag. Unter **Generalbass** (ital.: *basso continuo* – fortlaufender Bass) versteht man eine instrumentale bezifferte oder unbezifferte Bassstimme, nach der auf einem Harmonieinstrument (z. B. Cembalo oder Orgel) zusätzlich begleitende Akkorde ausgeführt wurden. Zumeist stehen über oder unter dieser Bassstimme Zahlen und Vorzeichen, die, vom Basston aus gerechnet, die charakteristischen Intervalle dieser Akkorde anzeigen (4 für Ton im Quartabstand, 6 für Ton in Sextabstand usw.). Bei diesen Akkorden sind die Oberstimme, die Dichte und eventuelle Verzierungen nicht genau festgelegt. Die Akkordfortschreitungen müssen sich jedoch an die Regeln der Tonsatzlehre halten. Die Art der Intervalle (groß oder klein) richtet sich nach den Vorzeichen der Tonart eines Stückes.

Beispiel:
Stehen bei einem Stück in F-Dur über oder unter einem g die Ziffern 6, 4, 3 untereinander, so sind außer dem Basston g Töne aus der F-Dur-Tonleiter zu spielen, die eine Terz, Quarte und Sexte über dem g liegen, also b, c und e. Die Anordnung der Töne über dem Bass ist dabei freigestellt. Töne können auch (→ Bd. I) *verdoppelt* werden.

Notenbeispiel 5.1:

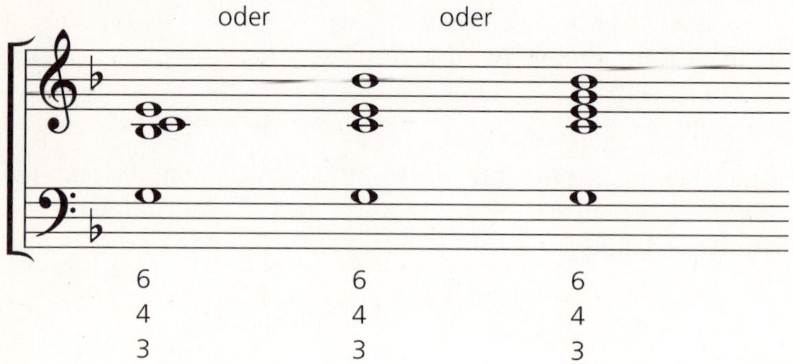

Vom Ort, von der Epoche, der Gattung und der Besetzung hängen die verschiedenen Praktiken zur Ausführung der Akkorde des Generalbasses ab (Dichte, Verzierungen u. a.). Drei- bis Fünfstimmigkeit sind gängige Abweichungen von der vierstimmigen Norm.

Üblicherweise fehlen bei der Bezifferung eines Akkordes verschiedene Zahlen. Diese sind im Folgenden in Klammern angegeben.

Notenbeispiel 5.2:

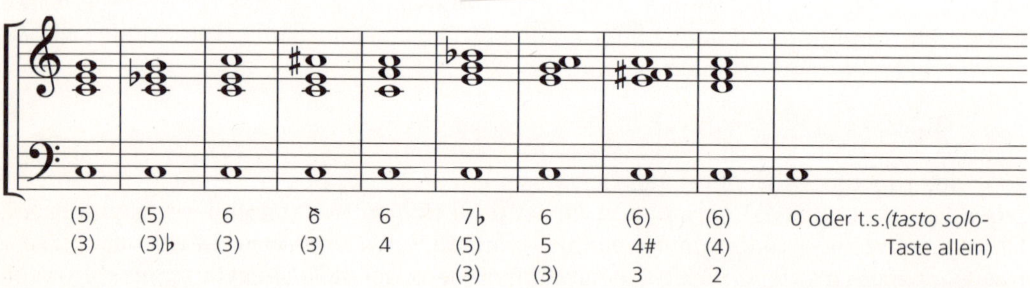

Ist die Generalbassstimme nicht beziffert, so muss der Spieler die Akkorde aus den anderen Stimmen der Komposition herauslesen. Heute wird in Ausgaben älterer Musikwerke der Generalbass oft vom Herausgeber ausgeschrieben, was durch kleinere Noten dargestellt wird (siehe auch Notenbeispiel 5.3).

Generalbassinstrumente, zuweilen auch kurz *Generalbass* genannt, sind Instrumente, die die *Generalbassstimme* ausführen. Fast immer sind ein *Harmonieinstrument* (zum Spielen der Akkorde) und mindestens ein *Bassmelodieinstrument* (zur Ausführung der Bassstimme) eingesetzt.

- Harmonieinstrumente sind Cembalo, Orgel, Laute, Gitarre.
- Bassmelodieinstrumente sind Violoncello, Gambe, Kontrabass, Fagott.

Entstehung und Verbreitung des Generalbasses. In Italien pflegte man im 16. Jahrhundert von bereits vorhandenen instrumentalen und vokalen Werken die Bassstimme mit Ziffern zu versehen. Dies diente einem begleitenden Organisten als Hilfe.
Um 1600 ging man unter dem Einfluss der (→) *Monodie* dazu über, neue Werke auf der Grundlage der Generalbassbegleitung zu komponieren. Die Praxis des Generalbasses breitete sich bald in ganz Europa aus. Mit Ausnahme der Musik für Tasteninstrumente und Laute sowie für manche Musik im (→) *Stile antico* wurde er für alle Besetzungen eingeführt.

Generalbasslehren. Gelernt wurde die Generalbasspraxis früher nach **Generalbasslehren,** von denen es zahlreiche gab. Die Generalbasslehren waren zugleich Einführungen in die Tonsatzlehre und Anleitungen zur Improvisation über vorgegebene Bassmelodien. Heute wird die Generalbasspraxis an Musikhochschulen immer noch gelehrt, vor allem für Kirchenmusiker.

Verzierungspraxis

Die seit dem Mittelalter gängige (→ Bd. I) *Verzierungspraxis* wurde nach 1600 zu einem wesentlichen Merkmal der Musik. Nicht **notierte Verzierungen**, (→ Bd. I) *willkürliche* genannt, wurden von Sängern und Instrumentalisten zum Teil virtuos angebracht; Regeln hierfür wurden auch in Verzierungslehrbüchern verbreitet. *Willkürliche Verzierungen* standen im 17. und 18. Jahrhundert besonders in der Oper in hoher Blüte.

Neben diesen gab es **notierte Verzierungen,** (→ Bd. I) *wesentliche* genannt, (z. B. *Triller*, *Vorschlag*, *Arpeggio*), deren Anzahl im Barockzeitalter stetig zunahm.

5.1.4 Musikalische Merkmale

Detailform-Prinzip: Konzertierendes Prinzip

Einer Komposition liegt das **konzertierende Prinzip** zugrunde, wenn verschiedene Klanggruppen einander gegenübergestellt werden, um Kontrastwirkungen zu erzielen. Die Klanggruppen können Unterschiede aufweisen in der Stimmlage (hoch, mittel, tief), hinsichtlich der Klangfarbe (z. B. solistisch – chorisch, vokal – instrumental) oder bezüglich der räumlichen Position (bei der (→) *Mehrchörigkeit*). Das *konzertierende Prinzip* hielt im Laufe des 17. Jahrhunderts Einzug in nahezu alle musikalischen Gattungen. Wesentliche Wurzel für diese Entwicklung war die *Mehrchörigkeit* der (→) *Venezianischen Schule*. Das konzertierende Prinzip lebte nach dem Barock im Konzert weiter. Notenbeispiel 5.3 ist ein Beispiel für das konzertierende Prinzip (siehe auch Notenbeispiel 5.6).

Notenbeispiel 5.3:

C. *Monteverdi,* Marienvesper (1610): XIII. 10: Sicut locutus est, T. 6–9.

Melodik: Die Monodie (ca. 1600 bis ca. 1640)

Die **Florentiner Camerata** war eine akademische Gesprächsrunde von Adligen, Gelehrten, Philosophen, Dichtern und Musikern, die sich ab ca. 1580 regelmäßig in Florenz trafen. Im Zuge der (→) *Renaissance* strebten sie an, die antike Tragödie, insbesondere die *antike Monodie* wiederzubeleben. Unter der **antiken Monodie** versteht man in der altgriechischen Musik einen Sologesang mit Instrumentalbegleitung. Diese *antike Monodie* hatte laut Berichten von altgriechischen Zeitgenossen wegen ihres Ausdrucksgehalts und ihrer Nähe zur gesprochenen Sprache eindringliche Wirkungen auf den Zuhörer. Notenbeispiele für die antike Monodie waren im 16. Jahrhundert nicht bekannt.

Die Mitglieder der *Florentiner Camerata* wandten sich ausdrücklich gegen die aktuelle polyphone Schreibweise und schufen die *moderne Monodie*. Unter **(moderner) Monodie** versteht man den zwischen ca. 1600 und ca. 1640 bestehenden, generalbassbegleiteten, ausdrucksstarken Sologesang, der sich an der Sprechstimme orientiert. Die monodische Singstimme war im Verhältnis zum Bass dissonanzenreich, von sprunghafter Melodik, es gab schnellen Wechsel zwischen langen und kurzen Notenwerten. Natürlich gab es vor der *modernen Monodie* bereits instrumental begleiteten Sologesang. Das Neue an ihr war die Orientierung an der Sprechstimme.

Der monodische Stil wurde zunächst in der durch ihn entstehenden (→) *Oper* angewandt. Er durchdrang bald fast die gesamte Vokalmusik und verlor somit seine Identität. Notenbeispiel 5.4 ist ein typisches Beispiel für den *monodischen Stil*. Die hohe Expressivität wird vor allem durch die auffälligen Dissonanzen (in T. 1 auf die 3 („scia") und in T. 4 auf die 3 („scia")) bewirkt.

Notenbeispiel 5.4:

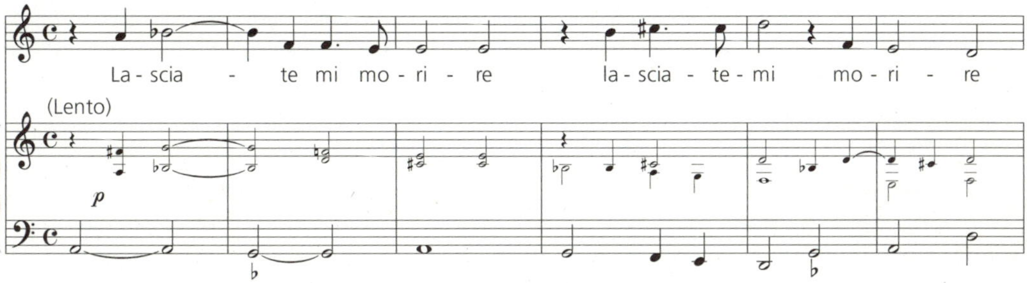

C. *Monteverdi, Lamento d'Arianna,* T. 1–6 (Lasst mich sterben)

Melodik: Das Rezitativ (ab ca. 1650) (auch: Detailformprinzip)

Die zeitgenössischen Musiker unterschieden einige Arten des *monodischen Stils*, insbesondere zwischen *Stile rappresentativo* und *Stile recitativo*. Beim **Stile rappresentativo** wechseln die Akkorde des Öfteren (→ Notenbeispiel 5.4). Beim **Stile recitativo** wechseln die Akkorde selten (→ Notenbeispiel 5.5). Eine Trennung zwischen beiden ist nicht immer leicht vorzunehmen. – Die Begriffe *Monodie*, *Stile recitativo* und *Rezitativ* sollten deutlich voneinander unterschieden werden.

Notenbeispiel 5.5:

C. *Monteverdi, L'Orfeo,* 4. Akt, Beginn

Aus dem *Stile recitativo* entwickelte sich um die Mitte des 17. Jahrhunderts das (→ Bd. I) *Rezitativ*. Unter einem **Rezitativ** versteht man einen instrumental begleiteten, solistischen

Sprechgesang mit syllabischer Melodik, dessen Tempo vom Sänger in gewissen Grenzen frei wählbar ist.

Melodik

Gegen Ende des Barocks ist die Melodik von Gesangspartien oft (→ Bd. I) instrumental angelegt (→ Notenbeispiel 5.7).

Takt (bis ca. 1700 allgemein verbreitet)

Im 16. Jahrhundert hatte der (→ Bd. I) *Puls* der *polyphonen* Musikstücke keine deutliche Leicht-Schwer-Ordnung; sie besaßen somit keinen (→ Bd I; 2.1) *Takt*. Im Verlauf des 17. Jahrhunderts wurden immer mehr Werke mit einem deutlichen Takt komponiert. Gegen Ende des Jahrhunderts hatte sich dieses Prinzip im *Stile moderno* allgemein durchgesetzt.

Harmonik

Die *modale Harmonik* entwickelte sich im Verlauf des 17. Jahrhunderts zur *durmolltonalen Harmonik*. **Durmolltonale Harmonik** liegt vor, wenn in einer Komposition die zugrunde gelegte Tonleiter wechseln kann, wenn es also Abschnitte gibt, die deutlich in verschiedenen Tonarten stehen, somit also (→ Bd. I) *Modulationen* vorkommen.

Anmerkung: Mit den Regeln der durmolltonalen Harmonik befassen sich *durmolltonale Harmonielehren*. Eine Form ist die funktionale Harmonielehre, also diejenige, die mit (→ Bd. I) Funktionsbezeichnungen operiert. Neben dieser gibt es auch andere Möglichkeiten der durmolltonalen Harmonielehre, beispielsweise auf der Grundlage der Generalbasszeichen. Somit existiert eine funktionale Harmonielehre, jedoch ist der Begriff funktionale Harmonik nicht gerechtfertigt.

Ein Charakteristikum der Barockmusik ist, dass Moll-Stücke häufig mit einem Durdreiklang enden.

Anmerkung: Vermutlich lag dieser Brauch darin begründet, dass die Dur-Terz weniger (→ Bd. I) Schwebungen aufwies als die Mollterz.

Für die Zeit ab dem Ende des 17. Jahrhunderts war ein schneller (→ Bd. I) *harmonischer Rhythmus* typisch, d.h. dass die Akkorde häufig wechselten. Deutlich ist dies in Notenbeispiel 5.8 zu erkennen und zwar an den Generalbassziffern.

Textur und Instrumentation

Während im 16. Jahrhundert Polyphonie die vorherrschende **Textur** war, gab es im Barockzeitalter sowohl polyphone wie homophone Setzweisen. Die Homophonie verbreitete sich durch das *monodische Prinzip*; charakteristisch für die Homophonie ist die *Dominanz der Außenstimmen* (Unter- und Oberstimme).

Instrumentation. In der Zeit nach 1700 wurden Bläser relativ selbstständig eingesetzt.

Tempo-, Ausdrucks- und Dynamikbezeichnungen

Tempoangaben kamen im 17. Jahrhundert auf und waren zu Beginn des 18. Jahrhunderts bei vielen Sätzen anzutreffen. Ausdrucksbezeichnungen waren im Barock noch relativ selten.

Angaben zur Dynamik finden sich zu Anfang des Barocks noch selten, wurden dann aber häufiger. Ein verbreitetes Prinzip des Barockzeitalters war die **Terrassendynamik,** d. h. der abrupte Wechsel zwischen laut und leise; sie wurde durch das konzertierende Prinzip nahegelegt. Kontinuierlicher Dynamikwechsel wurde nicht notiert, dürfte aber verbreitet gewesen sein.

Einheitsablauf (entstanden bis ca. 1700)

Notenbeispiel 5.6:

J. S. Bach, Brandenburgisches Konzert, Nr. 3, 1. Satz, T. 9–10

Ein wesentliches Merkmal der barocken Musik ab ca. 1700 ist der **Einheitsablauf**. Er ist durch folgende drei Prinzipien charakterisiert:

1. *Einheitliche Taktart und einheitliches Tempo innerhalb eines Satzes*
2. *Relativ einheitliche Bewegung und/oder Motivik in einem Satz*
   Oft ist ein Satz durchgehend von einem oder mehreren (→ Bd. I) *Motiven* oder (→ Bd. I) *Motivgruppen* geprägt, die im ganzen Stück zu finden sind. (In Ritornellsätzen von Konzerten ist dieses Prinzip wegen des Gegensatzes zwischen Ritornell und Solo-Material seltener.) Einheitliche Motivik ist deutlich in Notenbeispiel 5.6 zu erkennen.
3. *Die (→ Bd. I) durchgehende Verklanglichung von Zählzeiten*
   Unter einer **verklanglichten Zählzeit** versteht man eine solche, auf die ein Ton oder ein Geräusch erklingt. Deutlich ist dies in Notenbeispiel 5.6 zu erkennen, in welchem durchgehend die vollen und die Und-Zählzeiten verklanglicht sind.

5.1.5 Musikalische Semantik

Für die musikalische Semantik der Barockmusik sind die Begriffe *Affektenlehre* und *Affekteinheitlichkeit* von Bedeutung.

Unter der **Affektenlehre** (lat.: *affectus* – das Gefühl) versteht man die barocke Theorie

a) von der Darstellung von Gemütszuständen (z. B. Freude, Trauer, Hass) in der Musik und
b) von der Wirkung der Musik auf das menschliche Gefühlsleben.

Die *Affektenlehre* war zentral für die Musiktheorie des Barock. Ihren Ursprung hatte sie in der (→) *Ethoslehre* der alten Griechen.

Gemäß der *Affektenlehre* sollte die Musik Gemütszustände darstellen und beim Hörer hervorrufen. Dies galt zunächst für Vokalmusik und wurde dann auch auf die Instrumentalmusik übertragen. Erklärt wurde in der Theorie, welche musikalischen Mittel welche Affekte darstellen können; Freude würde beispielsweise durch das Durgeschlecht, schnelles Tempo, vorwiegend konsonante Harmonik usw. repräsentiert.

Die *Affektenlehre* dürfte einigen Komponisten bekannt gewesen sein. Inwieweit diese sich nach ihr richteten, ist unbestimmt, jedenfalls entsprach die *Affektenlehre* dem kompositorischen Schaffen.

Gegen Ende des 17. Jahrhunderts wurde in der Theorie die **Affekteinheitlichkeit in einem Satz** gelehrt, d. h. in einem Satz sollte nur ein einziger Gemütszustand dargestellt werden. Dem entsprach die Praxis weitgehend. (Siehe z. B. 5.4.2 Aufbau der Oper von 1637 bis ca. 1720.)

Unterstützt wurde die *Affekteinheitlichkeit innerhalb eines Satzes* durch den (→) *Einheitsablauf* und das (→ Bd. I) *Ritornellprinzip*. Trotz einheitlichen Affektes gab es innerhalb eines Satzes gewisse Kontraste, beispielsweise in der vokalen Dacapo-Form zwischen A- und B-Teil sowie in Konzerten zwischen Tutti- und Solo-Passagen.

5.1.6 Instrumente/Besetzungen

Instrumente

Art der Instrumente. Im 17. Jahrhundert traten Violine und Viola hervor und wurden bald die am meisten verwendeten Instrumente. Dies lag vor allem an ihren spieltechnischen Möglichkeiten.

Die Blasinstrumente traten in den Hintergrund. Sie wurden bald nicht mehr in Familien gebaut, sondern es setzten sich einige wenige Instrumente einer Familie durch, z. B. bei den Blockflöten das Sopraninstrument.

Trompeten und Hörner waren (→ Bd. I) *Naturinstrumente*, d. h. sie besaßen keine (→ Bd. I) Ventile. Dennoch war es möglich, auf der Trompete virtuose diatonische Passagen zu spielen, nämlich durch das *Clarinblasen*. Unter **Clarinblasen** versteht man das Spielen auf der Trompete oberhalb des 8. (→ Bd. I) *Naturtones*. Bei den Blechblasinstrumenten war neben der Trompete und dem Horn der (→ Bd. I) Zink verbreitet. Am Ende des 17. Jahrhunderts kam neben der Blockflöte zunehmend die Querflöte in Gebrauch.

Anmerkung: Nach 1700 verdrängte das beweglichere Violoncello allmählich die Gambe.

Idiomatische Kompositionsweise. Eine wesentliche Neuerung des 17. Jahrhunderts war die Ausbildung einer **idiomatischen** (*instrumententypischen*) Kompositionsweise. Diese wurde besonders für die Streichinstrumente entwickelt. Eine für die Streicher typische Spielweise ist das (→ Bd. I) *Tremolo*, das *Monteverdi* erfunden haben will. Der Tonumfang wurde allmählich nach oben erweitert. *Vivaldi* forderte in den Soloparts der Violinkonzerte bereits e^4.

Besetzungen

Allgemeines. Die alte Praxis, Vokalstimmen durch Instrumente zu verdoppeln (Colla-parte-Spiel; → 4.1.6), wurde zuweilen in polyphonen Musikstücken im 17. und 18. Jahrhundert beibehalten. Diese Instrumente waren *ad libitum* (lat.: nach Belieben), d. h. auswechselbar oder wegzulassen. Charakteristisch für die Vokalmusik nach 1600 ist die Einbeziehung von **obligaten Instrumenten** (lat.: *obligatus* – verbindlich), das sind solche, die gegenüber den Vokalstimmen einen eigenständigen Part besaßen. Generalbassinstrumente zählen zu den obligaten Instrumenten.

Innerhalb der Instrumentalmusik war zu Beginn des 17. Jahrhunderts die Trennung zwischen (→ Bd. I) *Kammer-* und (→ Bd. I) *Orchestermusik* noch nicht klar; die Stimmen konnten also sowohl solistisch als auch chorisch besetzt werden. Im Verlauf des 17. Jahrhunderts wurde die Trennung allmählich deutlich.

Orchester. Im Verlaufe des 17. Jahrhunderts setzte sich eine *teilweise feste Besetzung* für größere Instrumentalensembles durch, und zwar bezüglich der Streicher. Erst von da an ist die Bezeichnung „Orchester" sinnvoll. Die Orchester in Italien und Deutschland bestanden aus einem vierstimmigen Streichersatz mit 2 Violin-, einer Viola- und einer Bassstimme für Cello und Kontrabass, dazu als (→) *Generalbassinstrument* zumeist Cembalo oder Orgel. Oft wurde das Streichorchester mit Generalbass allein eingesetzt, es konnten aber auch verschiedene Bläser hinzutreten. Eine feste Besetzung für die Bläser gab es selten. **Die Leitung des Orchesters** lag beim Cembalisten bzw. Organisten oder beim ersten Geiger.

Kammermusikalische Besetzungen. Zur häufigsten Gattung der Kammermusik gehörte im Barock die *Triosonate*. Unter einer **Triosonate** versteht man ein Stück für zwei höhere Melodieinstrumente und Generalbass (Cembalo und Bassmelodieinstrument), insgesamt also für vier Spieler. Die Standardbesetzung war: 2 Violinen, Cello und Cembalo.

Die *Triosonate* war diejenige Gattung, in der Komponisten ihre Kunstfertigkeit am besten unter Beweis stellen konnten. Sie löste in dieser Hinsicht die Messe des 15. und 16. Jahrhunderts ab. Nach dem Barock wurde die *Triosonate* als kompositorisch am höchsten stehende Gattung vom *Streichquartett* ersetzt.

Unter einer **(Solo-)Sonate** versteht man ein Stück für Soloinstrument und Generalbass, also für 3 Instrumente. Als Soloinstrumente fungierten vor allem Violine, Flöte oder Gambe.

Es gab auch Stücke für größere Besetzungen. – Selten sind Kompositionen für ein Instrument allein, d.h. ohne Generalbass. Beispiele hierfür sind *J. S. Bachs* 6 Sonaten und Partiten für Violine solo (BWV 1001–1006) und 6 Suiten für Violoncello solo (BWV 1007–1012).

5.2 Andere Bezeichnungen für die Epoche

Der hier für diese Epoche verwendete, heute allgemein verbreitete Begriff *Barock* wurde im 18. Jahrhundert in abschätziger Weise für dissonanzenreiche, unsangliche Musik mit komplexer Harmonik verwendet. Allmählich verlor der Begriff seine negative Bedeutung. Er wurde als Epochenbegriff zunächst in der Kunstgeschichte, dann auch für die Literatur- und Musikgeschichte verwendet.

Man hat die Epoche mit den Begriffen *Generalbasszeitalter* und *Zeitalter des konzertierenden Stils* bezeichnet, was sich jedoch nicht durchgesetzt hat.

5.3 Musikleben und Komponisten

5.3.1 Musikleben

Wie in den Jahrhunderten zuvor waren der **Hof** und die **Kirche** vorherrschend für das Musikleben des Barockzeitalters. Nach der Entstehung der Oper nahmen bald die höfischen Opernhäuser eine zentrale Funktion ein. Daneben begann das **öffentliche bürgerliche Musikleben** eine Rolle zu spielen.

Collegium Musicum. Fast jede deutsche Stadt besaß im Barock ein **Collegium musicum,** eine freie bürgerliche Vereinigung von Musikliebhabern, die sich regelmäßig trafen, um für sich selbst oder andere zu musizieren. Veranstaltungen von *Collegia musica*, bei denen teilweise Eintrittsgeld genommen wurde, stellen ein Vorstufe des öffentlichen städtischen Konzertwesens dar.

Öffentliche Opernhäuser. Im 17. Jahrhundert entstanden die ersten *öffentlichen Musikveranstaltungen*, also solche, die jedermann gegen Entgelt besuchen konnte und bei denen ein oder mehrere Unternehmer Gewinne und Verluste abrechneten.

Die ersten Unternehmen dieser Art waren die seit 1637 ins Leben gerufenen *öffentlichen Opernhäuser* in Venedig. Gegen Ende des 17. Jahrhunderts gab es dort mehr als ein halbes Dutzend Opernhäuser gleichzeitig. Diese waren durchweg *Logentheater*, d.h. adlige Familien abonnierten Logenplätze; Parkettplätze konnte jeder kaufen. Opern wurden nur zu bestimmten Zeiten während des Jahres aufgeführt, beispielsweise nicht in der Passions- und Adventszeit sowie in der Sommerpause. – Öffentliche Opernhäuser entstanden im 17. Jahrhundert auch in anderen italienischen Städten, in geringerem Maße auch im übrigen Europa (z.B. Hamburg).

Öffentliche Konzerte. Bereits im ausgehenden 17. Jahrhundert zeigten sich in England auch erste Anzeichen eines *öffentlichen Konzertwesens* (mit Instrumentalmusik).

Das **Kastratenwesen** war für das Musikleben des 17. und 18. Jahrhunderts von großer Bedeutung. Ein **Kastrat** (lat.: *castrare* – kastrieren) war ein erwachsener Sänger, der als Kind entmannt worden war. Die Kastration in der Kindheit bewirkte, abgesehen davon, dass das Opfer unfruchtbar wurde, die Unterdrückung der Entwicklung der sekundären Geschlechtsmerkmale, also auch des (→ Bd. I) *Stimmbruchs*. Die Stimme eines Kastraten vereinigte somit die Stimmlage eines Knaben mit der Brustresonanz und Lungenkraft des Mannes. Kastraten sangen als Alt und Sopran meist die Heldenpartien.

Kastraten wurden im 17. Jahrhundert in der Oper als Stars ungeheuer gefeiert und strichen enorme Summen ein. – In der katholischen Kirchenmusik in Italien sangen sie seit dem ausgehenden 16. Jahrhundert neben (→) *Falsettisten* und Knaben die Oberstimmen im Chor, obwohl die katholische Kirche die Kastration bereits 1587 verboten hatte (vgl. 1.6.2).

5.3.2 Claudio Monteverdi (1567–1643)

Leben. Claudio Monteverdi wurde 1567 in Cremona als Sohn eines Arztes geboren. Bereits 1582 wurde seine erste Komposition gedruckt, eine Sammlung dreistimmiger Motetten. 1590 wurde er Sänger und Violaspieler am Hof in Mantua, 1601 Kapellmeister ebendort. Er heiratete 1599 eine Sängerin († 1607), die zwei Söhne gebar. Im Jahre 1613 wurde *Monteverdi* Kapellmeister im Markusdom in Venedig, neben der Leitung der päpstlichen Kapelle in Rom die wohl bedeutendste kirchenmusikalische Stellung in Italien. Einige Zeit nach dem Tod seiner Frau trat *Monteverdi* in den geistlichen Stand ein. Er starb 1643 in Venedig.

Werke (Auswahl). *Weltliche Vokalmusik*: 9 Madrigalbücher, 3 überlieferte Opern, Ballettmusik – *Geistliche Vokalmusik*: Messen, eine Marienvesper, Motetten.

Bedeutung. *Monteverdi* galt zu seinen Lebzeiten als einer der größten Komponisten. Er war einer der wichtigsten Repräsentanten des neuen Stils nach 1600.

5.3.3 Heinrich Schütz (1585–1672)

Leben. Heinrich Schütz wurde 1585 in Köstritz bei Gera (Thüringen) als Sohn eines Stadtschreibers geboren. 1598 wurde er wegen seiner hohen musikalischen Begabung Sängerknabe in der Kapelle am Hofe des Landgrafen Moritz von Hessen in Kassel. 1608 begann er ein Jurastudium an der Universität zu Marburg. Von 1609 bis 1613 studierte er in Venedig Komposition und Orgel, größtenteils finanziert durch ein Stipendium des Landgrafen. Nach seiner Rückkehr wurde *Schütz* zunächst Hoforganist in Kassel. Von 1617 bis zu seinem Tod 1672 war er Kapellmeister in Dresden. Während des 30jährigen Krieges (1618–1648) unternahm er eine einjährige Italienreise, außerdem erfolgten zwei längere Aufenthalte in Kopenhagen.

Werke (Auswahl). *Geistliche Vokalmusik*: 3 Passionen, Auferstehungs- und Weihnachtshistorie, Geistliche Konzerte, Motetten – *Weltliche Vokalmusik:* italienische Madrigale, eine Oper *Dafne* (nur der Text ist überliefert).
Von *Schütz* sind keine Instrumentalkompositionen erhalten.

Bedeutung. *Schütz* verbreitete die Neuerungen des sich in Italien vollzogenen Stilwandels in Deutschland, da er einen großen Schülerkreis besaß.

5.3.4 Antonio Vivaldi (1678–1741)

Leben. Antonio Vivaldi wurde 1678 als Sohn eines Geigers in Venedig geboren. Er wurde gleichzeitig zum Priester und zum Musiker ausgebildet. 1703 erfolgte die Priesterweihe. Wegen seines schlechten Gesundheitszustandes wurde er vom geistlichen Amt befreit, blieb aber weltlicher Priester bis an sein Lebensende. Wegen seiner roten Haare wurde er „il prete rosso" („der rote Priester") genannt.

Von 1703 bis 1740 war er mit zahlreichen Unterbrechungen Dirigent, Hauskomponist und Lehrer am *Ospedale della Pietà*, einer Anstalt zur Versorgung verwaister und mittelloser Mädchen in Venedig. Die Aufführungen am Ospedale waren weithin berühmt. Für diese schrieb *Vivaldi* seine Konzerte und Oratorien. Seine Opern wurden in den Opernhäusern von Venedig und anderwärts aufgeführt. Am Ende seines Lebens reiste er nach Wien, wo er 1741 in ärmlichen Verhältnissen starb.

Werke (Auswahl). *Weltliche Vokalmusik:* zahlreiche Opern (davon 21 erhalten) – *Geistliche Vokalmusik:* 3 Oratorien, 12 Motetten und viele andere liturgischen Werke – *Instrumentalmusik:* etwa 500 Konzerte, ca. 90 Sonaten.

Bedeutung. *Vivaldis* Konzerte waren Vorbild für Komponisten in ganz Europa.

5.3.5 Georg Philipp Telemann (1681–1767)

Leben. Georg Philipp Telemann wurde 1681 als Sohn eines Predigers in Hamburg geboren. Er erlernte Fertigkeiten im Instrumentalspiel und in der Komposition vorwiegend als Autodidakt. Nach anfänglichem Jurastudium war er tätig als Organist, Musikdirektor, Kapellmeister und Operndirektor in Leipzig, Sorau, Eisenach und Frankfurt/M. 1721 wurde er nach Hamburg als Musikdirektor der 5 Hauptkirchen berufen; er war daneben von 1722–1738 Leiter der Hamburger Oper.

Werke (Auswahl). *Weltliche Vokalmusik:* ca. 25 Opern; Lieder – *Geistliche Vokalmusik:* weit über 1000 geistliche Kantaten, Passionen, Oratorien, Messen, Psalmen, Motetten – *Instrumentalmusik:* etwa 125 erhaltene Orchestersuiten, ca. 100 Solokonzerte – *Kammermusik, Klavier-* und *Orgelmusik*. *Telemann* war einer der produktivsten Komponisten; er schuf Werke in fast allen Gattungen.

Bedeutung. *Telemann* wurde in Deutschland weithin als bedeutendster Komponist seiner Zeit angesehen. Er gilt als ein Wegbereiter des neuen Stils ab 1730.

5.3.6 Georg Friedrich Händel (1685–1759)

Leben. *1685–1706.* Georg Friedrich Händel wurde 1685 in Halle (Saale) als Sohn eines Barbiers und Hofchirurgen geboren. Er erhielt Unterricht in Komposition, Tasteninstrumenten, Violine und Oboe. 1702 begann er in Halle ein Jurastudium und wurde zugleich Organist der (reformierten) Dom- und Schlosskirche. 1703 wechselte *Händel* an die Hamburger Oper, zunächst als Geiger, dann als Cembalist, Kapellmeister und Komponist. Mit 19 Jahren schrieb er seine erste Oper.

Italien 1706–1710. Die Jahre 1706 bis 1710 verbrachte *Händel* in Italien, wo er mit den bedeutendsten Komponisten zusammentraf und verschiedene eigene Opern aufführen ließ, die ihm europäischen Ruhm einbrachten.

London 1710–1719. 1710 wurde *Händel* Hofkapellmeister beim Kurfürsten in Hannover, hielt sich aber zumeist in England auf, um seine Opern aufzuführen. Als der Kurfürst von Hannover 1714 König von England wurde (Georg I.), wurde Händel sein Hofkapellmeister (Cembalist und Komponist). Dieses Amt hatte er bis ans Lebensende inne.

London 1719–1741
In dieser Zeit schrieb *Händel* italienische Opern für Operngesellschaften, teilweise auf eigenes finanzielles Risiko. 1719 eröffnete er in königlichem Auftrag die *Royal Academy of Music*, eine Aktien-Gesellschaft zur Pflege der italienischen Oper in London. *Händel* war ihr künstlerischer Leiter und hauptsächlicher Komponist. Wegen der Konkurrenz der englischen Oper, unter anderem wegen des Erfolges von (→) *The Beggar's Opera*, musste die Gesellschaft 1728 Konkurs anmelden. Mehrere Versuche *Händels*, von ihm gegründete Gesellschaften zu wirtschaftlichem Erfolg zu verhelfen, scheiterten.

London 1741–1759
Aus diesem Grund wandte sich *Händel* erfolgreich ganz dem englischen Oratorium zu. 1751 begann er sein Augenlicht zu verlieren. Er starb 1759 unverheiratet in London und hinterließ ein sehr großes Vermögen. Als englischer Staatsbürger wurde er in der Westminster Abbey beigesetzt.

Werke (Auswahl). *Weltliche Vokalmusik:* ca. 40 zumeist italienische Opern – *Geistliche Vokalmusik:* 25 Oratorien, ca. 100 italienische Kantaten – *Orchestermusik:* 18 Concerti grossi, 20 Orgelkonzerte, ca. 10 weitere Konzerte – *Kammermusik:* ca. 20 Triosonaten, ca. 20 Sonaten für Soloinstrument und Generalbass – *Klavierwerke:* ca. 30 Klaviersuiten.

Bedeutung. *Händel* galt bereits in jungen Jahren als einer der größten Komponisten. Er beherrschte das englische Musikleben annähernd 50 Jahre. Seine Oratorien waren Vorbild für die nachfolgenden Generationen. Seine Opern wurden im 20. Jahrhundert wiederbelebt.

5.3.7 Johann Sebastian Bach (1685–1750)

Leben. Johann Sebastian Bach wurde 1685 in Eisenach geboren. Sein Vater sowie zahlreiche Ahnen und andere Verwandte waren Musiker. Der junge *Johann Sebastian* erlernte das Spiel von Streich-, Blas- und Tasteninstrumenten. Nach dem Tod der Eltern wurde der 10jährige von seinem älteren Bruder, einem Organisten, aufgenommen.

Arnstadt und Mühlhausen 1703–1708
1703 wurde *Bach* Organist in Arnstadt. Mit der Behörde kam er in Konflikt, weil er bei der Begleitung der Kirchenlieder „viele wunderliche variationes gemachet, viele frembde Thone mit eingemischet, dass die Gemeinde drüber confundiret worden".
1707 wurde *Bach* Organist in Mühlhausen. Im selben Jahr heiratete er seine Cousine Maria Barbara, mit der er 7 Kinder hatte.

Weimar 1708–1717
1708 trat *Bach* eine Stelle bei Hof in Weimar als Hoforganist und Kammermusiker (Violine, Cembalo) an, später als Konzertmeister.

Köthen 1717–1723
Weil er sich bei der Besetzung der Hofkapellmeisterstelle in Weimar übergangen fühlte, wechselte er 1717 als Hofkapellmeister nach Köthen. Hier besaß er gute Arbeitsmöglichkeiten. Es entstanden vor allem weltliche Kompositionen. Nach dem Tode seiner ersten Frau heiratete *Bach* die 16 Jahre jüngere *Anna Magdalena*, die 13 Kinder gebar.

Leipzig 1723–1750
1723 nahm *Bach* die Stelle des *Thomaskantors* (→ *Kantor*) verbunden mit dem *Director Musices* in Leipzig an, die er bis zu seinem Tode bekleidete. Das Amt galt als eines der höchsten in Deutschland. Das Wirken in einer Großstadt ermöglichte seinen Söhnen bessere schulische Möglichkeiten. Die Arbeitsbelastung war allerdings deutlich höher als in Köthen. *Bach* war als *Thomaskantor* für die Musikpflege an der Thomaskirche verantwortlich. Ihm oblagen außerdem schulische Aufgaben, wie Unterricht in Musik und Latein, sowie Aufsichtspflichten an der mit der Kirche verbundenen Thomasschule. Als *Director Musices* leitete er die Musikpflege in den Hauptkirchen der Stadt und weitere musikalische städtische Aktivitäten.
In den letzten drei Lebensjahren litt *Bach* an einem Augenleiden, das zur Erblindung führte. Einige von *Bachs* Söhnen wurden bedeutende Komponisten, darunter (→) *Carl Philipp Emanuel Bach* (1714–1788) und *Johann Christian Bach* (1735–1782).

Werke (Auswahl). *Geistliche Vokalmusik: ca.* 200 geistliche Kantaten, Johannes-Passion, Matthäus-Passion, Weihnachts-Oratorium, h-Moll-Messe, Motetten, Magnificat, Choräle, Lieder, Arien – *Weltliche Vokalmusik:* weltliche Kantaten – *Orchestermusik:* 4 Ouvertüren, die 6 Brandenburgischen Konzerte, 2 Violinkonzerte, Konzert für 2 Violinen, Konzerte für 1, 2, 3 und 4 Cembali – *Kammermusik:* Musikalisches Opfer, Die Kunst der Fuge, 6 Sonaten für Violine solo, 6 Sonaten für Violine und Cembalo, 6 Suiten für Violoncello solo, 6 Sonaten für Flöte und Cembalo – *Orgelwerke:* über 30 Präludien und Fugen, Choralvorspiele, Passacaglia in c-Moll, 6 Triosonaten – *Klavierwerke:* 30 Inventionen, 6 Französische Suiten, 6 Englische Suiten, 6 Partiten, Das Wohltemperierte Klavier Teil I und II, Italienisches Konzert, Goldberg-Variationen.
Etliche Werke sind verschollen, darunter ca. 100 Kantaten und eine Markus-Passion.

Die Anzahl der *Bach*schen Werke ist sehr groß. Sie zeichnen sich aus durch hohe Polyphonie, Differenziertheit in der Instrumentation, großen Beziehungsreichtum zwischen Musik und Inhalt, Reichhaltigkeit sowie Komplexität der Formen.

Bedeutung. *Bach* galt zu Lebzeiten im protestantischen Deutschland als einer der größten Orgelvirtuosen und als angesehener Komponist, insbesonders komplexer polyphoner Arbeiten. Es gab aber mindestens ein halbes Dutzend deutscher Komponisten, die in Europa bekannter waren als er.

Bach stand bis ca. 1720 im Einklang mit dem vorherrschenden Stil. Er vollzog anschließend in seinen Kompositionen den Stilwandel um 1730 nur sehr zögerlich nach, sodass er bald bei den Zeitgenossen als altmodisch galt.

Nach seinem Tod geriet *Bach* beim breiten Publikum nahezu in Vergessenheit. Zwischen 1752 und 1800 wurde kein vollständiges Werk von ihm gedruckt; allerdings waren Handschriften von seinen Klavierwerken, besonders des Wohltemperierten Klaviers, unter Musikern weit verbreitet und bewundert. Das 19. Jahrhundert entdeckte *Bach* neu (→ *Mendelssohn*). Im 20. Jahrhundert hat *Bach* eine Wiederbelebung erfahren, wie sie kaum einem anderen Komponisten widerfahren ist. Er gilt heute als einer der größten Komponisten aller Zeiten.

5.4 Weltliche Vokalmusik

5.4.1 Oper: Definition und Allgemeines

Definition. Die **Oper** (ital.: *opera;* aus lat.: *opus* – das Werk) ist eine szenische vokale Gattung weltlichen Charakters, in der die Musik eine vorherrschende Rolle spielt. Es wirken Solisten mit, zumeist ein Chor und in der Regel ein Orchester. Einige Opern besitzen gesprochene Dialoge ohne Musik, in den meisten erklingt jedoch durchgehend Musik.

Länderübersicht. Die *Oper* entstand um 1600 in Florenz und wurde rasch zu einer maßgeblichen vokalen Gattung. In den einzelnen europäischen Ländern entwickelten sich verschiedene Traditionen. Die italienische Oper war im 17. und 18. Jahrhundert führend in Europa.

Die Entwicklung der *italienischen Oper* beeinflusste bezüglich der Formen, der Strukturen (z. B. *Rezitativ*) und der allmählich immer virtuoser werdenden Gesangsweise entscheidend die meisten anderen vokalen Gattungen, wie z. B. das *Oratorium*, die *Kantate* und die *Messe*.

5.4.2 Die italienische Oper (ca. 1600 bis ca. 1720)

Vorläufer der Oper

Verbindungen zwischen Drama und Musik waren bereits vor Entstehung der Oper üblich. Die wichtigsten Genres sind folgende:

- **Madrigalkomödie,** eine Folge von (→) *Madrigalen*, in der eine Handlung dargestellt wird,
- **Intermedium,** im 15. Jahrhundert aufgekommene Unterhaltungsmusik zwischen den Akten bei Schauspielen, die instrumental, vokal oder szenisch sein konnte,
- Drama mit *Schauspielmusiken* (Musik zwischen den Akten und zu Gesprochenem).

Neu war bei der Oper, dass es sich um ein abendfüllendes Werk handelte, in dem durchgehend Musik erklang und nicht gesprochen wurde; neu war vor allem die (→) *Monodie*.

Frühe Oper (1598–1637)

Allgemeines. Die (→) *Florentiner Camerata* entwickelte die (→) *Monodie*. Die Übertragung der *Monodie* auf ein abendfüllendes Werk führte zur Entstehung der *Oper*. Die erste

Oper entstand 1598. Von ihr sind nur noch Bruchstücke erhalten. Die Opern in Italien zu Beginn des 17. Jahrhunderts waren im Wesentlichen höfische Unterhaltungen.

Die **Stoffe** entstammten der griechischen Mythologie und antiken Dichtungen.

Aufbau / musikalische Mittel. Die Einteilung einer Oper erfolgte wie beim Schauspiel in *Akte* und *Szenen*. Im Einzelnen bestand sie aus folgenden Abschnitten:
- instrumentale Einleitung, z. B. (→ Bd. I) *Toccata* genannt,
- *monodische* Teile mit Singstimme und Generalbass, sehr selten mit weiteren Instrumenten; selten wird zweistimmig gesungen,
- Chöre,
- *Ritornelle* (wiederkehrende, instrumentale Abschnitte) und Tänze.

Es gab größere strophische Formen, die manchmal *aria* genannt wurden; diese waren nach folgender Form aufgebaut:

Ritornell	A	Ritornell	A'	Ritornell	A''	usw.
instrumental	1. Strophe	instrumental	2. Strophe	instrumental	3. Strophe	

Instrumentation. Vom Komponisten festgelegt war zumeist nur der abstrakte Tonsatz, nicht aber die Instrumente des Generalbasses und der Instrumentalabschnitte (*Toccata*, *Ritornelle*, *Tänze*). Üblicherweise wurde die Instrumentation einer Oper an jedem Ort je nach Gegebenheiten und Geschmack neu bestimmt.

Werke. Die bekannteste frühe Oper ist *L'Orfeo* (*Orpheus*) (1607) von (→) *Monteverdi*. Die griechische Orpheussage ist ein beliebter Opernstoff. Auch (→) *Gluck* und (→) *Offenbach* haben ihn vertont.

Orpheus, der Sänger aus der griechischen Mythologie, verliert seine Gattin Eurydice. Die Götter erlauben ihm, in das Reich der Toten hinabzusteigen und Eurydice wieder zu holen; er darf sich dabei auf dem Rückweg jedoch nicht umwenden. Orpheus verstößt gegen dieses Gebot und verliert Eurydice erneut an die Unterwelt. Anders als in der antiken Sage gewinnt Orpheus bei *Monteverdi* seine Gattin durch göttlichen Eingriff ein zweites Mal.

Die Oper von 1637 bis ca. 1720

Allgemeines. Im Jahre 1637 wurde in Venedig das erste öffentliche Opernhaus eröffnet (→ 5.3.1). Nunmehr konnte jeder gegen Eintrittsgeld die Oper besuchen. Dadurch änderten sich das Publikum, somit auch die Stoffe und die musikalischen Mittel. Das Verhältnis von Musik und Text wurde allmählich umgekehrt. In der frühen Oper wurde die Musik als Beiwerk für die Dichtung aufgefasst. Die venezianischen Komponisten nach 1637 behandelten das Libretto eher als ein konventionelles Gerüst für die Musik, die die Hauptsache darstellte. Zunächst gingen die wichtigsten Entwicklungen in der Oper von Venedig aus. Im ausgehenden 17. Jahrhundert spielte Neapel eine entscheidende Rolle. Um 1720 trat die italienische Oper in eine neue Phase durch die Entstehung der (→) *Opera seria*.

Stoffe. Um dem neuen Publikumsgeschmack entgegenzukommen, änderten sich die Stoffe. Die Szenen wurden realistischer, die Handlungen abwechslungsreicher und leidenschaftlicher, komische Elemente wurden eingebaut. Aufgrund des geschäftlichen Erfolges stieg die Opernproduktion stark an; dies förderte die Tendenz zur Typisierung und Schematisierung von Text und Musik. Zu Beginn des 18. Jahrhunderts war die Oper gekennzeichnet durch unwahrscheinliche Charaktere und Situationen sowie durch eine Mischung aus ernsten und komischen Szenen.

Aufbau/musikalische Mittel. Um die Mitte des 17. Jahrhunderts ist eine deutliche Scheidung festzustellen zwischen (→) *Rezitativ* und **gebundener Musik,** bei welcher die Töne und der artikulierte Text rhythmisch und melodisch gebunden, d.h. genau festgelegt sind (→ Bd. I; 8.1).

Das *Rezitativ* des 17. Jahrhunderts wurde zum überwiegenden Teil nur vom Generalbass begleitet (**Recitativo secco** genannt). Es war von geringem musikalischen Interesse. Um 1700 wurde das **Recitativo accompagnato** (= vom Orchester begleitet) von Bedeutung.

Das *Rezitativ* trieb die Handlung voran; die *gebundene Musik* stellte einen Gefühlszustand (*einen* (→) *Affekt*) dar, bei gleichzeitigem Stillstand der Handlung. Rezitative und gebundene Musik wechselten sich dabei ab.

Durch die Trennung zwischen Rezitativ und gebundener Musik entstand die **Nummernoper**. Eine solche besteht aus einzelnen selbstständigen Rezitativen und gebundenen Musikstücken, wobei letztere mit Nummern versehen sind. Die Nummernoper blieb bis ins 19. Jahrhundert üblich. (Eine Oper, die nicht aus einzelnen Nummern besteht, nennt man *durchkomponiert.*)

Gebundene Musikstücke waren vornehmlich Arien, seltener **Ensembles** (Stücke für zwei oder mehr Sänger/innnen und Instrumente), Chöre usw. Die Arie erhielt im ausgehenden 17. Jahrhundert allmählich die (→ Bd. I) *Dacapo-Form*. Der Sologesang wurde zunehmend virtuoser, erreichte aber erst im 18. Jahrhundert seinen Höhepunkt.

Die Oper nach 1637 besaß aus Kostengründen im Gegensatz zur frühen Oper in der Regel keinen Chor und kein Ballett.

Um 1700 entwickelte sich die *neapolitanische Opernouvertüre* (→ Bd. I; 10.1.4).

Instrumentation. In der Frühzeit der venezianischen Oper war wie in der frühen Oper nur der abstrakte Tonsatz, nicht die Instrumentation, festgelegt. Allmählich forderten aber die Komponisten bestimmte Instrumente und differenzierten den Orchestersatz stärker.

Werke. Zur venezianischen Oper gehören zwei Spätwerke von *Claudio Monteverdi*: *Il ritorno d'Ulisse* (*Die Heimkehr des Odysseus*, 1641) und *L'incoronazione di Poppea (Die Krönung der Poppea*, 1642). Sie werden heute noch aufgeführt.

Andere Opern des 17. Jahrhunderts sind heute wenig bekannt. Zu den führenden venezianischen Opernkomponisten zählen *Francesco Cavalli* (1602–1676) und *Marc-Antonio Cesti* (1623–1669). Der Neapolitaner *Alessandro Scarlatti* (1660–1725) war der bedeutendste Opernkomponist in Italien um 1700.

5.4.3 Die französische Oper

Allgemeines. Die französische Oper entstand als **Tragédie lyrique** (tragische Oper) im letzten Drittel des 17. Jahrhunderts. Wie die italienische Oper verdankt auch sie ihre Entstehung einer Rückbesinnung auf das Theater der Antike. Einflussreich waren der französische Tragödienstil des 17. Jahrhunderts (*Racine* und *Corneille*) und das zeitgenössische Ballett.

Die **Stoffe** wurden der antiken Mythologie und der mittelalterlichen Heldengeschichte entnommen.

Bezüglich des **Aufbaus** und der **musikalischen Mittel** besaß die *Tragédie lyrique* folgende Merkmale:

- Ouvertüre (→ Bd. I: französische Ouvertüre),
- 5 Akte mit einem Vorspiel zu Ehren des Königs,
- eine wichtige Rolle spielte das *Rezitativ*, das komplexer war als das *Recitativo secco* in der damaligen italienischen Oper,
- kurze Arien ohne größere (→ Bd. I) *Melismen*,
- große Bedeutung besaßen Chöre und Balletteinlagen,
- selbstständige Instrumentalsätze.

Der **Hauptvertreter** der *Tragédie lyrique* war der in Italien geborene *Jean-Baptiste Lully* (1632–1677). Zu seinen bekanntesten Opern gehört *Alceste* (1674).

5.4.4 Die italienische Kantate

Eine **Kantate** ist eine in der Regel mehrsätzige Komposition für Solostimme(n), manchmal Chor und Instrumente bzw. Orchester, die nicht-szenisch aufgeführt wird.

Die **italienische Kantate** entstand aus der (→) *Monodie* nach 1600 in Italien. Ihre Satzstruktur ähnelte derjenigen der Oper, d. h. die Singstimme wurde nur vom Generalbass, selten von wenigen anderen Instrumenten begleitet. Die *italienische Kantate* löste die mehrstimmige weltliche Liedkunst ab.

Im 17. Jahrhundert verlief die Entwicklung der italienischen Kantate analog zu derjenigen der Oper. In der zweiten Hälfte des Jahrhunderts bestand sie in der Regel aus jeweils zwei oder drei Arien und Rezitativen. Üblich war auch die Einbeziehung von mehreren Instrumenten geworden. Eine Kantate, die etwa 10 bis 15 Minuten dauerte, ähnelte somit einem Opernausschnitt.

Die *italienische Kantate* war von ca. 1650 bis 1750 die führende vokale Kammermusikform in Italien. Bedeutendster Komponist um 1700 war (→) *Alessandro Scarlatti*, von dem rund 600 Kantaten überliefert sind.

Die Form der italienischen Kantate wurde von (→) *Neumeister* um 1700 auf die (→) *deutsche Kirchenkantate* übertragen.

5.4.5 Das deutsche Lied

Das deutsche polyphone Lied wurde durch den Einfluss der (→) *Monodie* zu Beginn des 17. Jahrhunderts vom *Generalbasslied* abgelöst. Unter einem **Generalbasslied** versteht man ein in der Regel einstimmiges Lied mit Begleitung des Generalbasses und zuweilen mit anderen Instrumenten. Die Form war zumeist strophisch; es gab jedoch auch arien- oder kantatenartige Lieder. Zuweilen gehörten instrumentale Ritornelle sowie Vor-, Zwischen- und Nachspiele zum Aufbau des Generalbassliedes. Verbreitet war die (→ Bd. I) *Kontrafaktur*, d. h. die Unterlegung neuer Texte auf ältere Liedmelodien. Gegen Ende des 17. Jahrhunderts drängte die Opernarie das Generalbasslied stark in den Hintergrund. Die Liedkomposition nahm gegen 1730/40 erneut einen Aufschwung.

Zu den bedeutendsten Komponisten dieser Gattung im 17. Jahrhundert zählt *Johann Hermann Schein* (1586–1630).

5.5 Geistliche Vokalmusik

5.5.1 Allgemeines

Die geistliche Vokalmusik wird im Folgenden aufgeteilt in die Sparten *Oratorium* sowie *katholische* und *evangelische Kirchenmusik*. Die wichtigsten Unterschiede zwischen Oratorium und Kirchenmusik bestehen darin, dass das Oratorium nicht liturgisch, jedoch abendfüllend ist und in der Regel eine Handlung besitzt, wohingegen die Kirchenmusik (→) liturgisch, selten abendfüllend und zumeist ohne eigentliche Handlung ist (→ 1.4). Oratorien wurden sowohl auf katholischem wie evangelischem Gebiet komponiert. Zu beachten ist, dass es auch weltliche Oratorien gibt, insbesondere im 19. Jahrhundert.

5.5.2 Oratorium (nicht liturgisch)

Unter einem **Oratorium** versteht man eine abendfüllende *konzertante* Vertonung eines in der Regel *geistlichen* Textes, der zumeist eine Handlung darstellt, für Solisten, Chor und Orchester. Die Themen sind oft der Bibel entnommen. Das Oratorium entstand etwa gleichzeitig mit der *Oper* um 1600 in Italien. Der Name rührt daher, dass ein *Oratorium* ursprünglich in einem Betsaal (ital.: *oratorio*; von lat.: *orare* – reden, bitten, beten) aufgeführt wurde.

Das italienische Oratorium

Das italienische Oratorium war im 17. und 18. Jahrhundert in Italien weit verbreitet. Im 18. Jahrhundert war es auch im katholischen Süden Deutschlands heimisch.

Seine Entwicklung verlief analog zur Oper. Wie diese bestand ein Oratorium in der zweiten Hälfte des 17. Jahrhunderts demnach auch aus einer *Ouvertüre*, aus *Arien*, *Rezitativen*, *Ensembles*, *Chören* usw. Ein Unterschied zur Oper bestand darin, dass ab der Mitte des 17. Jahrhunderts ein Erzähler (Tenor) einbezogen wurde, der in Rezitativen den Bibeltext bzw. die Handlung vortrug. Zu Beginn des 18. Jahrhunderts wurde unter dem Einfluss der Oper ein Erzähler seltener verwendet. Oratorien dienten zuweilen als Ersatz für Opern, die z. B. während der Fastenzeit nicht aufgeführt wurden.

Fast alle Komponisten der italienischen Oper des Barock schrieben auch italienische Oratorien; zu den bedeutendsten zählt *Alessandro Scarlatti*, der 15 Oratorien schuf.

Das englische Oratorium von Händel

In England entwickelte *Händel* seit den Jahren um 1740 den Typus des *englischen Oratoriums*, das einen Höhepunkt des barocken Oratoriums darstellt. Während sich *Händels Opere serie* in erster Linie an den Adel richteten, wandte er sich mit den Oratorien an eine bürgerliche Öffentlichkeit.

Merkmale des *englischen Oratoriums* von *Händel* sind:
- englische Sprache,
- Text vornehmlich an das Alte Testament angelehnt,
- Gliederung in 3 Teile,
- größerer Choranteil als im italienischen Oratorium.

Zu den bekanntesten Werken *Händels* zählen *The Messiah* (*Der Messias*; 1742), *Judas Maccabaeus* (1747) und *Jephta* (1752). *Händels* Oratorien hatten in England bis ins späte 19. Jahrhundert großen Erfolg.

The Messiah ist insofern untypisch für ein Oratorium, als das Werk keine Handlung aufweist. Dargestellt werden Betrachtungen über Geburt, Leiden und Auferstehung Jesu sowie über das ewige Leben. Der Text besteht ausschließlich aus Zitaten des Alten und Neuen Testaments.

Das Notenbeispiel 5.7 zeigt Eigenschaften, die für viele von *Händels* Chören typisch sind:
- Kontrast zwischen homophonen und polyphonen Partien innerhalb eines Satzes,
- plastische Wortausdeutungen (die Zerstreuung wird durch eine auseinanderführende Melodie ausgedeutet).

Mit dem Oratorium verwandt sind die evangelischen liturgischen (→) *Passionen* aus dem protestantischen Norddeutschland. (Zu *J. S. Bachs* Oratorien (→) Kantaten.)

Notenbeispiel 5.7:

G. F. Händel, Der Messias, Chor Nr. 23, T. 3–6, Gesangsstimmen

5.5.3 Katholische Kirchenmusik

Allgemeines

In der *katholischen Kirchenmusik* des 17. und frühen 18. Jahrhunderts war der (→) *Stile antico* besonders stark ausgeprägt. Allerdings waren Kompositionen der katholischen Kirchenmusik im (→) *Stile moderno* zahlreicher.

Ein charakteristisches Merkmal der katholischen Kirchenmusik war außerdem die (→) *Mehrchörigkeit*. Sie wurde aus der (→) *Venezianischen Schule* übernommen und im 17. Jahrhundert besonders in Rom weiter ausgebaut. Unter dem **Römischen Kolossalstil** versteht man einen in Rom gepflegten, auf extremer Mehrchörigkeit (bis zu 12 Chören) beruhenden Kompositionsstil des 17. Jahrhunderts. Bemerkenswert ist die 53-stimmige *Missa Salisburgiensis* (vermutlich von 1682), deren Komponist nicht genau bestimmbar ist. Die Mehrchörigkeit wurde als eine Spielart des (→) *konzertierenden Prinzips* gelegentlich verwendet (→ *J. S. Bachs Matthäus-Passion*).

Neben Messen wurden weiterhin Motetten komponiert, oft im *Stile antico* und wie die Motette des 16. Jahrhunderts in *Soggetto-Form*. Eine der bekanntesten Motetten im *Stile antico* ist das *Miserere* von *Gregorio Allegri* (1582–1652) (→ *Mozart*).

Die Messe

Die Messe im *Stile moderno* wurde wegen der Anwendung des konzertierenden Prinzips sowie der Einbeziehung von (→) *obligaten* Instrumenten und Gesangssolisten **konzertierende Messe** (*missa concertata*) genannt.

Gegen Ende des 17. Jahrhunderts vollzog die *konzertierende Messe* eine zur Oper und zur italienischen Kantate analoge Entwicklung. Es entstand die *Kantatenmesse*. Unter einer **Kantatenmesse** versteht man eine Messvertonung, bei welcher der Text der 5 Hauptteile (z. B. Gloria) in einzelne Abschnitte aufgespalten ist, die ähnlich wie in der Kantate als *Chöre*, *Arien* und *Ensembles* vertont wurden. Die Arien und Ensembles besaßen Orchesterritornelle. Dacapo-Strukturen und Rezitative waren sehr selten. Kantatenmessen konnten auch Abschnitte im *Stile antico* enthalten.

Eines der berühmtesten Beispiele einer **Kantatenmesse** ist die *h-Moll-Messe* von *J. S. Bach*. Der zweite Teil der Messe, das Gloria, ist in 9 Abschnitte eingeteilt:

Gloria in excelsis …	Et in terra pax …	Laudamus te …	Gratias …	Domine deus …	Qui tollis …	Qui sedes …	Quoniam …	Cum Sancto Spiritu …
Chor	Chor	Sopran-Arie	Chor	Duett (Sopran, Tenor)	Chor	Alt-Arie	Bass-Arie	Chor

Bach schrieb das *Kyrie* und das *Gloria* der Messe für den katholischen Hof in Dresden, unter dessen Herrschaft er in Leipzig stand. Er verband damit das Gesuch um die Verleihung eines höfischen Titels. 1736 wurde dieser Bitte entsprochen und er wurde zum „Hof-Compositeur" des sächsischen Kurfürsten und polnischen Königs *August III.* ernannt.

Um 1748 stellte *Bach* die gesamte Messe fertig, wobei er in umfangreichem Maße auf das Mittel der (→ Bd. I) *Parodie* zurückgriff, d. h. in diesem Fall umtextierte und/oder teilweise veränderte Abschnitte aus eigenen (→) *Kantaten* einbezog. Die *h-Moll-Messe* sprengt, ähnlich wie *Beethovens* (→) *Missa solemnis*, mit ihrem Umfang von ca. 2 Stunden den *heute* gängigen liturgischen Rahmen.

5.5.4 Evangelische Kirchenmusik

Während die katholische Kirchenmusik des Barocks deutlich vom alten Stil geprägt war, ist dies bei der evangelischen seltener der Fall.

Allgemeine Entwicklung bzgl. des Textes

Ursprünglich wurden in der evangelischen Kirchenmusik, ähnlich wie in der katholischen, vorwiegend liturgische Texte bzw. die sie ersetzenden Kirchenlieder gesungen. Im Verlaufe des 17. Jahrhunderts drangen immer mehr predigthafte, d. h. erklärende, auslegende Elemente in die gottesdienstlichen Gesänge. Auch diese Texte stehen also in enger Verbindung mit der Liturgie.

Geistliches Konzert (moderne konzertante Kirchenmusik)

Als wesentliche neue Kompositionsform entstand im 17. Jahrhundert das *geistliche Konzert*. Unter einem **geistlichen Konzert** versteht man eine Komposition des 17. Jahrhunderts für einen oder mehrere Solisten und Generalbass, gegebenenfalls Chor und weitere Instrumente, welche dem (→) *konzertierenden Prinzip* verpflichtet ist und deren Form nicht genau festgelegt ist, sich aber an die (→) *Soggetto-Form* anlehnt. Das *geistliche Konzert* ist hervorgegangen aus einer Mischung von *Motette* und *konzertierendem Prinzip*.

Bedeutende Komponisten von *geistlichen Konzerten* waren *Heinrich Schütz* (1585–1672) und *Johann Hermann Schein* (1586–1630).

Ältere deutsche Kirchenkantate

Um die Mitte des 17. Jahrhunderts entwickelte sich aus dem *geistlichen Konzert* die sog. *ältere deutsche Kirchenkantate*. Unter der **älteren deutschen Kirchenkantate** versteht man eine Komposition mit folgenden Merkmalen:

- Besetzung: ein oder mehrere Solisten, Generalbass und zumeist weitere Instrumente, gegebenenfalls Chor;
- mehrere (relativ) unabhängige Sätze;
- Einbeziehung einfacher, strophischer, liedhafter Gebilde („aria“ genannt);
- häufig vorkommende Form: konzertierendes Stück, Aria 1, Aria 2, Aria 3 usw.;
- rezitativische Elemente sind selten und nicht ausgeprägt.

Ihre Blütezeit hatte die *ältere deutsche Kirchenkantate* zwischen 1650 und dem Beginn des 18. Jahrhunderts. Danach galt sie als veraltet.

Ein bedeutender Komponist dieser Kantatenform ist *Dietrich Buxtehude* (um 1637–1707). *J. S. Bachs* frühe Kantaten sind in der Form der älteren deutschen Kirchenkantate komponiert.

Die deutsche Kantate Neumeisterscher Prägung (auch weltlich)

Der Typus

Der Theologe und Textdichter *Erdmann Neumeister* (1671–1756) schuf zu Beginn des 18. Jahrhunderts einen neuen Kantatentypus, indem er die Form der (→) *italienischen Solokantate* (Abwechslung von Arien und Rezitativen) auf die deutsche Kirchenkantate übertrug. Für die rezitativischen Texte erstellte er freie Prosadichtungen. Im Gegensatz zur italienischen Kantate war der letzte Satz ein Choraltext, der zumeist im (→) Kantionalsatz vertont wurde. (Zu den weiteren Merkmalen der Kantate Neumeisterscher Prägung → Bd. I; 11.2.3.)

Die neue Form der Kirchenkantate rief heftige Diskussionen in der evangelischen Kirche hervor. Begeistert waren die Musiker und die orthodoxen Geistlichen. Stark ablehnend stand der *Pietismus* der neuen Form gegenüber, eine im 17. Jahrhundert entstandene Bewegung in der evangelischen Kirche zur Erneuerung des frommen Lebens und einer ihm dienenden Reform der Kirche. Der seit dem Ende des 30jährigen Krieges (1648) schwelende Streit zwischen Orthodoxen und Pietisten bekam somit neue Nahrung.

Für die Pietisten sollte Musik der Intensivierung der Frömmigkeit dienen; dies konnte nach ihrer Auffassung nicht durch Kunst, Virtuosität und klangliche Pracht, sondern am besten durch das schlichte einstimmige Lied geschehen. Der Pietismus stand somit künstlerisch anspruchsvollen Kompositionen im Gottesdienst skeptisch oder ablehnend gegenüber. Die Pietisten lehnten auch die Oper ab, weil sie heidnische Stoffe in leidenschaftlicher Form und hoher Kunstfertigkeit darbot. Besonders provokativ musste daher die Einbeziehung opernhafter Formen und Elemente in die Kirchenkantate sein.

Die Neumeistersche Kantatenform setzte sich aber durch und wurde zu dem Typus der evangelischen Kirchenkantate des 18. Jahrhunderts schlechthin. Neben *Neumeister* widmeten sich zahlreiche Textdichter dieser Form.

Das Kantatenschaffen J. S. Bachs

Allgemeines. *Bach* hat über 300 Kantaten geschaffen; davon sind ca. 200 geistliche und etliche weltliche überliefert. Die meisten folgen dem Neumeisterschen Schema. *Bachs* Kantatenschaffen stellt den Höhepunkt barocker Kirchenmusik dar, vielleicht einen der Gipfelpunkte der abendländischen Musikgeschichte überhaupt. Vom Amtsantritt in Leipzig im Jahre 1723 bis 1725 schrieb *Bach* jede Woche eine Kantate.

Zur Erleichterung seiner Arbeit griff *Bach* zuweilen zum Mittel der (→ Bd. I) *Parodie*. Das heißt, für seine Kantaten verwendete er Material aus eigenen früheren Vokal- oder Instrumentalkompositionen. Dabei übertrug er nur weltliche Stücke in die geistliche Sphäre, keine geistlichen in die weltliche.

Bestimmung und Texte. Die meisten Kirchenkantaten sind einem Sonn- oder Feiertag zugeordnet; außerdem gab es Anlässe wie Kirch- und Orgelweihe, Trauung, Trauerfeier usw. Nur wenige Kirchenkantaten sind der Bestimmung nach „zu jeder Zeit“ aufführbar.

Die Lesung und das Evangelium jedes Sonn- und Feiertags waren und sind heute noch genau festgelegt. Die Kantate, die direkt nach dem Evangelium erklang, kommentierte zumeist dieses und kann somit als „zweite Predigt“ aufgefasst werden.

Die Beziehung zwischen dem Evangelium und dem Text der Kantate ist unterschiedlich eng. Manchmal wird im Eingangschor der Kantate das Evangelium wörtlich zitiert, manchmal ist die Verbindung weniger direkt. Für den Schlusschoral suchte der Textdichter eine inhaltlich passende Strophe eines Kirchenliedes aus. *Bach* verwendete manchmal die übliche Choralmelodie zu diesem Text; oft wählte er auch eine andere aus, um durch deren Assoziationsfeld eine weitere Bedeutungsschicht einzubringen.

Beispiel:
Kantate „Ihr werdet weinen und heulen“, BWV 103, für den Sonntag *Jubilate* (3. Sonntag nach Ostern)

Das Evangelium (Joh. 16, 16–23) gibt einen Ausschnitt aus den Abschiedsreden Jesu wieder, in dem er sagt: „Eure Traurigkeit soll in Freude verkehrt werden.“ Alle Sätze der Kantate nehmen deutlich Bezug auf das Evangelium des Sonntags *Jubilate*.

Satz	Herkunft des Textes	Inhalt:
1. Chor	Text aus dem Evangelium des Sonntags Jubilate	„Ihr werdet weinen und heulen, aber die Welt wird sich freuen. Ihr aber werdet traurig sein, doch eure Traurigkeit soll in Freude verkehret werden."
2. Rezitativ 3. Arie	von Textdichterin Mariane von Ziegler	Der Verlust Jesu wird beklagt, ohne den die Seele nicht genesen könne.
4. Rezitativ 5. Arie		Es wird zur Zuversicht aufgerufen und als Dank das Herz zum Opfer angeboten.
6. Choral (im Kantionalsatz)	9. Strophe des Kirchenliedes „Barmherzger Vater, höchster Gott" zur Melodie von „Was mein Gott will, das gscheh allzeit"	Jesus spricht seiner Gemeinde selbst Trost zu.

Zur Form der Kantaten. Einige Kantaten besitzen eine *instrumentale Einleitung*. Die meisten beginnen mit einem polyphonen Eingangschor. Einige sind zweiteilig.

Eine Sonderform ist die *Choralkantate*. Bei der **Choralkantate** spielen Text und Melodie eines Kirchenliedes (eines Chorals) eine wesentliche Rolle. Nach diesem ist die Kantate auch benannt. Im Einzelnen hat sie folgende Eigenschaften:

Satz	Gattung	Text	Melodie
1. Satz	Chor	1. Strophe identisch mit der 1. Strophe des Chorals	Die Choralmelodie erklingt unverän-. dert, zumeist in langen Notenwerten im Sopran, während die anderen Stimmen polyphon gesetzt sind (siehe Notenbeispiel 5.8)
zweiter bis vorletzter Satz	Rezitative und Arien	Umdichtung der zweiten bis vorletzten Strophe zu Arien und Rezitativen, gelegentliche Beibehaltung von Text des Chorals	unterschiedlich freie Einbeziehung der Choralmelodie
letzter Satz	Choral	letzte Strophe identisch mit der letzten des Chorals	homophone Setzweise der Choralmelodie (Kantionalsatz)

Der Text des Chorals steht in der Regel mit dem Evangelium in Zusammenhang. Zuweilen wird auch ein Choral verwendet, der typisch für das jeweilige Fest oder für die jeweilige Zeit ist. *J.S.Bach* hat beispielsweise zwei Choralkantaten mit dem Titel „Nun komm, der Heiden Heiland" für den 1. Advent komponiert. Dieser Choral war zur damaligen Zeit das Hauptlied der Adventszeit in der lutherischen Kirche.

Etwa ein Drittel der *Bach*schen Kantaten sind *Choralkantaten*.

Besondere Kantaten sind *Bachs* **Weihnachts-Oratorium**, **Oster-Oratorium** und **Himmelfahrts-Oratorium**. Liturgisch und bezüglich ihrer Form sind sie Kantaten und keine Oratorien in dem in diesem Buch definierten und heute gebräuchlichen Sinn. Das Weih-

Notenbeispiel 5.8:

Ausschnitt eines Chors einer Choralkantate, *J. S. Bach, „Wachet auf"*
BWV 140, 1. Satz, T. 17–22, Gesangsstimmen

nachtsoratorium besteht aus 6 Kantaten, die ab dem 1. Weihnachtstag an verschiedenen Sonn- und Feiertagen aufzuführen sind. Die drei Oratorien unterscheiden sich von den herkömmlichen Kantaten dadurch, dass sie eine geschlossene Handlung darstellen.

Zur Form der Sätze in *Bachs* Kantaten. Die *Eingangschöre* weisen eine große Formenvielfalt auf. Oft sind sie in der (→ Bd. I) *Ritornellform* komponiert. Es gibt aber auch Formen nach Art von *Präludium mit Fuge* sowie *Soggetto-Formen*.

Die *Arien*, seltener *Ensembles*, weisen fast durchgehend *Dacapo-* und *Ritornell-Formen* auf. Charakteristisch für den Stil der Arien der Bachzeit ist die weitgehende Gleichstellung von Instrument und Singstimme.

Passion

Unter einer **Passion** versteht man erstens die Leidensgeschichte Jesu Christi (von der Gefangennahme bis zur Kreuzigung). Zweitens meint **Passion** die Vertonung dieser Leidensgeschichte nach einem der vier Evangelisten. Die Passion wird sowohl in der katholischen wie auch in der evangelischen Kirche in der Karwoche gelesen oder gesungen.

Der Text ist aufgeteilt auf den Erzählerpart (Evangelist), Einzelpersonen (Jesus, Petrus usw.) und Einwürfe der Menge (*Turbae* genannt). Die wichtigsten Arten der Passionsvertonung sind *responsoriale* und *oratorische Passion*.

Responsoriale Passion

In der **responsorialen Passion** wird der Text des Evangelisten einstimmig, der übrige Text in der Regel mehrstimmig vertont. Sie war im 16. und 17. Jahrhundert verbreitet. Zu den bekanntesten responsorialen Passionen gehören diejenigen von *Schütz*. Er schrieb eine *Matthäus-*, *Lukas* und *Johannes-Passion*.

Oratorische Passion

Im Laufe des 17. Jahrhunderts entwickelte sich aus der *responsorialen* die *oratorische Passion*. Eine (→ Bd. I) **oratorische Passion** ähnelt im Aufbau einem Oratorium. Ihr Text besteht aus dem Bibeltext mit eingefügten, das Geschehen kommentierenden, nicht biblischen Textteilen. Sie war die übliche Form der Passionsvertonung im 18. Jahrhundert. Zu den bekanntesten zählen die beiden Passionen von *J. S. Bach* (*Johannes-Passion* und *Matthäus-Passion*).

Matthäus-Passion von J. S. Bach

Bachs Matthäus-Passion wurde 1729 oder früher in Leipzig uraufgeführt. Die biblischen Texte stammen aus dem Matthäus-Evangelium, die nicht biblischen von *Picander*. Die Passion ist doppelchörig, d.h. sie weist zwei räumlich getrennte Orchester und zwei gemischte Chöre auf; zusätzlich wirkt in einigen Abschnitten ein einstimmiger Knabenchor mit (→ *Mehrchörigkeit*). Beispiel für den Aufbau einer oratorischen Passion: *J. S. Bach*: *Matthäus-Passion* Nr. 36^{c} bis 39.

Text	**Gattung**
Evangelist: Da speieten sie aus in sein Angesicht und schlugen ihn mit Fäusten. Etliche aber schlugen ihn ins Angesicht und sprachen:	Rezitativ
Chor (Volk): Weissage uns, Christe, wer ist's, der dich schlug?	Chor
Chor: *Wer hat dich so geschlagen / mein Heil, und dich mit Plagen / so übel zugericht'?* *Du bist ja nicht ein Sünder / wie wir und unsre Kinder; / von Missetaten weißt du nicht.*	Choral
Evangelist: Petrus aber saß draußen im Palast, und es trat zu ihm eine Magd und sprach: Magd: „Und du warest mit dem Jesus aus Galiläa". ... (Petrus leugnete im Folgenden dreimal, Jesus zu kennen.) ... Evangelist: Da dachte Petrus an die Worte Jesu, da er zu ihm sagte: Ehe der Hahn krähen wird, wirst du mich dreimal verleugnen. Und ging hinaus und weinte bitterlich.	Rezitativ
Alt: *Erbarme dich, mein Gott, um meiner Zähren* <Tränen> *willen! Schaue hier, Herz und Auge weint vor dir bitterlich.*	Arie

Der biblische Text (im Beispiel normal gedruckt) wird rezitativisch vom Evangelisten und von anderen Solisten vorgetragen sowie in (→ Bd. I) *gebundener Form* vom Chor. Der Bibeltext ist oft unterbrochen durch nicht biblische Texte (im Beispiel kursiv gedruckt), und zwar als Choral (Kirchenlied) im (→) *Kantionalsatz*, als Arie oder Arioso. Diese Texte sollen den Bibeltext kommentieren und den Zuhörer in das Geschehen mit einbeziehen.

Zuweilen geschieht das – wie in beiden Fällen des Beispiels – sehr plastisch, indem Begriffe des Bibeltextes unmittelbar aufgenommen werden („geschlagen" und „weinen").

Motette

In der Motette wurde das für sie im 16. Jahrhundert grundlegende Gestaltungsprinzip, nämlich die Soggetto-Form, nach 1600 beibehalten. Sie spaltete sich im Wesentlichen in zwei stilistische Richtungen auf. Werke der einen Richtung nahmen die kompositorischen Neuerungen wie (→) *konzertierendes Prinzip* und (→) *Monodie* auf und entwickelten sich zu (→) *geistlichen Konzerten*. Werke der anderen Richtung behielten die traditionellen Merkmale der Motette bei (starke Polyphonie, Fehlen von obligaten Instrumenten) und standen dem *Stile antico* nahe. Motetten dieses zweiten Strangs wurden allmählich seltener komponiert. Berühmte Beispiele hierfür sind die Werke der *Geistlichen Chormusik* von *Schütz* und *J. S. Bachs* Motetten.
Anmerkung: Heute werden solche Motetten entweder ohne Generalbass, mit Generalbass oder mit Instrumenten (→) *colla parte* aufgeführt.

5.6 Instrumentalmusik

5.6.1 Allgemeines

Um 1600 sind folgende wesentliche Neuerungen in der Instrumentalmusik zu verzeichnen:

- Sie gewann erheblich an Bedeutung;
- sie wurde (→) *idiomatisch*;
- ihre Formen begannen, sich von den vokalen Formen zu lösen.

Wegen dieser Merkmale wird auch der eigentliche Beginn der selbstständigen Instrumentalmusik um 1600 angesetzt. Die Stränge der Instrumentalmusik des 16. Jahrhunderts können im Prinzip weiterverfolgt werden, wenn auch vielfache Verschränkungen auftreten.

Hauptgattung wurde die **Sonate**, ein fast immer mehrsätziges Stück für zumeist mehrere Instrumente, wobei es unterschiedliche Besetzungen gab (→ 5.1.6). Barocke Sonaten besitzen seit der zweiten Hälfte des 17. Jahrhunderts entweder die Form der (→) *Kirchensonate* oder der (→) *Kammersonate*.

5.6.2 Abkömmlinge der Vokalformen (Fuge, Kirchensonate, Konzert, Opernsinfonia)

Die Fuge (vornehmlich für Tasteninstrumente)

Vom (→) Ricercar zur Fuge. Aus dem *Ricercar* entwickelte sich die (→ Bd. I) *Fuge*, und zwar in erster Linie in der Musik für Tasteninstrumente.

Zu Beginn des 17. Jahrhunderts entstand das *Variationsricercar*. Ein **Variationsricercar** ist ein Stück, das wie das ältere (→) *Ricercar* der *Soggetto-Form* verpflichtet ist, wobei jedoch in jedem neuen Abschnitt kein neues *Soggetto* erklingt, sondern eine Variation des ursprünglichen, auch unter Veränderung der Taktart. Passagen ohne *Soggetto* kamen auch vor. Das *Variationsricercar* wurde zur bestimmenden *Fugenvorform* des 17. Jahrhunderts.

Aus dem *Variationsricercar* entstand die Fuge, indem

- statt der Variationen des *Soggettos* dieses selbst in verschiedenen Tonarten geführt wurde,
- die *Soggetti* allmählich (→ Bd. I) instrumental angelegt wurden,
- die *Soggetti* länger wurden, wodurch man sie auch als Themen bezeichnen konnte,
- indem sich *Durchführungen* (Abschnitte mit Themen) und *Zwischenspiele* (Abschnitte ohne Themen) deutlicher voneinander abhoben.

Durch allmähliches Verlassen der mitteltönigen Stimmung auf Tasteninstrumenten konnte auch in entlegenere Tonarten moduliert werden. Die Fuge war am Ende des Barocks eine der vorherrschenden instrumentalen Formen.

Klavier- und Orgel-Fugen *J. S. Bachs*. Eine der berühmtesten Sammlungen von Fugen ist das **Wohltemperierte Klavier**. Teil I entstand im Jahre 1722, Teil II 1740. Jeder Band besteht aus je einem (→) *Präludium* und einer Fuge in jeder Dur- und Moll-Tonart, enthält also 24 Präludien und 24 Fugen. Etliche der Einzelkompositionen sind bereits längere Zeit vor der Veröffentlichung des Gesamtwerkes entstanden. Solche Stücke transponierte Bach zuweilen auch in die entsprechende Tonart. Die Werke des *Wohltemperierten Klaviers* sind gekennzeichnet durch ihre stilistische und formale Reichhaltigkeit sowie durch die hohe Beherrschung der polyphonen Satztechnik.

Das Werk ist übrigens nicht für die (→ Bd. I; 3.1) *gleichstufig temperierte Stimmung* geschrieben, sondern für eine dieser Stimmung ähnliche, in der alle Tonarten spielbar sind.

Das *Wohltemperierte Klavier* wurde im ganzen 18. Jahrhundert nicht gedruckt. Es war aber bei Musikern in Handschriften weit verbreitet. Heute ist es eines der wichtigsten Studienobjekte für polyphone Satztechnik und eines der meistgespielten Werke der Klavierliteratur.

Zur Standardliteratur für die Orgel zählen Bachs über 30 **Orgelfugen.** Fast jeder ist ein *Präludium* oder eine (→) *Toccata* vorangestellt. Bach weitete die Orgelfuge gegenüber seinen Vorgängern zu enormen Längen aus; oft dauert eine Fuge über 5 Minuten.

Die Kirchensonate (für alle Arten von Besetzung)

Von der (→) Canzone zur Kirchensonate. Die Canzone stellte sich zu Beginn des 17. Jahrhunderts als Stück mit etlichen heterogenen Abschnitten dar: Polyphone Teile wechselten sich ab mit homophonen, gerader Takt mit ungeradem, *Soggetti* mit Tanzrhythmen. Im Lauf des 17. Jahrhunderts reduzierte sich die Anzahl der Abschnitte, die allmählich größere Ausmaße annahmen und zu Sätzen wurden. Für die einzelnen Sätze prägten sich Charakteristika aus. Es entstand die (→ Bd. I) *Kirchensonate*.

Die Bezeichnung *Kirchensonate* für Werke dieser Gattung rührt daher, dass sie oft in der Kirche aufgeführt wurden. Im selben Maße, wie die italienische Orgelkunst in den Hintergrund rückte, übernahmen Orchester bzw. Kammerensemble die Funktionen der Orgel; die Orgel wurde zum Träger des (→) *Generalbasses*. Kirchensonaten gehören nicht zur (→) *Kirchenmusik*, da sie nicht (→) *liturgisch* sind.

Arcangelo Corelli. Einer der bedeutendsten Komponisten für Kammer- und Orchestermusik des Barocks war *Arcangelo Corelli* (1653–1713). Er konzentrierte sein Schaffen auf relativ wenige Werke der Instrumentalmusik. In seinen (→) *Triosonaten* und (→) *Solosonaten* verwendete er die Form der Kirchensonate (wie auch die der Kammersonate). Seine Werke waren für Jahrzehnte Vorbild in ganz Europa.

J. S. Bach schrieb in der Kirchensonatenform unter anderen 6 Sonaten für Violine und Cembalo (BWV 1014–1019), 3 für Gambe und Cembalo (BWV 1027–1029), drei für Querflöte und Cembalo (BWV 1030–1032) und drei Sonaten für Violine Solo (vgl. 5.1.6).

Das Instrumentalkonzert (für Orchester)

Entstehung und Allgemeines. Voraussetzung für die Entstehung des (→ Bd. I) **Instrumentalkonzerts** war eine bestimmte Aufführungspraxis. (→) *Triosonaten* und (→) Solosonaten konnten nicht nur solistisch, sondern auch (→ Bd. I) *chorisch* aufgeführt werden, d.h. die Stimmen wurden mehrfach besetzt. Zum Zwecke der klanglichen Differenzierung wurden manche Abschnitte auch im Falle chorischer Aufführung solistisch besetzt (→ *konzertierendes Prinzip*). Der Tonsatz selbst wurde dadurch überhaupt nicht berührt, auch nicht durch die Verzierungen, mit denen die als Solisten mitwirkenden Musiker ihre Partien schmückten.

In den letzten zwei Jahrzehnten des 17. Jahrhunderts gingen die Komponisten dazu über, die Differenzierung der (leichter auszuführenden) Tutti-Partien und der (virtuoseren) Solo-Episoden selbst vorzunehmen. Somit war das Instrumentalkonzert geboren. Die frühesten Konzerte waren (→ Bd. I) *Concerti grossi*, also Konzerte für mehrere Solisten und Streichorchester.

Das Konzert entwickelte sich zur führenden Gattung der barocken Orchestermusik. Auch nach dem Barock war es von überragender Bedeutung. Neben dem Abwechslungsreichtum im Tonsatz verdankte es seine Beliebtheit der Virtuosität, die die Solisten zeigen konnten, und der großen Resonanz von Virtuosen beim Publikum.

Für die frühen Konzerte standen noch keine eigenen Formen zur Verfügung. Demnach waren Konzerte in den gängigen Formen der Ensemblemusik komponiert, vornehmlich in derjenigen von *Kirchensonate* und (→) *Kammersonate*.

Konzerte erklangen bald in der Kirche zum Ein- und Auszug und zur *Kommunion* (Austeilung der Hostien). Sie ersetzten die älteren Kirchensonaten.

Arcangelo Corelli. Prägende Bedeutung für das Konzert hatte *Arcangelo Corelli*. Er schrieb ab 1682 Konzerte. Seine 12 *Concerti grossi* Op. 6 (gedruckt 1714) galten zu dieser Zeit als Standardwerke. Die ersten 8 sind in der Form der *Kirchensonate*, die letzten 4 in der

Form der (→) *Kammersonate* komponiert. Die Solopassagen zeigen noch keine sehr ausgeprägten Schwierigkeiten. Alle Konzerte besitzen als Solisten zwei Violinen und ein Violoncello.

Antonio Vivaldi. Um 1700 entstand aus der Form der Kirchensonate die dreisätzige (→ Bd. I; 10.1.3) *Form des Konzerts*, indem der erste (langsame) Satz weggelassen wurde.

Für die Form der Ecksätze entwickelte sich die (→ Bd. I) *Ritornellform des barocken Konzertsatzes*. Das Prinzip des *Ritornells* ist dem der Arie ähnlich.

Antonio Vivaldi verwendete die dreisätzige Form sowie die Ritornellform in seinen Konzerten und verbreitete sie in ganz Europa. Er schrieb insgesamt weit über 400 Konzerte. Etwa zwei Drittel sind Solokonzerte, die meisten für Violine, aber auch für viele andere Instrumente. Außerdem schrieb er Konzerte für zwei und mehr Soloinstrumente sowie (→ Bd. I) *Gruppenkonzerte*.

Notenbeispiel 5.9:

A. Vivaldi, Die vier Jahreszeiten, Der Herbst, 3. Satz, Beginn

Notenbeispiel 5.10:

A. Vivaldi, Die vier Jahreszeiten, Der Herbst, 3. Satz, T. 125-128

Zu den berühmtesten Werken gehören *Die vier Jahreszeiten* aus Op. 8. Jede Jahreszeit wird durch ein dreisätziges Konzert für eine Violine und Streichorchester mit Basso Continuo charakterisiert. Allen Konzerten ist ein Gedicht vorangestellt, dessen Zeilen genau einzelnen Abschnitten oder ganzen Sätzen zugeordnet sind. *Die vier Jahreszeiten* gehören also zur (→) *Programm-Musik*. Die Ecksätze des *Frühling-* und *Herbst-Konzertes* weisen relativ einfache Ritornellstruktur auf, während die Ecksätze des *Sommer-* und *Winter-Konzerts* komplexe Ritornellformen besitzen.

Im dritten Satz des *Herbst-Konzertes* repräsentiert das Ritornell mit seinen Quintsprüngen die ausziehenden Jäger (Notenbeispiel 5.9). In einer Episode wird das fliehende Wild durch die Solovioline und im Tutti Hundegebell dargestellt (Notenbeispiel 5.10). Ein unerwarteter Molleinschlag symbolisiert das gestürzte Wild kurz vor dem Tod.

Johann Sebastian Bach bearbeitete 16 Konzerte mit Ritornellform, zumeist von *Vivaldi*, für Cembalo oder Orgel. Er nahm die dreisätzige Form und die Ritornellform in den Ecksätzen fast aller seiner Konzerte auf und entwickelte sie weiter. *Bachs* Konzerte weisen den für ihn typischen hohen Grad an Polyphonie auf; Ritornellmaterial wird zumeist in den Solo-Passagen verarbeitet; die Form ist komplex, unter anderem durch Einbeziehung kurzer Zwischentuttis in die Episoden.

Bach schrieb 2 Violinkonzerte und ein Konzert für zwei Violinen (Doppelkonzert). Außerdem war er einer der ersten Komponisten von Cembalokonzerten (7 für 1 Cembalo, 6 für 2 oder mehr Cembali).

Bachs 6 *Brandenburgische Konzerte* (1721) wurden vom Markgrafen *Christian Ludwig von Brandenburg* bestellt. Ihrer Form nach sind sie *Concerti grossi* (2., 4. und 5.) und (→ Bd. I) *Gruppenkonzerte* (1., 3. und 6.). Die Kombination der Soloinstrumente ist jeweils unterschiedlich.

Zu den bekanntesten Konzerten zählt das dritte *Brandenburgische Konzert* in G-Dur. Als *Gruppenkonzert* besitzt es keine Soloinstrumente. Dafür sind die Violinen, Violen und Violoncelli jeweils dreifach geteilt und treten solistisch hervor. Die einzelnen Stimmen sind etwa gleichberechtigt (siehe Notenbeispiel 5.6).

Georg Friedrich Händel schrieb 6 *Concerti grossi* Op. 3 und 12 *Concerti grossi* Op. 6. Diese enthalten viele Elemente des Corellischen Konzerttyps und sind zumeist vier- oder fünfsätzig.

Händel spielte ab 1735 bei Aufführungen seiner Oratorien zwischen den Akten Orgelkonzerte. Daraus entstanden die 6 Konzerte Op. 4 und 6 Konzerte Op. 7 für Orgel und Orchester. Die Sätze sind fugiert, stehen in Ritornellform oder einer anderen Form.

Die italienische Opernsinfonia (für Orchester)

In den *Ouvertüren* der neapolitanischen Oper entwickelte sich um 1700 die Form der (→ Bd. I; 10.1.4) *neapolitanischen Opernouvertüre* (*Opernsinfonia* oder *-sinfonie*). Sie entstand aus der Kirchensonate, indem der erste (langsame) Satz weggelassen wurde. Die einzelnen Abschnitte erscheinen teilweise innerhalb eines Satzes aneinander gefügt, teilweise als drei eigenständige Sätze. Bald wurden Opernsinfonien auch losgelöst von Opern aufgeführt (→ 6.6.2).

Mit der herrschenden italienischen Oper verbreitete sich auch die Opernsinfonie in ganz Europa. Sie war mit ihrer einfachen, regelmäßigen Melodik und ihrer Homophonie Wegbereiterin des Stilwandels in der ersten Hälfte des 18. Jahrhunderts.
Anmerkungen: Als formal verwandt mit der *Kirchensonate* kann auch die (→ Bd. I) *französische Ouvertüre* aufgefasst werden.

Die bisher genannten Abkömmlinge der Vokalformen besitzen keinen (→) *Cantus firmus*. Man kann seit dem Beginn der selbstständigen Instrumentalmusik im 15./16. Jahrhundert noch einen Strang von Abkömmlingen von Vokalformen mit *Cantus firmus* verfolgen (meist für Tasteninstrumente). Diese sind vor allem evangelische (→ Bd. I) *Choralvorspiele*.

5.6.3 Tanzformen und Themen mit Variationen (für alle Arten von Besetzung)

Die Entstehung der Suite (Kammersonate)

Das aus Tanz und Nachtanz bestehende Paar des 16. Jahrhunderts wurde im 17. Jahrhundert zuweilen dadurch erweitert, dass beiden Tänzen eine Reihe von Variationen angefügt wurde.

In einem anderen Entwicklungsstrang traten weitere Tänze, (→ Bd. I) *stilisierte* Tanzstücke und tanzfreie Sätze hinzu. Kompositionen dieser Art werden im Bereich der Klaviermusik und für Orchester (→ Bd. I) *Suite*, in der Kammermusik *Kammersonate* genannt.

Die Technik der thematischen Variation wurde gelegentlich auf alle Tänze übertragen (*Variationssuite*), beispielsweise in *Johann Hermann Scheins Banchetto musicale* (1617).

Um die Mitte des 17. Jahrhunderts besaßen die meisten Suiten (Kammersonaten) folgende Tänze oder stilisierte Tanzstücke:
- *Allemande*,
- *Courante*,
- *Sarabande* und
- *Gigue*.

Das Prinzip der thematischen Verwandtschaft zwischen den einzelnen Sätzen wurde allmählich aufgegeben.

Bereits bei *Corelli*, deutlicher noch zur Zeit *Bachs*, trat eine Vermischung zwischen Kirchensonate und Kammersonate ein: Die Kirchensonate erhielt zuweilen ein tanzartiges Finale und deren langsame Sätze wurden manchmal durch entsprechende Suitensatztypen (z. B. Sarabande) ersetzt.

J. S. Bach schrieb 6 englische Suiten, 6 französische Suiten und 6 Partiten (= Suiten) für Cembalo, 6 Suiten für Violoncello Solo und 3 Partiten für Violine Solo (vgl. 5.1.6).

Berühmt sind seine 4 Orchester-Suiten, auch Orchester-Ouvertüren genannt, weil sie jeweils mit einer umfangreichen (→) *französischen Ouvertüre* beginnen. Die zweite Suite in h-Moll ist für Soloflöte und Streichorchester geschrieben. *Bachs* berühmte *Air* stammt aus der dritten Suite.

Händel schrieb eine Reihe von Suiten für das Cembalo.

Seine *Wassermusik* für Orchester besteht aus 3 Suiten, die für Themse-Bootsfeste des englischen Königs komponiert wurden. Die *Feuerwerksmusik* für großes Orchester, *Händels* letzte Instrumentalkomposition, entstand 1749 als Begleitmusik zum Feuerwerk für eine Friedensfeier. Einer langen prächtigen konzertanten Ouvertüre folgen verschiedene Tanzsätze in kleinerer Besetzung.

Thema mit Variationen

Die Form (→ Bd. I) *Thema mit Variationen* wurde auch außerhalb der Suite gepflegt. Berühmt sind beispielsweise *Bachs* Goldberg-Variationen für Cembalo, BWV 988.

5.6.4 Improvisatorische Stücke (für Tasteninstrumente)

Im Laufe des 17. und 18. Jahrhunderts wurden die (→) *improvisatorischen Formen* in Abhängigkeit von den spieltechnischen Möglichkeiten der Instrumente immer virtuoser. Am Ende der Entwicklung stehen *Bachs Präludien* bzw. *Toccaten* für Orgel. Sie gingen über die Kompositionen ihrer Vorgänger hinsichtlich der Länge, des starken Kontrastreichtums und der kühnen Modulationen hinaus. Die Form von Präludien kann frei sein, sie kann sich auch an bekannte Formen anlehnen (→ Bd. I).

Improvisatorische Formen wurden auch in der Folgezeit komponiert, sie nahmen aber in ihrer Bedeutung ab und werden im Folgenden nicht weiter behandelt.

6 Das 18. Jahrhundert (ca. 1730 bis ca. 1814)

6.1 Musikalische Neuerungen

6.1.1 Musikhistorische Abgrenzung, Intensität des Stilwandels und Stileinheitlichkeit

Um 1730 entwickelte sich in Italien ein neuer, einfacher Kompositionsstil, der eine tiefgreifende Stilveränderung einleitete. Im Gegensatz zum Stilwandel um 1600 vollzog sich derjenige um 1730 ganz allmählich. Er begann in Italien in der *Opera buffa* sowie in der *Opernsinfonie* und griff rasch nach Wien und Süddeutschland über. Im Norden Deutschlands blieb man noch stärker dem alten, barocken Stil verhaftet. Erst in der zweiten Hälfte des 18. Jahrhunderts hatte sich der Stilwandel in ganz Europa vollends vollzogen.

Ab ca. 1730 herrschte also eine Übergangszeit, in welcher in sehr unterschiedlichen Stilen komponiert wurde. Der barocke Stil wurde beispielsweise von *J. S. Bach* bis zu seinem Tod 1750 verwendet. Der neue Stil kann mit folgenden Merkmalen umrissen werden:

- Homophonie,
- liedhafte Melodik mit *regelmäßigen Taktgruppen* (Gliederung in Vierer-, seltener Zweiertaktgruppen),
- einfache Begleitung,
- einfache Harmonik.

In der zweiten Hälfte des 18. Jahrhunderts wurde die Musik wieder komplexer, insbesondere durch die Intensivierung von motivisch-thematischen Beziehungen und durch Aufnahme polyphoner Elemente.

In Wien entstand 1781 mit *Haydns* Streichquartetten Op. 33 ein Stil, der heute mit *Wiener klassischem Stil* bezeichnet wird. Der **Wiener klassische Stil** ist einerseits geprägt durch liedhafte Melodik und Orientierung an regelmäßigen Taktgruppen sowie andererseits durch enge motivische Beziehungen, polyphone Elemente und differenzierte Instrumentation. Er wurde in Wien zwischen 1781 und ca. 1814 von *Haydn*, *Mozart* und *Beethoven* verwendet (→ 6.2 Klassik).

6.1.2 Neue Gattungen/Gewichtung/neue Großform-Prinzipien

Neue Gattungen

Wesentliche neue Gattungen waren die Sinfonie und das Streichquartett.

Gewichtung

Auf dem Gebiet der Vokalmusik war die Oper weiterhin die maßgebliche Gattung; sie beeinflusste wie im vorigen Jahrhundert stark die übrigen vokalen Gattungen, auch die Kirchenmusik.

Neue Großformprinzipien

- Im 18. Jahrhundert wurde in der Instrumentalmusik die Sonatenhauptsatzform zum zentralen Prinzip eines Satzes. Sie entwickelte sich aus der Suitensatzform.
- Die Ritornellform des Barocks verschwand allmählich.
- Polyphone Formen, wie die Fuge, traten in den Hintergrund.

6.1.3 Notation und Verzierungspraxis

Das Ende des Generalbasses. In der zweiten Hälfte des 18. Jahrhunderts schrieben die Komponisten die Begleitung immer häufiger selbst aus oder lehnten Mittelstimmen zugunsten eines zweistimmigen Satzes ab. Daher verlor der Generalbass allmählich seine Bedeutung für die Praxis. In der Kirchenmusik wurde er allerdings noch bis weit ins 19. Jahrhundert gepflegt.

Die **nicht notierten** und **notierten Verzierungen** der Sänger und Instrumentalisten blieben bis ins ausgehende 18. Jahrhundert bedeutsam.

6.1.4 Musikalische Merkmale

Detailform-Prinzip: Regelmäßige Taktgruppengliederung

Während die Musik des ausgehenden Barockzeitalters seltener *regelmäßige Taktgruppengliederungen* aufwies, wurden solche im neuen Stil sehr häufig. (→ Bd. I) *Perioden*, die üblicherweise aus regelmäßigen Taktgruppen bestehen und bisher eher in Tanz- und Variationssätzen vorkamen, wurden nun in vielen Gattungen verwendet.

Notenbeispiel 6.1 und 6.2 weisen zu Beginn deutlich Viertaktgruppengliederung auf; in Notenbeispiel 6.3 ist eine Gliederung in Zweitaktgruppen vorhanden, aber nicht deutlich ausgeprägt. Notenbeispiel 6.1 ist periodisch.

Detailform-Prinzip: Verschwinden des Einheitsablaufs; Entstehung der Diskontinuität

Der *Einheitsablauf* verschwand. Stattdessen entstand **Diskontinuität**, d. h. Kontrastreichtum auf engem Raum. Im Notenbeispiel 6.1 kontrastiert die Passage ab T. 9 leicht zum Beginn: Es ändern sich das Tongeschlecht und die Textur, da ein (→ Bd. I) *Fugato* vorliegt. Ein deutlicher Kontrast ist im Notenbeispiel 6.3 ab T. 43 zu finden und zwar bezüglich der Melodik, der Instrumentation und der Lautstärke.

Notenbeispiel 6.1:

G. B. Sammartini: Sinfonie Nr. 3 in D-Dur, 1. Satz, T. 1–11 (vor 1742)

Melodik

Die Melodik war nicht mehr (→ Bd. I) *instrumental* angelegt, sondern wurde sanglicher, d. h. einfacher und natürlicher; (→ Bd. I) Dreiklangsmelodik war häufig. Diese ist deutlich in den Notenbeispielen 6.1 und 6.2 zu erkennen.

Rhythmik

Durch das Verschwinden des (→) *Einheitsablaufs* gab es keine durchgehend verklanglichten Zählzeiten mehr. Dies ist aus den Notenbeispielen wegen deren Kürze nicht ersichtlich.

Harmonik

Die Harmonik wurde zunächst sehr einfach; sie beschränkte sich auf Hauptfunktionen und einfache Tonarten. Ein charakteristisches Merkmal war die deutliche Verlangsamung des harmonischen Rhythmus. In Notenbeispiel 6.1 wechseln die Akkorde in 8 Takten nur dreimal; in Notenbeispiel 6.2 wechselt die Harmonik alle 2 Takte. Die Harmonik wurde im Verlauf des 18. Jahrhunderts wieder differenzierter, wie aus Notenbeispiel 6.3 ersichtlich ist.

Textur und Instrumentation

Sehr deutlich ist der neue Stil an der **Textur** zu erkennen. Während die Musik des ausgehenden Barocks polyphone Elemente aufwies, war der neue Stil zunächst homophon. Sehr einfache Begleitung herrschte vor; charakteristische Begleitmuster waren bei Streichern **Trommelbässe** (Repetitionen von Tönen) und bei Klaviermusik **Alberti-Bässe** (gebrochene Dreiklänge mit der Folge *unten oben Mitte oben*; nach einem Komponisten benannt) (→ Notenbeispiel 6.4).

Notenbeispiel 6.2:

J. Haydn: Sinfonie Nr. 45 in fis-Moll *(Abschiedssinfonie)*, 1. Satz, T. 1–8 (1772)

Notenbeispiel 6.3:

W. A. Mozart: Sinfonie in D-Dur *(Prager Sinfonie)*, KV 504, 1. Satz, T. 37 bis 45 (Beginn der Exposition) (1786)

Notenbeispiel 6.4:

Albertibässe

Notenbeispiel 6.2 weist relativ einfache Textur mit Trommelbässen auf. Notenbeispiel 6.3 ist differenziert durch leichte Polyphonie: In den Takten 41 und 42 gibt es zwei verschiedene, relativ gleichberechtigte Oberstimmen.

Die **Instrumentation** war zunächst sehr schlicht. Während im Barock den Bläsern oft technisch anspruchsvolle Partien zugewiesen waren, spielten sie im neuen Stil üblicherweise zunächst Haltetöne, wie Notenbeispiel 6.2 verdeutlicht. Die Bläserstimmen wurden allmählich wieder virtuoser und selbstständiger; das ist deutlich in Notenbeispiel 6.3 zu erkennen.

Tempo-, Ausdrucks- und Dynamikbezeichnungen

Die Tempo- und Ausdrucksbezeichnungen wurden im Verlauf des 18. Jahrhunderts häufiger und genauer. Im ausgehenden 18. Jahrhundert besaß in der Regel jeder Satz eine Tempoangabe. Während im Barock zumeist nur Terrassendynamik angegeben war, wurde allmählich kontinuierlicher Dynamikwechsel notiert (*crescendo* und *decrescendo*).

6.1.5 Musikalische Semantik

Um die Mitte des 18. Jahrhunderts verlor die (→) *Affektenlehre* zunehmend an Bedeutung. Die Tatsache, dass Vokal- und Instrumentalmusik Affekte beim Zuhörer auslösen sollten, war zur Selbstverständlichkeit geworden. Die *Affekteinheitlichkeit innerhalb eines Satzes* blieb noch bis zur zweiten Hälfte des 18. Jahrhunderts die Norm. Im neuen Kompositionsstil konnten jedoch innerhalb eines Satzes stärkere Kontraste auftreten. Mit dieser Entwicklung ging das Verschwinden des (→) *Einheitsablaufs* und die Entstehung der (→) *Diskontinuität,* einher. Als Bezeichnung für die Wiedergabe von Gefühlsregungen ist nach dem Barock für das 18. Jahrhundert der Begriff **Ausdruck** angebracht.

6.1.6 Instrumente/Besetzungen

Instrumente

Bei den Instrumenten sind folgende wichtigen Neuerungen zu verzeichnen:

- Das (→ Bd. I) *Cembalo* wurde gegen Ende des 18. Jahrhundert vom (→Bd. I) *Hammerklavier* verdrängt.
- Die Klarinette entstand zu Beginn des 18. Jahrhunderts und drang gegen Ende allmählich ins Orchester ein.
- Bei den Trompeten und Hörnern ging die Kunst des (→) *Clarinblasens* zurück. Der Einsatz dieser Instrumente in den Sinfonien war auf wenige, tiefere Naturtöne beschränkt.

Besetzungen

Orchester. Zu Beginn des 18. Jahrhunderts standardisierte sich das Orchester allmählich, zunächst in Italien. Zum vierstimmigen Streichersatz traten sehr oft 2 Oboen und 2 Hörner.

Zum Ende des 18. Jahrhunderts war folgende Besetzung gängig: vierstimmiger Streichersatz, 2 Flöten, 2 Oboen, oft 2 Klarinetten, 2 Fagotte, 2 Hörner, 2 Trompeten, 2 Pauken (→ Bd. I; 5.3).

Eine Folge des Verschwindens der (→) *Generalbasspraxis* war, dass die **Leitung des Orchesters** vom Generalbassspieler auf den ersten Violinisten (= *Konzertmeister*) überging.

Kammermusikalische Besetzungen. Durch den Wegfall des Generalbasses entstanden neue Besetzungen. Die wichtigste war das **Streichquartett** (2 Violinen, Viola, Violoncello). Als kompositorisch am höchsten stehende Gattung übernahm es die Funktion der (→ 5.1.6) *Triosonate*. (Weitere kammermusikalische Besetzungen → Bd. I; 5.3.)

6.2 Andere Bezeichnungen für die Epoche

„Klassik" als musikalischer Epochenbegriff

Für die Musik des 18. Jahrhunderts werden heute oft der Begriff *Klassik* und Zusammensetzungen dieses Begriffs (z. B. *Frühklassik*) verwendet. Die zeitlichen Zuordnungen sind dabei nicht einheitlich. Für die Zeit zwischen ca. 1730 bis ca. 1780 wird der Begriff *Vorklassik* gebraucht und gelegentlich für die zweite Hälfte dieses Zeitraums der Ausdruck *Frühklassik*. Der Beginn der *Klassik* oder *Hochklassik* wird um 1780 angesetzt, deren Ende um 1814. Zuweilen schließt dieser Begriff auch nur die Musik *Haydns*, *Mozarts* und *Beethovens* in diesem Zeitraum ein.

Weitere Bedeutungen des Begriffs „Klassik" und „klassisch"

Außer zur Bezeichnung einer musikalischen Epoche besitzt das Wort *klassisch* eine Reihe von weiteren Bedeutungen:

- *Klassisch* bedeutet allgemein *vorbildhaft*, *Maßstäbe setzend*, *mustergültig*. Früher vornehmlich für Kunst und Kultur angewandt, wird das Wort in der heutigen, durch die Werbung beeinflussten Sprache auch für normale Alltagsprodukte verwendet.
- Nach dem Mittelalter wurde der Begriff ursprünglich zunächst auf die als Vorbild angesehene (griechisch-römische) (→) *Antike* angewandt, welche heute noch *Klassisches Altertum* genannt wird. Der Begriff *klassisch* ist dabei gleichzeitig
  a) eine Epochenbezeichnung,
  b) ein positiv wertender Ausdruck für die Kunstwerke dieser Zeit und
  c) eine allgemeine Beschreibung der Kunstwerke der Epoche im Sinne von *harmonisch*, *maßvoll*, *ausgewogen in Form und Inhalt*.
- Außer der (griechisch-römischen) Antike wurden weitere Epochen als *klassisch* bezeichnet, die vorbildhaft für die nachfolgenden Generationen waren. Als *französi-*

sche literarische Klassik wurde beispielsweise die Zeit um 1700 (*Corneille, Racine, Molière*) veranschlagt. Unter der *Weimarer* oder *deutschen Klassik* versteht man die Zeit um 1800 (*Goethe, Schiller*). Der Begriff *Klassik* besitzt neben der Funktion als Epochenbezeichnung auch die oben genannten positiv wertenden und ästhetischen Bedeutungen. Dies ist auch beim Begriff *musikalische Klassik* der Fall, der nach dem ersten Drittel des 19. Jahrhunderts in Anlehnung an die *Weimarer Klassik* geprägt wurde.

∾ *Klassische* Musik bedeutet schließlich allgemein *Kunstmusik*, im Gegensatz zur (→) Volks- und (→) Popularmusik, wobei die Kunstmusik des 20. Jahrhunderts in der Regel nicht einbezogen wird.

Zum hier verwendeten Begriff von „Klassik"

Man kann zur Bezeichnung der Musik des 18. Jahrhunderts die oben angegebenen Begriffe verwenden, wobei die zusätzlich mitschwingenden Bedeutungen zu beachten sind. In diesem Buch wird der Begriff *Klassik* nur in der heute weit verbreiteten Bezeichnung (→) *Wiener klassischer Stil* für die Musik von *Haydn, Mozart* und *Beethoven* von 1781 bis ca. 1814 verwendet.

6.3 Musikleben und Komponisten

6.3.1 Musikleben

Maßgeblich für das Musikleben waren im 18. Jahrhundert weiterhin der **Hof** und die **Kirche.** Daneben breitete sich das **öffentliche bürgerliche Musikleben** in zunehmendem Maße aus. Allmählich nahmen immer mehr Personen daran teil. Neben den höfischen gab es **öffentliche Opernhäuser** und solche, die als Mischformen zu bezeichnen sind.

Öffentliche Konzerte (mit Instrumentalmusik) entwickelten sich verstärkt im 18. Jahrhundert, vor allem in größeren Städten, beispielsweise in London, Paris, Frankfurt/M., Leipzig und Wien. Es entstanden auch die ersten städtischen Orchester.
Anmerkung: Parallel dazu erfolgte der Niedergang der (→) *Stadtpfeifer*.

Das (→) **Kastratenwesen** beherrschte die (→) *Opera seria* in der ersten Hälfte des 18. Jahrhunderts. In der zweiten Hälfte verschwanden die Kastraten allmählich aus der Oper. – In der päpstlichen Kapelle sang der letzte Kastrat noch zu Beginn des 20. Jahrhunderts.

6.3.2 Jean-Philippe Rameau (1683–1764)

Leben. Jean-Philippe Rameau [ra'mo] wurde 1683 in Dijon geboren. Er verbrachte die erste Hälfte seines Lebens hauptsächlich als Organist in Avignon, Clermont und Dijon. 1722 ließ er sich in Paris nieder und arbeitete als Organist und Kompositionslehrer. Ein Vierteljahrhundert lang wurde er dort von einem reichen Mäzen unterstützt, dessen Privatorchester er leitete und in dessen Haus er wohnte. Sein erstes Bühnenwerk *Hippolyte et Aricie* (1733) wurde zunächst in dessen Haus aufgeführt.

Werke (Auswahl). Über 30 Bühnenwerke, geistliche und weltliche Vokalmusik, Ensemblemusik, Klaviermusik, zahlreiche Schriften zur Musiktheorie.

Bedeutung. *Rameau* war bis zu seinem 40. Lebensjahr relativ unbekannt. Zunächst wurde er als Theoretiker berühmt. Die Bühnenwerke, die seinen Ruhm als Komponisten zu Lebzeiten und danach begründeten, schrieb er ab dem fünfzigsten Lebensjahr. *Rameau* gilt heute als einer der bedeutendsten französischen Komponisten des 18. Jahrhunderts. Epochal sind *Rameaus* Theorien zur Harmonielehre. Er entwickelte eine Vorform der modernen (→ Bd. I) funktionalen Harmonielehre.

6.3.3 Carl Philipp Emanuel Bach (1714–1788)

Leben. Carl Philipp Emanuel Bach wurde 1714 als zweiter der überlebenden Söhne von *Johann Sebastian Bach* geboren. Er war Schüler seines Vaters. In Leipzig und Frankfurt (Oder) studierte er Jura. Seit 1738 gehörte er der Kapelle *Friedrichs II.* (des Großen) in Berlin und Potsdam an. 1768 wurde er Musikdirektor der fünf Hauptkirchen in Hamburg, wo er 1788 starb.

Werke (Auswahl). *C. P. E. Bach* hinterließ ein umfangreiches Oeuvre mit Werken fast aller Gattungen außer Opern. Sein Buch „Versuch über die wahre Art das Clavier zu spielen" (Berlin, 1753) ist eines der wichtigsten theoretischen Werke des 18. Jahrhunderts über das Klavierspielen, einschließlich des Generalbassspiels.

Bedeutung. *C. P. E. Bach*, genannt der *„Berliner"* oder *„Hamburger" Bach* zur Unterscheidung von seinen Brüdern, war einer der bedeutendsten Komponisten und Klavierspieler seiner Zeit, berühmt vor allem als Improvisator. Besonders seine Klavierwerke hatten maßgeblichen Einfluss auf die Wiener Klassiker.

6.3.4 Joseph Haydn (1732–1809)

Leben. 1732–1761. Joseph Haydn wurde 1732 in Rohrau an der Leitha (Niederösterreich) als Sohn eines Wagenbauers geboren. Mit 8 Jahren wurde er Chorknabe am Wiener Stephansdom. Nach dem Stimmbruch arbeitete er als Gelegenheitsmusiker und -komponist, unter anderem bei dem italienischen Komponisten Nicola Porpora, der ihm auch Kompositionsunterricht erteilte. 1759 wurde Haydn Kapellmeister bei einem Grafen in Lukawitz bei Pilsen. In diesem Jahr schrieb er seine erste Sinfonie.

Eisenstadt/Eszterháza 1761–1790
1761 kam *Haydn* an den Hof des Fürsten *Esterházy*, einem der reichsten und mächtigsten ungarischen Adligen, dessen Bediensteter er zeitlebens blieb. Er wurde zunächst Vizekapellmeister in Eisenstadt und war seit 1766 dort alleiniger Dirigent. 1769 zog der Hof in das

nach Versailler Vorbild errichtete Schloss Eszterháza am Neusiedler See. Hier übernahm *Haydn* auch die Leitung der dort eingerichteten Oper. Er hielt sich oft in Wien auf, wo er mit der Musik anderer Komponisten in Berührung kam. *Haydn* war mit *W. A. Mozart* freundschaftlich verbunden. Seine zahlreichen Werke verschiedener Gattungen machten allmählich seinen Namen in Europa bekannt.

Wien 1790–1809
1790 wurde nach dem Tod des Fürsten die Kapelle in Eszterháza aufgelöst. *Haydn* erhielt bis ans Lebensende eine hohe Pension und zog nach Wien. Er wurde zu zwei Reisen nach England eingeladen (1790–1792 und 1794–1795), wo er große Erfolge feierte und seinen Ruhm mehrte. *Haydn* starb, verwitwet und kinderlos, 1809 in Wien.

Werke (Auswahl). *Weltliche Vokalmusik:* über 10 erhaltene vollständige Opern, Solokantaten, Lieder – *Geistliche Vokalmusik:* 14 Messen, Oratorien – *Sinfonische Instrumentalmusik:* 108 Sinfonien, Divertimenti, ca. 8 Solokonzerte – *Kammermusik:* 68 Streichquartette, 21 Streichtrios, 41 Klaviertrios – *Klavierwerke:* 52 Klaviersonaten.

Haydns Werke werden nach dem *Hoboken-Verzeichnis* (Abkürzung: Hob.) klassifiziert, das nach einem Musikwissenschaftler benannt ist.

Bedeutung. *Haydn* spielte eine zentrale Rolle in der Ausprägung des (→) *Wiener klassischen Stils*. Er entwickelte maßgeblich die wichtigsten instrumentalen Gattungen des 18. Jahrhunderts, wie das Streichquartett, die Sinfonie und die Klaviersonate und damit die Sonatenhauptsatzform. – *Haydn* war schon zu Lebzeiten in ganz Europa ein hochberühmter Komponist.

6.3.5 Wolfgang Amadeus Mozart (1756–1791)

Leben. Salzburg 1756–1781. Wolfgang Amadeus Mozart wurde 1756 in Salzburg geboren. Sein Vater, *Leopold Mozart*, war ein bekannter Komponist und Musikschriftsteller. Er hatte sieben Kinder, von denen nur *Wolfgang* und dessen fünf Jahre ältere Schwester *Nannerl*, eine talentierte Pianistin, das Erwachsenenalter erreichten. *Leopold Mozart* erkannte bald die einzigartige Begabung seines Sohnes und förderte ihn umsichtig.
Ab seinem vierten Lebensjahr erhielt *Wolfgang* Klavier- und Kompositionsunterricht. Im Alter von fünf Jahren schrieb er seine erste Komposition, das Menuett KV 1.
Bereits in jungen Jahren trat er als Wunderkind öffentlich auf. Berühmt war er für seine Kompositionen, seine Virtuosität auf dem Klavier, seine Improvisationen, sein Vom-Blatt-Spielen und für Kunststücke wie das Spielen mit verdeckten Tasten. *Mozart* war außerdem ein guter Organist und Geiger. Bereits als Kind komponierte er eine große Anzahl von Werken aller Gattungen.

Leopold Mozart reiste mit seinen beiden Kindern durch ganz Europa. Von 1762 bis 1771, also im Alter zwischen 6 und 15, war *Wolfgang* über die Hälfte der Zeit unterwegs. Auf diesen Reisen wurden viele seiner Werke mit großem Erfolg aufgeführt; in Italien erhielt er hohe Ehrungen. Er lernte zahlreiche Komponisten kennen, studierte deren Musik und erhielt von ihnen Unterricht. Auf diese Weise wurde er mit den verschiedenen Stilen der europäischen Musik vertraut.

1764 erschienen 2 Klaviersonaten als *Wolfgangs* erste gedruckte Kompositionen in Paris. 1768 entstand seine erste Oper *La finta semplice* (Die verstellte Einfalt).

Mozart besaß ein feines Gehör und ein unglaubliches musikalisches Gedächtnis. Auf der ersten Italienreise hörte der 14jährige in Rom in der Sixtinischen Kapelle das berühmte *Miserere* von (→) *Gregorio Allegri*, ein vier- bis neunstimmiges polyphones Werk, und schrieb es anschließend aus dem Gedächtnis auf.

Von 1769–1781 stand *W. A. Mozart* als Konzertmeister im Dienste des Salzburger Fürsterzbischofs.

Wien 1781–1791
Nach einem Zerwürfnis mit dem Erzbischof bat *Mozart* 1781 um Entlassung aus dem Dienst und zog nach Wien. Er lebte dort erfolgreich als freier Künstler von Konzerten, vor allem mit eigenen Werken, von Unterricht und Kompositionen, besonders Opern.

1782 heiratete er *Constanze Weber*, eine Cousine von (→) *Carl Maria von Weber*, wogegen sich der Vater lange gewehrt hatte. Aus dieser Ehe gingen sechs Kinder hervor, von denen zwei Söhne das Erwachsenenalter erreichten.

In Wien freundete sich *Mozart* mit dem 24 Jahre älteren *Haydn* an. Freundschaftlich verbunden war er außerdem mit dem *Baron van Swieten*, durch den er auch zu intensiver Beschäftigung mit der Musik *J. S. Bachs* und *Händels* angeregt wurde. 1784 trat *Mozart* einer Freimaurerloge bei. 1787 wurde er zum kaiserlichen Kammerkomponisten (Nachfolger *Glucks*) mit geringem Gehalt ernannt. *Mozart* unternahm auch von Wien aus weiterhin Reisen, beispielsweise nach Prag zur Uraufführung seiner Oper *Don Giovanni* (1787) und nach Dresden, Leipzig und Berlin (1789). Trotz guten Einkommens geriet er in finanzielle Nöte.

Tod
Mozart starb 1791 an den Folgen von rheumatischem Fieber und an dessen Behandlung (z.B. Aderlass). Er wurde in einem damals für den größten Teil der Bevölkerung üblichen Gemeinschaftsgrab bestattet. *Mozart* erhielt also kein Armenbegräbnis, wie lange geglaubt wurde. Seine Grabstätte ist nicht bekannt, was für diese Bestattungsart nichts Ungewöhnliches darstellt.

Im 19. Jahrhundert kam die Legende vom Giftmord an *Mozart* in verschiedenen Varianten auf. Die bekannteste Version bezichtigt *Antonio Salieri* des Mordes an seinem angeblichen Konkurrenten. Über den Giftmörder *Salieri* schrieb der russische Dichter *Alexander Puschkin* 1830 ein Theaterstück, *Nikolaj Rimskij-Korsakow* verfasste daraus eine kleine Oper. Am Ende des 20. Jahrhunderts verbreiteten ein Theaterstück und daraufhin der Film *Amadeus* diese unwahre Legende.

Werke (Auswahl). *Weltliche Vokalmusik:* über 20 Bühnenwerke (davon einige fragmentarisch), Konzertarien, Lieder, Kanons, Freimaurermusik (Kantaten, Chorlieder, u. a.) – *Geistliche Vokalmusik:* 17 Messen, ein Requiem (unvollendet) – *Sinfonische Instrumentalmusik:* 41 Sinfonien, 25 Klavierkonzerte, 5 Violinkonzerte, Divertimenti, Ballettmusik, Tänze – *Kammermusik:* 26 Streichquartette, 6 Streichquintette, Klaviertrios, Violinsonaten – *Klavierwerke:* 18 Klaviersonaten, Variationen.

Ludwig Ritter von Köchel verfasste 1862 das **Köchel-Verzeichnis** zur chronologischen Ordnung der Mozartschen Werke (abgekürzt: KV), das 626 Nummern enthält.

Mozart schuf in seinem kurzen Leben eine ungeheure Fülle von Werken aller Gattungen. Viele seiner Kompositionen atmen Heiterkeit und Charme, die auch wesentliche Züge seines Charakters bildeten.

Bedeutung. *Mozart* hatte einen großen Anteil an der Ausprägung des (→) *Wiener klassischen Stils*. Seine Werke waren zu seinen Lebzeiten weit verbreitet, besonders die Opern. *Mozart* wurde lange Zeit von vielen als Komponist gefälliger, harmloser Musik aufgefasst, was auf einer oberflächlichen Kenntnis beruht.
Er gehört heute zu den größten und den am meisten bewunderten Komponisten aller Zeiten.

6.3.6 Ludwig van Beethoven (1770–1827)

Leben. Ludwig van Beethoven wurde 1770 in Bonn geboren. Sein Vater war Tenor an der dortigen kurfürstlichen Kapelle. 1778 trat Ludwig zum ersten Mal öffentlich auf. Ab 1781 wurde er von dem Komponisten *Christian Gottlob Neefe* umsichtig gefördert; dieser machte seinen Schüler auch mit *J. S. Bachs Wohltemperierten Klavier* bekannt, das damals nur in Abschriften existierte. *Beethovens* erste Komposition wurde 1782 gedruckt. Mit dreizehn Jahren trat er in die Dienste der Hofkapelle. 1787 reiste er mit einem Stipendium nach Wien, um Schüler *Mozarts* zu werden. Wegen des Todes der Mutter musste er schon nach wenigen Wochen nach Bonn zurückkehren.

1792 übersiedelte *Beethoven* für immer nach Wien. Er nahm unter anderem Kompositionsunterricht bei *Haydn* und *Salieri*. Von Wiener Adelskreisen wurde er sehr gefördert. Adligen Damen und Herren erteilte er Kompositions- und Klavierunterricht. Bald war er einer der bekanntesten Pianisten; besonders seine Improvisationen wurden gerühmt. Seine Kompositionen wurden von Förderern und Verlegern gut bezahlt. *Beethoven* reiste wenig; er lebte zumeist in Wien, gelegentlich in ländlichen Vororten.

1796 begann sein sich stetig verschlimmerndes Gehörleiden, das er zunächst geheim hielt. Ausdruck seines psychischen Zustands ist das 1802 verfasste sogenannte *Heiligenstädter Testament*, genannt nach dem Vorort Wiens, das von den Brüdern nach seinem Tod gelesen werden sollte. Es beginnt mit den Worten: „O ihr Menschen, die ihr mich für feindselig, störrisch oder misanthropisch [menscheinfeindlich] haltet, wie unrecht tut ihr mir, ihr wisst nicht die geheime Ursache von dem, was euch so scheinet." Im Weiteren beschreibt das Dokument *Beethovens* fortschreitende Taubheit und seine überwundenen Selbstmordabsichten. *Beethovens* Ertaubung ließ seine Schaffenskraft nicht erlahmen. Sein akustisches Vorstellungsvermögen (→ Bd. I; *Inneres Gehör*) war ausgeprägt genug, um sein äußeres Gehör zu ersetzen.

Als *Beethoven* ein Angebot für eine Kapellmeisterstelle in Kassel erhielt, setzten ihm 1809 Erzherzog Rudolf und zwei Fürsten eine lebenslange Rente aus, um ihn in Wien zu halten. Seit 1815 stritt sich *Beethoven* um die Vormundschaft über seinen Neffen Karl, was ihn jahrelang schwer belastete. 1818 ertaubte *Beethoven* völlig. Seit 1819 sind über 100 Konversationshefte erhalten, in die seine Gesprächspartner hinein geschrieben haben. 1827 starb *Beethoven* in Wien. Sein Begräbnis fand unter größter Anteilnahme der Bevölkerung statt.

Beethoven war nie verheiratet. Er war oft in Leidenschaft für seine adligen Klavierschülerinnen entbrannt. Als Bürgerlicher hatte er aber kaum eine Chance, eine Adlige zu heiraten. Beethoven war sehr selbstbewusst. Durch seine Taubheit wurde er zunehmend misstrauischer und weniger umgänglich.

Werke (Auswahl). *Weltliche Vokalmusik*: eine Oper (*Fidelio*, 1806), Lieder – *Geistliche Vokalmusik*: 2 Messen, darunter die *Missa Solemnis*; ein Oratorium: *Christus am Ölberge* – *Sinfonische Instrumentalmusik*: 9 Sinfonien, 5 Klavierkonzerte, 1 Violinkonzert, 1 Tripelkonzert (für Violine, Violoncello und Orchester), 2 Violinromanzen, Ouvertüren, Schauspielmusik, Ballettmusik – *Kammermusik*: 16 Streichquartette, 9 Klaviertrios, 10 Violinsonaten, 5 Violoncellosonaten, Bläserseptett – *Klavierwerke*: frühe Klaviersonaten, 32 Klaviersonaten der Wiener Jahre, Themen mit Variationen, Bagatellen.

Der *Umfang* von *Beethovens* Werken mutet kleiner an als der *Haydns* oder *Mozarts*. Seine Kompositionen sind allerdings umfänglicher und zum Teil komplexer. *Beethoven* arbeitete oft lange an seinen Stücken. Seine erhaltenen Skizzenbücher zeigen, wie er zuweilen über Jahre an musikalischen Gedanken feilte.

Kennzeichnend für die Werke der Wiener Jahre ist die große **Komplexität im Tonsatz**; diese äußert sich durch hohen Abwechslungsreichtum in der Begleitung, durch Einbeziehung von Polyphonie (z. B. durch selbstständige Mittelstimmen) und durch differenzierte Instrumentation. Typisch für *Beethoven* sind auch die oft sehr dichten motivisch-thematischen Beziehungen (→ 6.6.2: Fünfte Sinfonie).

Ebenfalls kennzeichnend für *Beethovens* Kompositionen ist die **Vielfältigkeit der Stimmungen**, sowie deren Intensität und Kontrastreichtum. Häufig ist der pathetische, heroische und triumphale Charakter (→ 6.6: Sinfonien und Klaviersonaten).

Typisch für *Beethoven* sind denn auch *Synkopen* und *Sforzati*. Aber es gibt auch eine Fülle anderer Stimmungen, wie lyrische (in langsamen Sätzen), derb komische (in den *Scherzi*) und heiter beschwingte (beispielsweise in der Siebten Sinfonie).

Die **Einteilung** von *Beethovens* Kompositionen erfolgt in vier Gruppen: die *Bonner Jugendwerke* und *drei Schaffensperioden der Wiener Zeit*. Die erste Schaffensperiode beginnt mit den 3 Klaviertrios Opus 1, die im Jahre 1795 erschienen.

Die zweite setzt um das Jahr 1802 ein. Die dritte Schaffensperiode fängt 1814 an, im Jahr, in dem in diesem Buch der Beginn der Musikgeschichte des 19. Jahrhunderts angesetzt wird. Hierzu gehören auch 5 Klaviersonaten, 5 Streichquartette, die Neunte Sinfonie und die *Missa Solemnis*. Das Spätwerk zeichnet sich unter anderem durch größere Polyphonie aus. So enthalten Klaviersonaten, Streichquartette und der vierte Satz der Neunten Sinfonie Fugen.

Bedeutung. *Beethoven* galt bereits zu Lebzeiten als einer der größten Komponisten. Sein Einfluss auf die Komponisten des 19. Jahrhunderts war sehr groß. Zum einen lehnten sich viele Werke in der Form an *Beethovensche* Modelle an, beispielsweise *Anton Bruckners* Sinfonien an *Beethovens* Neunter. Zum anderen war der Einfluss von *Beethovens* Werken so übermächtig, dass sich manche Komponisten lange vor bestimmten Gattungen scheuten, um nicht mit *Beethoven* verglichen zu werden. So schrieb *Johannes Brahms* seine erste Sinfonie erst im Alter von 43 Jahren.

Das Beethovenbild des 19. Jahrhunderts ist stark von den pathetischen und leidenschaftlichen Werken geprägt. *Beethoven* wurde als „einsamer, titanischer Künstler" gesehen, der sein Schicksal „in zähem Ringen" durch die Kunst „überwinden" konnte. Das Beethovenbild des 19. Jahrhunderts wirkt noch heute nach, der Blick hat sich aber geweitet.

6.4 Weltliche Vokalmusik

6.4.1 Allgemeines

Die *italienische Oper* herrschte in Europa noch bis zum Ende des 18. Jahrhunderts vor. Italienische Komponisten wirkten an vielen Bühnen außerhalb Italiens.

Im 18. Jahrhundert entstanden in Italien und Frankreich neben den ernsten *komische Opern*, die sich in beiden Ländern von den ernsten nicht nur bezüglich des Stoffes, sondern auch hinsichtlich der musikalischen Mittel unterscheiden.

6.4.2 Die italienische Oper

Allgemeines und Überblick

Nach 1700 wurde die italienische Oper einer langjährigen Reform unterzogen. Insbesondere wurden komische Elemente eliminiert. Maßgeblich beteiligt an der Reform war der Textdichter *Pietro Metastasio*, sodass das Ergebnis dieses Reformprozesses *Metastasianische Opera seria* (ernste Oper) genannt werden kann. Um 1730 entwickelte sich als Gegenstück zur *Opera seria* die *Opera buffa* (komische Oper).

Im Laufe des 18. Jahrhunderts beeinflussten sich beide Gattungen bezüglich der Stoffe, d. h. in der *Opera seria* traten komische Elemente auf, ebenso wie die *Opera buffa* ernste Elemente aufnahm. Auch bezüglich der musikalischen Mittel ist eine deutliche Annäherung zu verzeichnen. Wenn nach 1800 noch zwischen *Opera seria* und *Opera buffa* unterschieden wurde, so bezog sich das fast nur auf die Handlung; die musikalischen Mittel waren fast identisch. Ein Sonderfall der Annäherung war die *Opera semiseria* (halbernste Oper), die ernste und komische Elemente vermischte, z. B. *Mozarts* (→) *Don Giovanni*.

Metastasianische Opera seria (ca. 1720 bis ca. 1770)

Allgemeines
Der Textdichter *Pietro Metastasio* (1698–1782) schrieb 57 Opernlibretti. Viele der bekannten Opernkomponisten nach 1725 bedienten sich dieser. Seine Operntexte galten als unerreicht und wurden immer wieder neu vertont, manche noch bis ins angehende 19. Jahrhundert.

Stoffe
Hinsichtlich der Stoffe besaß die *Metastasianische Opera seria* folgende Merkmale:
- Vorbild: klassische französische Tragödie (um 1700);
- Personen: Meist 6 Personen, aus der Mythologie oder Geschichte; die Personen waren weitgehend typenhaft, seelisch wenig entwickelt;
- Inhalt: An die Stelle der bunten Stoff- und Typenvielfalt der bisherigen Libretti trat ein von komischen Szenen befreites Drama mit in der Regel gutem Ende;
- Sprache: gehoben.

Aufbau / musikalische Mittel
- Allgemeiner Aufbau: Es gab 3 Akte mit insgesamt 10 bis 15 Szenen. Die Handlung vollzog sich in den Rezitativen, in der gebundenen Musik wurde ein Affekt dargestellt;
- Sänger: Üblich waren unter anderem (→) *Kastraten*;
- Form der Arien: Fast ausschließlich (→ Bd. I) *Dacapo-Arien* mit Verzierungen durch die Sänger;
- Ensembles: selten;
- Aktschluss: in der Regel *Chor* oder *Ensemble*;
- Allgemeine Charakteristika der Musik: Die Arien und Ensembles wiesen einen einheitlichen (→) *Affekt* auf, beispielsweise Rache, Liebe, Triumph usw. Die Gesangspartien waren zum Teil höchst virtuos mit zahlreichen (→ Bd. I) *Koloraturen*.

Werke
Bedeutende Komponisten von *Metastasianischen Opere serie* waren (→) *Händel, Johann Adolf Hasse* (1699–1783) und *Giovanni Battista Pergolesi* (1710–1736). Heute werden vor *allem Händels* Opern des Öfteren aufgeführt; zu den bekanntesten zählt *Giulio Cesare (Julius Cäsar*, 1724).

Reformbestrebungen der Opera seria, vor allem durch Gluck (ca. 1750 bis ca. 1800)

Allgemeine Reformbestrebungen bezüglich der musikalischen Mittel
Um die Mitte des 18. Jahrhunderts geriet die *Metastasianische Opera seria* zunehmend in die Kritik der neuen Anschauungen von Natürlichkeit, Einfachheit und freiem Ausdruck des Gefühls. Daraus ergaben sich folgende Änderungen bezüglich der musikalischen Mittel:
- weniger Koloraturen,
- seltenerer Gebrauch der *Dacapo-Arie*,
- verstärkte Verwendung von *Ensembles* und *Chören*.

Werke
Bedeutende Komponisten von *Opere serie* in der zweiten Hälfte des 18. Jahrhunderts waren *Niccolò Piccinni* (1728–1800) sowie *Mozart* – z.B. *Idomeneo, re di Creta* (*Idomeneo, König von Kreta*, 1781) und *La clemenza di Tito* (*Die Milde des Titus*, 1791).

Christoph Willibald Gluck (1714–1787)
Deutlich „reformierte" Opern schrieb *Christoph Willibald Gluck*. Er wurde in Böhmen geboren, lebte zunächst in Prag, Wien, Mailand, London und reiste als Dirigent einer Operntruppe durch Deutschland. 1752 ließ er sich in Wien nieder. *Glucks* Frühwerke sind noch der *Metastasianischen Opera seria* verpflichtet. Ab 1762 schrieb er „reformierte" *Opere serie* (vgl. 6.4.3).

Glucks Bestrebungen bezüglich der musikalischen Mittel
Glucks Neuerungen waren vor allem folgende:
- Die Ouvertüre nimmt Bezug auf die Handlung und steht nicht mehr als unverbindliches Instrumentalstück vor der Oper.
- Strophische oder durchkomponierte Lieder treten an die Stelle der *Dacapo-Arie*.
- Das dramatisch gestaltete (→) *Accompagnato-Rezitativ* mit Streichorchester tritt an die Stelle des *Secco-Rezitativs*, was damals als Sensation galt.
- Einbeziehung des Balletts.

Glucks Opernreform blieb auf die Weiterentwicklung der italienischen Oper ohne wesentlichen Einfluss.

Glucks Werke
Glucks erste Reformoper ist seine heute bekannteste: *Orfeo ed Euridice* (*Orpheus und Eurydike*, 1762). Der Orpheusstoff wurde auch von (→) *Monteverdi* und (→) *Offenbach* vertont.

Opera buffa nach 1730

Vorläufer

Vorläufer der *Opera buffa* (komische Oper) waren die in die ältere (ernste) Oper eingeschobenen, heiteren (neapolitanischen volkstümlichen) (→) *Intermezzi*. Diese wurden allmählich immer umfangreicher und verselbstständigten sich. Von großem Einfluss auf die Entwicklung der musikalischen Mittel der *Opera buffa* war das Intermezzo *La serva padrona* (Die Magd als Herrin, 1733) von *Pergolesi* (1710–1736). Es ist ganz im neuen Stil der *Opera buffa* komponiert.

Allgemeines

Die *Opera buffa* entstand nach 1730. Maßgeblichen Anteil an den Libretti hatte der italienische Komödiendichter *Carlo Goldoni* (1707–1793). Er reformierte das Libretto der *Opera buffa* nach 1740 in ähnlichem Maße wie zuvor *Metastasio* dasjenige der *Opera seria*. Auch in der *Opera buffa* wurden Libretti mehrfach vertont. Die *Opera buffa* gewann rasch an Bedeutung. Sie wurde in der 2. Hälfte des 18. Jahrhunderts zur führenden italienischen Operngattung. Ihren Höhepunkt hatte sie bei *Mozart* und lief mit *Donizetti* um 1830/40 aus.

Stoffe

Hinsichtlich der Stoffe besaß die *Opera buffa* folgende Merkmale:

- Vorbild: die italienische volkstümliche *Commedia dell'arte*;
- Personen: 7 oder 6 Personen, aus dem Alltagsleben; häufig vorkommende Typen: das „höhere" Liebespaar, das „niedere" Liebespaar, der pseudogelehrte Arzt, der prahlerische Soldat, der Herr, sein Diener. Während in der *Commedia dell'arte* die Personen typisiert sind, besitzen sie in der *Opera buffa* in der Regel eigenen Charakter;
- Inhalt: volkstümlich, komisch, derb, zuweilen rührend sentimental; auch Parodie der *Opera seria*; höheres Tempo der Handlungsverläufe als bei der *Opera seria*;
- Sprache: Alltagssprache, oft Dialekte, Fremdsprachenfetzen (Latein), Zitate, Parodien, Niesen, Gähnen, Stottern.

Aufbau / musikalische Mittel

- Allgemeiner Aufbau: Der Wechsel zwischen Rezitativ und gebundener Musik aus der *Opera seria* wird beibehalten. In der gebundenen Musik wird aber oft auch Handlung dargestellt;
- Sänger: in der Regel keine *Kastraten*;
- Form der Arien: Arien seltener in der Dacapo-Form, einfache Liedformen;
- Ensembles: häufig;
- Aktschluss: Das *Finale* (Plural: Finali) gewinnt zunehmend an Bedeutung. Das **Finale** eines Aktes bei Opern ist ein längeres, heterogenes Stück ohne *Secco-Rezitative* mit schneller Folge von rezitativischen und arienhaften Partien, Ensemble- und Chorteilen. Im Finale erfolgt für gewöhnlich eine zunehmende Steigerung, unter anderem, indem allmählich immer mehr Personen auf die Bühne gebracht werden. Am Schluss eines Finales singen zumeist mehrere Personen gleichzeitig. Im Verlauf des 18. Jahrhunderts werden die *Finali* immer umfangreicher. *Mozarts Opere buffe* besitzen zumeist 2 Finali, die etwa ein Viertel der Gesamtzeit dauern;

- Allgemeine Charakteristika der Musik: Die Musik passt sich flexibel dem Text an. Sie ist einfach und natürlich, mit weniger *Koloraturen* als bei der *Opera seria*; typisch ist das **Parlando** (eine das schnelle Sprechen nachahmende Vertonungsweise mit Wort- und Tonwiederholungen) im *Secco-Rezitativ* und in den *Arien*; es kommen auch ungewöhnliche Laute vor wie die Nachahmung von Eselsrufen, Krähen, Niesen usw.

Werke

Wichtige Komponisten der *Opera buffa* sind *Pergolesi*, *Niccolò Piccinni* und *Domenico Cimarosa* (1749–1801). *Mozarts* drei letzten *Opere buffe* gehören heute zu den am meisten gespielten Werken der Opernliteratur. Die Libretti zu allen drei Stücken schrieb *Lorenzo da Ponte* (1749–1838).

W. A. Mozart: Le nozze di Figaro (Figaros Hochzeit, 1786)

Inhalt. Die Protagonisten sind typische Figuren der *Opera buffa*. Das „hohe" Paar bilden der Graf und die Gräfin, das „niedere" Paar Figaro, der Diener des Grafen, und Susanna, die Zofe der Gräfin. Eine weitere typische Figur ist der Arzt Don Bartolo. Die Handlung findet bei Sevilla im 18. Jahrhundert statt. Figaro und Susanna wollen heiraten. Der Graf versucht, dies hinauszuschieben, da er sich zuvor mit Susanna ein Stelldichein geben will. Zwar hat der Graf auf das *ius primae noctis* (das Recht der ersten Nacht) verzichtet, d. h. auf das Recht, die Braut jedes Untertanen vor der Eheschließung zu entjungfern; das bereut er aber nun. Die Handlung des Stückes ist turbulent und sehr verwickelt. Die Gräfin arrangiert ein nächtliches Stelldichein zwischen Susanna und dem Grafen. Dieser wird vor aller Öffentlichkeit der Untreue bloßgestellt und muss die Gräfin um Verzeihung bitten.

Die Oper basiert auf der sehr erfolgreichen Komödie *La folle journée ou le mariage de Figaro* (*Der tolle Tag oder die Hochzeit des Figaro*; 1784) des Franzosen *Beaumarchais*, welche den Konflikt zwischen dem Adel und dem dritten Stand kurz vor Ausbruch der französischen Revolution widerspiegelt. *Beaumarchais*' Theaterstück fiel in Wien der Zensur zum Opfer. Daher ließ der Librettist *da Ponte* bei der Einrichtung des Werkes für die Oper die politische Satire weg. Die Oper feierte in Wien und in Prag große Triumphe.

Musik. Viele Stücke aus der Oper sind volkstümlich geworden, z. B. die *Kavatine* (liedhaftes lyrisches Sologesangsstück) Nr. 3 , in der Figaro dem Grafen den Kampf ansagt:

Notenbeispiel 6.5:

W. A. Mozart: Le nozze di Figaro, Nr. 3 (Beginn)

In der Arie Nr. 4 des Bartolo erscheint das für die *Opera buffa* typische (→) *Parlando.*

Notenbeispiel 6.6:

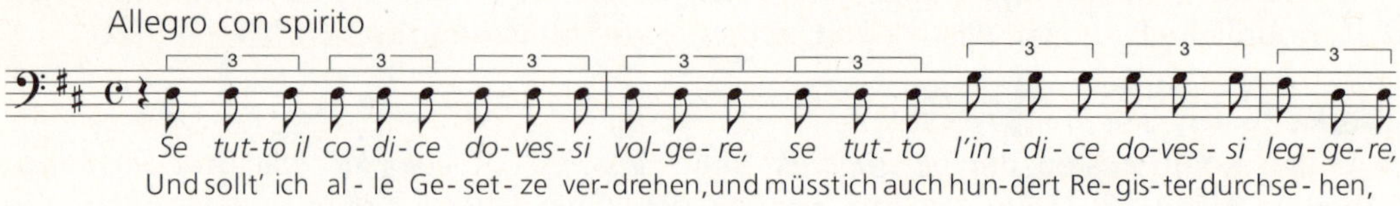

W. A. Mozart: Le nozze di Figaro, Nr. 4, T. 58–65

Komische Elemente finden sich zuhauf; ein besonders drastisches Beispiel liegt in der sogenannten Eifersuchtsarie des Figaro vor (Nr. 27). Figaro beklagt die Flatterhaftigkeit der Frauen: „und treiben mit uns nur ein grausames Spiel, das Weit're verschweig ich, …".

Notenbeispiel 6.7:

W. A. Mozart: Le nozze di Figaro, Nr. 27, T. 80–82

Die hier solistisch hervortretenden Hörner symbolisieren die Hörner, die einem Ehemann aufgesetzt werden. (Ausdrucksweise dafür, dass eine Frau ihren Mann mit einem anderen betrügt.)

Opera semiseria: Mozart: Don Giovanni (1787)

Inhalt. Die Besetzung besteht aus einem „hohen" Paar (Donna Anna und Don Ottavio), einem „niederen" Paar (Zerlina und Masetto), Don Giovanni, seinem Diener Leporello, Donna Elvira und dem Komtur, Donna Annas Vater.

Das Stück spielt in Spanien nach 1600. Don Giovanni ist ein unersättlicher Frauenheld. Gemäß der sogenannten Registerarie von Leporello (Nr. 4) besaß er allein in Spanien 1003 Frauen. Don Giovanni hat sich Donna Anna genähert. Deren Vater, der Komtur, eilt ihr zu Hilfe und wird von Don Giovanni im Duell getötet. Auf dem Friedhof lädt er die auf dem Grab des Komturs errichtete Statue zum Abendessen ein. Sie erscheint tatsächlich und fordert Don Giovanni zur Reue auf. Dieser widersetzt sich und fährt zur Hölle. Darauf treten die übrigen Personen auf, um Rache an Don Giovanni zu üben, und stellen befriedigt dessen gerechte Strafe fest.

Der mittelalterliche Stoff von Don Giovanni ist seit dem 17. Jahrhundert oft in der Literatur und der Musik behandelt worden.

Musik. Die Musik zu *Don Giovanni* ist durch vielfältige Stimmungen und musikalische Mittel gekennzeichnet. Das Spektrum reicht von heiteren, einfachen Arien bis zu höchst dramatischen, dämonischen Abschnitten, wie bei Don Giovannis Untergang. Die Ouvertüre vereinigt die extremen Stimmungen; in der langsamen Einleitung erklingt Musik aus Don Giovannis Untergang; der schnelle Teil ist von heiterem, unbeschwertem Gestus.

Bemerkenswert ist ein Abschnitt im ersten Finale, in welchem drei Orchester drei verschiedene Tänze in drei verschiedenen Taktarten spielen. Begleitet vom Hauptorchester im Bühnengraben tanzen die Personen hohen Standes (Donna Anna und Don Ottavio) das höfische (→) *Menuett*. Für die Personen niederen Standes „genügen“ zwei zweistimmige Orchester mit Violinen und Bass. Das zweite Orchester spielt einen *Kontretanz* für Don Giovanni und Zerlina. Leporello und Masetto tanzen den *deutschen Tanz* des dritten Orchesters. Das sukzessive Eintreten der Nebenorchester ist durch das Nachahmen vom Stimmen der Saiten realistisch dargestellt.

Notenbeispiel 6.8:

W. A. Mozart, Don Giovanni, Nr. 13 (1. Finale), T. 454–457

Bis zum Beginn des 20. Jahrhunderts war es verbreitet, *Mozarts* Oper mit Don Giovannis Untergang schließen zu lassen, um den tragischen Charakter der Oper zu betonen.

Mozart: Cosi fan tutte (So machen es alle) (1790)
In dieser Oper verkleiden sich zwei Offiziere und verführen erfolgreich gegenseitig ihre Bräute. Am Ende lautet die Moral: „So machen es alle (Frauen)", nämlich sich verführen zu lassen. Die Oper wurde bei der Uraufführung wegen ihrer Handlung angegriffen; die Einwände blieben im 19. Jahrhundert bestehen, während das 20. Jahrhundert der Handlung offener gegenüberstand. Hauptvorwürfe gegen das Libretto sind Unwahrscheinlichkeit, Frivolität und Herabwürdigung der Frauen. Das Werk wurde oft bearbeitet, um diesen Vorwürfen Rechnung zu tragen.

6.4.3 Die französische Oper

Tragédie lyrique

Unter *Lullys* Nachfolgern war der wichtigste (→) *Jean-Philippe Rameau*. Er veränderte die Gattung nur unwesentlich, betonte besonders den Sologesang (wohl unter italienischem Einfluss) und baute größere Szenenkomplexe aus. An *Rameau* knüpfte *Gluck* an, der wie zuvor bei der italienischen *Opera seria* auch „reformierte" französische Opern schrieb. Das erste dieser Werke ist *Iphigénie en Aulide* (Iphigenie in Aulis, 1774).

Opéra comique

Allgemeines. Um 1750 bildete sich nach dem Vorbild der *Opera buffa* die *Opéra comique* heraus. Sie überflügelte bald die *Tragédie lyrique* an Erfolg und öffentlicher Bedeutung.

Stoffe. In den ersten Jahrzehnten nach der Entstehung waren die Stoffe komisch, später jedoch nicht mehr, sodass der Begriff missverstanden werden kann. Die Französische Revolution mit ihren Idealen von Freiheit und Brüderlichkeit wirkte nachhaltig auf die Opernstoffe der *Opéra comique*. Etwa zwischen 1790 und 1810 stellte sich die *Opéra comique* denn oft auch als **Revolutions-** und **Rettungsoper** dar, in der komische Elemente in den Hintergrund treten. In den Libretti werden bedrohte und verfolgte Unschuldige durch mutigen Einsatz selbstloser Menschen aus der Gewalt von Bösewichtern und Tyrannen befreit. Diese Stoffe wurden auch in Italien und Deutschland aufgenommen, z.B. in *Beethovens* (→) *Fidelio*.

Aufbau/musikalische Mittel. Wesentlich für die *Opéra comique* war der gesprochene Dialog, der sich als Charakteristikum bis ins 19. Jahrhundert hielt. Im Verlauf des 18. Jahrhunderts wurden Einflüsse aus der *Tragédie lyrique*, der italienischen Oper und der Instrumentalmusik der (→) *Wiener Klassik* aufgenommen.

Werke. Zu den ersten Werken gehört *Le devin du village* (Der Dorfwahrsager, 1752) des berühmten Philosophen, Schriftstellers und Komponisten *Jean-Jacques Rousseau* (1712–1778). Weitere wichtige Komponisten waren *André Ernest Grétry* (1741–1813) und *Luigi Cherubini* (1760–1842).

6.4.4 Das deutsche Singspiel

Allgemeines. Im deutschsprachigen Raum herrschte in der ersten Hälfte des 18. Jahrhunderts die italienische Oper vor. Um die Mitte des 18. Jahrhunderts entstand das *deutsche Singspiel*. Zu den ersten Libretti gehörten Übersetzungen von Stücken der *Opéra comique*. Das Singspiel kam rasch in Mode. Auch *Goethe* dichtete ein Libretto.

Stoffe. Die volkstümlichen Texte entstammen dem bürgerlich ländlichen Milieu, sie sind zumeist heiter.

Aufbau / musikalische Mittel:
- gesprochene Dialoge;
- Lieder, kleine Arien, Ensembles. Viele Lieder aus Singspielen sind zu Volksliedern geworden;
- einfache, volkstümliche musikalische Mittel.

Zunächst besaßen die Musikeinlagen nur sehr geringe Eigenbedeutung; in der Regel waren es Strophenlieder einfachster Art. Allmählich wurden Arien verwendet; das Singspiel näherte sich der Oper an.

Werke. *Johann Adam Hiller* (1728–1804) gilt als der Begründer des deutschen Singspiels. Von Bedeutung war auch *Christian Gottlob Neefe* (1748–1798), *Beethovens* Lehrer.

Mozart: Die Entführung aus dem Serail (1782)

Zu den bekanntesten Singspielen zählt heute *Mozarts Die Entführung aus dem Serail.*

Inhalt. Das Stück spielt im türkischen Palast des Bassa Selim im 16. Jahrhundert. Dieser hält Pedrillo, Konstanze und deren Zofe, Blondchen, gefangen. Der Europäer Belmonte, Konstanzes Geliebter und Pedrillos Herr, dringt in den Palast ein und versucht zusammen mit Pedrillo, Konstanze und Blondchen zu entführen. Der Haremswächter Osmin vereitelt die Flucht. Am Ende übt Bassa Selim keine Rache, sondern Vergebung.
Vor *Mozarts* Zeit waren Türken in komischen Opern für gewöhnlich negativ dargestellt worden. Unter dem Einfluss der Ideen der Aufklärung wurde es üblich, den „wilden“ Türken durch den edlen zu ersetzen.

Musik. Die in der damaligen Zeit beliebten türkischen Stoffe wurden üblicherweise auch mit türkischen musikalischen Elementen versehen. Diese haben aber wenig mit dem zu tun, was heute als türkische Musik bekannt ist. Türkische Elemente in der Musik des 18. Jahrhunderts waren besonders die zusätzlich zu den üblichen verwendeten Schlaginstrumente, nämlich große Trommel, Becken und Triangel sowie die Piccoloflöte. Diese Instrumente werden in der *Entführung* in der Ouvertüre und in Nummern verwendet, die temperamentvolles türkisches Kolorit darstellen sollen.

Osmin wird textlich und musikalisch als leicht erzürnbarer Fanatiker charakterisiert. In der Arie Nr. 3 gerät er am Ende außer sich, was durch schnelleres Tempo, dämonischen Charakter und Grausamkeiten enthaltender Text ausgedrückt wird.

Notenbeispiel 6.9:

W. A. Mozart, Die Entführung aus dem Serail, Arie des Osmin, Nr. 3, T. 147–152

Die musikalische Charakterisierung Konstanzes ist uneinheitlich; zum einen gibt sie ihre Gefühle einfach und edel kund, zum anderen singt sie Arien aus der Sphäre der *Opera seria* von sehr pathetischem Charakter, die durch z. T. ausgedehnte (→ Bd. I) *Koloraturen* geprägt sind. *Mozart* schrieb die Rolle für eine bestimmte Sängerin, der er Zugeständnisse zu machen hatte.

6.4.5 Übersicht: Metastasianische Opera seria, Opera buffa, Singspiel

	Metastasianische Opera seria (ernst)	**Opera buffa (heiter)**	**Singspiel**
Sprache	italienisch	italienisch	deutsch
Stoffe			
Handlung überwiegend	fern der Gegenwart, mythologisch oder historisch	in der Gegenwart, Alltag einfacher Menschen	in der Gegenwart, meist Landleben, oft sentimental
Inhalt/Stimmung	tragisch	komisch	heiter
Stil	opernhaft	opernhaft	liedhaft
Aufbau			
Aktschlüsse	Ensembles oder Chöre	meistens Finali	Ensemble oder Chöre
Dialoge	in Rezitativen	in Rezitativen	gesprochen
Aktanzahl	3	nicht festgelegt	nicht festgelegt
Ensembles	selten	häufiger	zunehmend mehr
Personenzahl	6 (darunter Kastraten)	6 oder 7	
Form von Arie und Ensemble	meistens Dacapo-Form	seltener Dacapo-Form, formal weniger festgelegt	Liedformen
Musikal. Mittel			
Allgemeine Charakteristika der Musik	Die Musik einer Arie oder eines Ensembles ist einheitlich, sie stellt einen Affekt dar.	Die Musik einer Arie oder eines Ensembles ist weniger einheitlich; sie passt sich flexibel dem Text an.	Die Musik ist einfacher als bei der Oper.

6.4.6 Die deutsche Oper um 1800

Allgemeines

Das Singspiel entwickelte sich durch Aufnahme von Elementen der italienischen und französischen Oper zur deutschen Oper. Diese stand in der Tradition des Singspiels durch ihre gesprochenen Dialoge. *Die Zauberflöte* wird in diesem Sinn manchmal als erste deutsche Oper bezeichnet.

Werke

Mozart: Die Zauberflöte (1791)
Die Zauberflöte, *Mozarts* letztes Bühnenwerk, vereinigt Elemente des *Singspiels*, der *Opera seria* und der *Opera buffa*. *Mozart* nennt das Werk im Untertitel „eine teutsche Oper". Der Text wurde nach verschiedenen Vorlagen von dem Theaterdirektor *Emanuel Schikaneder* verfasst, einem Freund *Mozarts* und Mitglied seiner Freimaurerloge.

Inhalt. Das Stück spielt im Morgenland in märchenhafter Zeit. Der Prinz Tamino erhält von der Königin der Nacht den Auftrag, deren Tochter Pamina aus dem Reich des angeblich bösen Sarastro zu befreien; er bekommt dafür eine Zauberflöte. Begleitet wird er vom Vogelfänger Papageno mit Panflöte und Glockenspiel. Sarastro stellt sich als Hüter von Weisheit und Humanität heraus. Tamino unterwirft sich verschiedenen Prüfungen und erhält dadurch Pamina zur Frau. Die Königin der Nacht versinkt in „ewige Nacht".

Die Oper ist durch die Freimaurerei beeinflusst. Die im Freimaurertum wichtige Zahl 3 spielt eine große Rolle (z. B. dreimaliges Klopfen, drei Damen, drei Knaben, Tonarten mit 3 Be an markanten Stellen). Die Prüfungen, denen sich Tamino unterziehen muss, ähneln freimaurerischen Aufnahmeriten. Die Weisen sind wie üblicherweise die Freimaurer zur damaligen Zeit ausschließlich Männer. Im Duett Nr. 11 heißt es: „Bewahret euch vor Weibertücken: Dies ist des Bundes erste Pflicht."

Das Werk weist ab dem Ende des ersten Aktes Ungereimtheiten auf. Die zu Beginn gute Königin der Nacht wird zur Bösen, aus dem bösen Sarastro wird ein guter Priester. Die drei Knaben gehören zunächst der Sphäre der Königin der Nacht an, später dem Reich Sarastros, beim Diener Monostatos ist es umgekehrt.

Gemäß der *Bruchtheorie* sollte die Königin der Nacht ursprünglich die Gute bleiben. *Mozart* und *Schikaneder* hätten sich während der Komposition des Stückes zu einer Änderung der Handlung entschlossen. Eine Variante der Theorie besagt, dass dies wegen der Premiere einer ähnlichen Zauberoper geschehen sei. Nach einer anderen, naheliegenderen Variante wollten *Mozart* und *Schikaneder* der zunächst einfachen, märchenhaften Handlung durch Einbeziehung von Ideen des Freimaurertums eine neue Dimension verleihen. Gegen die *Bruchtheorie* spricht, dass es in einer Zauberoper Widersprüche geben darf.

Musik. *Die Zauberflöte* ist *Mozarts* volkstümlichstes Bühnenwerk. Die Musik vereinigt sehr gegensätzliche Stimmungen und Stilebenen.

Der Vogelfänger Papageno ist beispielsweise durch heitere, einfache, liedhafte Stücke dargestellt, die dem *Singspiel* verpflichtet sind.

Notenbeispiel 6.10:

W. A. Mozart: Die Zauberflöte, Nr. 2, T. 27–30

Die Königin der Nacht entstammt der Sphäre der *Opera seria*; ihre Musik ist sehr dramatisch, besonders in der sogenannten Rachearie Nr. 14 mit ihren hohen (→ Bd. I) *Koloraturen*.

Notenbeispiel 6.11:

W. A. Mozart: Die Zauberflöte, Nr. 14, T. 23–35

Niedergeschlagene Stimmung herrscht in Paminas sogenannter Selbstmordarie (Nr. 17).

Notenbeispiel 6.12:

W. A. Mozart: Die Zauberflöte, Nr. 17 (Beginn)

Typisch für die *Opera buffa* sind die zahlreichen Ensembles und die ausgedehnten Finali.

Beethoven: Fidelio (1805/06/14)

Beethovens einzige Oper *Fidelio* weist Elemente des *Singspiels*, der *Opera seria* und der *Opéra comique* auf. Der Stoff ist typisch für die *Opéra comique* der damaligen Zeit (→ 6.4.3 *Rettungsoper*). Das Werk, das ursprünglich *Leonore* hieß, war in den ersten Fassungen von 1805 und 1806 wenig erfolgreich. 1814 war ihm unter dem endgültigen Namen *Fidelio* großer Erfolg beschieden.

Inhalt. Leonore verdingt sich unter dem Namen Fidelio als Gehilfe in einem Gefängnis, um Florestan, ihren dort zu Unrecht gefangen gehaltenen Gatten, zu befreien. Der Gouverneur kündigt eine Inspektion an; Pizzarro, der Leiter des Gefängnisses, will Florestan ermorden, weil er die Entdeckung von dessen Unschuld fürchtet. Leonore stellt sich ihm entgegen; die Ankunft des Gouverneurs bringt die Rettung. Das Stück thematisiert Ideen der Französischen Revolution (Freiheit und Brüderlichkeit) sowie das Lob der charakterstarken Frau.

Musik. *Beethovens* Ringen mit der Oper zeigt die Tatsache, dass er drei programmatische Ouvertüren verfasste (sogenannte Leonoren-Ouvertüren I, II und III), die er wieder verwarf. Heute beginnt das Werk mit der Fidelio-Ouvertüre. Die Leonoren-Ouvertüren sind noch im Konzertsaal zu hören. Der erste Akt weist einige liedhafte Arien auf, die aus der Singspieltradition stammen. Ihm werden zuweilen dramaturgische Mängel vorgehalten. Im zweiten Akt wechselt die Stimmung von großer Niedergeschlagenheit zu strahlendem Triumph. Bekannt ist das (→ Bd. I) *Melodram* (Musikabschnitt mit gesprochenem Text) Nr. 12, in dem die Musik den Text detailliert ausdeutet.

Notenbeispiel 6.13:

L. v. Beethoven: Fidelio, Nr. 12, T. 5–11

6.4.7 Die englische Oper

Die englischen Opernbühnen waren im 18. Jahrhundert von italienischen Werken beherrscht. Um 1730 entstand als Gegenströmung die englischsprachige **Ballad opera**. Sie besteht aus gesprochenen Dialogen und damals bekannten volkstümlichen Liedern. Die erste und berühmteste *Ballad opera* ist *The Beggar's Opera* (*Die Bettleroper*, 1728). Sie enthält hauptsächlich Melodien verschiedener europäischer Länder und bekannte Opernstücke, die *Johann Christoph Pepusch* zusammenstellte. Die *Bettleroper* war inhaltliches Vorbild für die *Dreigroschenoper* (1928) von *Bertolt Brecht* und *Kurt Weill*.

6.4.8 Das klavierbegleitete Sololied

Erste Berliner Liederschule (ca. 1750 – ca. 1780)

Eine zentrale Rolle für die Entwicklung des klavierbegleiteten deutschen Sololiedes spielte die **Erste Berliner Liederschule**

Merkmale:
- einfache, leicht singbare Melodien,
- vorwiegend Strophenlieder, welche möglichst ohne Begleitung auskommen sollten,
- Inhalt: Wein, Liebe, Moral.

Zu den führenden Mitgliedern zählte *C. P. E. Bach*.

Zweite Berliner Liederschule (ca. 1780 – ca. 1830)

Die Erste Berliner Liederschule wurde von der Zweiten abgelöst, die ebenfalls eine dominierende Rolle für das Liedschaffen im deutschsprachigen Raum spielte. Vertont wurden die bedeutendsten Dichter der Zeit (*Klopstock*, *Claudius*, *Goethe*, *Schiller* u. a.).

Wesentliches musikalisches Merkmal war das Vorbild des Volksliedes. Zentrale Kategorie war das *Lied im Volkston*; dieses zeigte folgende Charakteristika:
- zumeist Strophenform;
- einfache Melodik;
- die Lieder sollen den *Schein des Bekannten* erwecken, ohne jedoch bekannt zu sein;
- homophone Klavierbegleitung, die die Gesangsstimme mitspielt;
- selten Vor-, Zwischen- und Nachspiele.

Zu den bedeutendsten Vertretern gehört *Johann Abraham Peter Schulz* (1747–1800). Programmatisch heißen einige seiner Liedersammlungen „Lieder im Volkston".
Zahlreiche seiner Lieder sind bis heute volkstümlich geblieben, z. B. „Der Mond ist aufgegangen".

Johann Friedrich Reichardt (1752–1814) war einer der ersten Komponisten, der in nennenswertem Umfang Gedichte von *Goethe* vertonte. Zwar hielt er in Bezug auf strophisch strukturierte Gedichte am Ideal des einfachen Strophenliedes fest, in seinen sonstigen Lied-

Notenbeispiel 6.14:

Johann Abraham Peter Schulz, Der Mond ist aufgegangen

vertonungen findet sich allerdings ein bemerkenswerter Formenreichtum. *Reichardt* gilt heute als Bindeglied zwischen der Berliner Liedtradition und *Schubert*.

Der letzte bedeutende Vertreter der Zweiten Berliner Liederschule war *Carl Friedrich Zelter* (1758–1832). In seinem Schaffen nahm das Strophenlied zeit seines Lebens eine Vorrangstellung ein. Als enger Freund *Goethes* beeinflusste er maßgeblich dessen Musikgeschmack.

Süddeutschland

Auch in **Süddeutschland** gab es wichtige Liedkomponisten. So gelangte auch *Christian Friedrich Daniel Schubart* (1739–1791), der wegen seiner politischen Ansichten 10 Jahre in Kerkerhaft saß, zu einem Ideal des „Volkstons" in seinen Liedern. In musikalischer Hinsicht bedeutender war der mit *Schiller* befreundete Stuttgarter Hofkapellmeister *Johann Rudolf Zumsteeg* (1760–1802). *Zumsteeg* beschäftigte sich vor allem mit der Gattung der *Ballade* (erzählendes Gedicht, oft von düsterer Stimmung). Eine strophische Vertonung einer solchen im Sinne der *Berliner Liederschulen* lehnte er ab und nutzte alle Gestaltungsmöglichkeiten vom (→) *Rezitativ* über häufige Wechsel von Tempo- und Vortragsbezeichnungen bis hin zu selbstständigen instrumentalen Abschnitten und Elementen des (→) *Melodrams*. Dabei bediente er sich auch drastischer Mittel der Harmonik und der Melodik. Die *Balladen Zumsteegs* waren direkte Vorbilder für *Schuberts* Liedkompositionen.

Wien

In **Wien** spielten eigenständige Liedkompositionen eine eher untergeordnete Rolle. *Gluck*, einer der bedeutendsten Komponisten der Zeit, widmete sich erst ab 1770 der Gattung.

Haydn wandte sich auch erst im 50. Lebensjahr der Liedkomposition zu. Insgesamt sind 34 deutsche Lieder von ihm überliefert, die ungefähr gleichzeitig mit den „Liedern im Volkston" von *Schulz* erschienen. Auffällig bei *Haydns* Liedern ist eine sehr viel freiere Behandlung des Klavierparts gegenüber der *Berliner Liederschule* oder *Gluck*.

Auch für *Mozart* spielte das Lied nur eine untergeordnete Rolle. Seine noch erhaltenen 28 deutschen Lieder waren Gelegenheitsarbeiten, stilistisch aber äußerst vielfältig und komplex, wobei besonders seine durchkomponierten Lieder, z.B. „Das Veilchen", bemerkenswert sind.

Der bedeutendste Komponist, der sich vor *Schubert* intensiv mit der Liedkomposition beschäftigt hat, war *Beethoven*. *Beethoven* wurde stark von seinem Bonner Lehrer *Neefe* geprägt, der – zunächst von der Berliner Idee des Volkstons beeinflusst – bereits ab 1780 hochexpressive Kunstlieder schuf, wobei er die Form des (→Bd. I) *variierten Strophenliedes* bevorzugte. Bei *Beethovens* insgesamt 80 deutschen Liedern reicht das formale Spektrum vom einfachen Strophenlied (vor allem in den Frühwerken) über das *variierte Strophenlied* bis hin zu durchkomponierten Liedern und (→) *kantatenartigen* Formen.

6.5 Geistliche Vokalmusik

6.5.1 Oratorium

Das italienische Oratorium

Die musikalische Entwicklung des italienischen Oratoriums verlief etwa analog zu derjenigen der *Opera seria*. Wichtige Librettisten und Komponisten betätigten sich in beiden Gattungen. Die Libretti von (→) *Metastasio* waren für die Oratorien von ähnlicher Bedeutung wie seine Operntexte. Alle bedeutenden Opernkomponisten schrieben auch Oratorien, z. B. *Hasse* und *Pergolesi*.

Das deutsche Oratorium

Im protestantischen Norden Deutschlands entstand zu Beginn des 18. Jahrhunderts ein deutschsprachiges Oratorium. Es knüpfte an die Kantate und die Passion an und ist nicht immer klar von ihnen abzugrenzen. – Nach 1750 wurde auch das Oratorium, ähnlich der Oper, einer Reform unterworfen. Der Bibeltext wurde zurückgedrängt zugunsten von lyrischen Betrachtungen. Musikalisch wurde zunehmend ein empfindsamer, idyllischer Ton gegenüber dem früheren dramatischen dominierend. Paradebeispiel ist das Oratorium *Der Tod Jesu* von *Carl Heinrich Graun*, das bis zum Ende des 19. Jahrhundert in Deutschland populär war. Zu den führenden Oratorienkomponisten zählt *C. P. E. Bach*.

Haydns Oratorien. Während seiner Reisen nach England hörte *Joseph Haydn* die Oratorien *Händels*. Dadurch angeregt komponierte er *Die Schöpfung* (1798) und *Die Jahreszeiten* (1801), ein weltliches Oratorium. Beide Werke sind geprägt durch die heitere und liebliche Beschreibung der Natur.

Die Schöpfung basiert auf dem Bibeltext. Die Rolle des Erzählers wird auf die Figuren der drei Erzengel aufgeteilt.

Die Einleitung stellt das Chaos vor der Erschaffung der Welt dar und zwar durch komplexe Harmonik, unregelmäßige Taktgruppen und wenig einprägsame Melodik.

Das Kriechen des Gewürms wird durch langsames Tempo, tiefe Tonlage, Sekundschrittmelodik und Achtelbewegung ausgedrückt.

Notenbeispiel 6.15:

J. Haydn, Die Schöpfung, Nr. 21 Rezitativ, T. 58–65.

6.5.2 Katholische Kirchenmusik

Allgemeines

Die katholische Kirchenmusik nahm im Verlauf des 18. Jahrhunderts bezüglich der Form und der Melodik immer stärker Züge der „modernen" Vokalmusik, und damit der Oper, an. Die führenden Kirchenmusiker waren gleichzeitig auch die bedeutendsten Opernkomponisten. Gegen diese Tendenzen richtete sich die Enzyklika *Annus qui* von Papst *Benedikt XIV* (1749). Neben der Erneuerung von Forderungen des (→) *Tridentiner Konzils* (Vollständigkeit des liturgischen Textes, Textverständlichkeit) wurde der Verzicht auf opernhafte Elemente gefordert; die Mitwirkung eines Orchesters bei der Kirchenmusik wurde ausdrücklich gebilligt, Trompeten und Pauken aber nicht erlaubt. Das Verbot der Trompeten und Pauken wurde in Österreich befolgt, jedoch nur bis zum zweiten Drittel des 18. Jahrhunderts.

Messe

Allgemeines

Form. Im Verlauf des 18. Jahrhunderts wandelte sich die (→) *Kantatenmesse* zur *Orchestermesse*. Unter einer (→ Bd. I) **Orchestermesse** versteht man ein Werk für Solisten, Chor und Orchester, in der jeder der 5 Hauptteile zusammenhängend vertont wird, wobei sich innerhalb eines Teils Chor und Solisten abwechseln. Die Formen der Teile sind zuweilen der zeitgenössischen Instrumentalmusik entlehnt, z. B. Rondo oder Sonatenhauptsatzform. Des Öfteren ist eine Reprise anzutreffen.

Man unterscheidet zwei Hauptformen der Messe:

	Missa brevis, (lat.: kurze Messe)	**Missa solemnis (lat.: feierliche Messe)**
Anlass	für normalen Sonntag	für Feiertag
Länge	kurz, ca. 15–20 Minuten	lang
Aufwand	eher kleine Besetzung	große Besetzung

Textur. Die Textur ist unterschiedlich, relativ homophone Teile wechseln sich ab mit stark polyphonen Abschnitten. Üblicherweise werden die Schlüsse von *Gloria* und *Credo* als Fuge oder fugenartig komponiert.

W. A. Mozart

Mozarts Kirchenmusik entstand überwiegend während seiner Anstellung am Salzburger Dom. Alle seine 16 vollständigen Messen wurden daher bis 1780 komponiert. Sie sind Orchestermessen und relativ kurz, da ein Messgottesdienst in Salzburg nicht länger als 45 Minuten dauern durfte. Seine letzte, unvollendet gebliebene, bedeutende Messe in c-Moll KV 427 (417a) (entstanden 1782/83) ist eine Kantatenmesse.

J. Haydn

Von *Haydns* insgesamt 14 Messen sind die letzten 6 in den Jahren zwischen 1796 und 1802 entstanden. Sie sind Orchestermessen und gehören der Gattung der *Missa solemnis* an. In ihnen ist der (→) *Wiener Klassische Stil* aufs Höchste entwickelt.

Requiem

Allgemeines

Neben Messen sind heute aus dem 18. und 19. Jahrhundert Requiem-Vertonungen bekannt. Die Abschnitte des (→) *Requiems* werden für gewöhnlich wie bei der Messe durchkomponiert. Eine Ausnahme bildet die (gereimte) (→) *Sequenz* **Dies irae**, die 19 Strophen umfasst und in mehrere Abschnitte eingeteilt ist.

Das *Dies irae* stammt aus dem 12. oder 13. Jahrhundert und schildert zunächst eindrücklich die Schrecken des Jüngsten Tages, an welchem Gott gemäß der Bibel zu Gericht sitzen, den Menschen alle ihre Sünden vorhalten und sie in Gerettete und Verdammte einteilen werde. Im zweiten Teil der Sequenz bittet der Ich-Erzähler flehentlich um Rettung.

Dies irae, dies illa solvet saeclum in favilla: teste David cum Sibylla.	Tag des Zornes, jener Tag, auflösen wird er das All in Asche: wie bezeugt von David und Sibylla.
Quantus tremor est futurus, quando judex est venturus, cuncta stricte discussurus!	Welch ein Zittern wird es geben, wenn der Richter kommen wird, um alles streng zu prüfen!

Die Schrecken des Jüngsten Gerichts werden in den Requiem-Vertonungen im 18. und 19. Jahrhundert üblicherweise durch sehr dramatische Mittel ausgedeutet. Im Zuge der Kirchenreform hat das (→) *Zweite Vatikanische Konzil* (1962–1965) das *Dies irae* aus der Totenmesse gestrichen.

Notenbeispiel 6.16:

W. A. Mozart: Requiem, Dies irae, T. 1–4, 1. Violinen, Chor und Generalbass

Mozarts Requiem

Das bekannteste Requiem des 18. Jahrhunderts stammt von *Mozart* (für 4 Soli, Chor und Orchester). Es ist seine letzte – unvollendet gebliebene – Komposition und gilt als eines seiner bedeutendsten Werke. Es wurde von einem anonymen Boten des *Grafen Walsegg* bestellt, was Anlass zu vielfacher Legendenbildung gab. *Mozarts* Schüler *Franz Xaver Süßmayr* (1766–1803) vollendete das Stück. Es gibt neuerdings auch Vervollständigungen anderer Komponisten. Das Werk weist verstärkt dunkle Klangfarben auf. Es kommen keine Flöten und Oboen zum Einsatz und anstelle von Klarinetten die mit diesen verwandten tieferen Bassetthörner. Im Gegensatz zu früheren Kirchenwerken Mozarts weist es deutlich strengere Polyphonie auf.

Mozart vertonte die ersten beiden Strophen des *Dies irae* in einem Chorstück ohne Soli. Die Schrecken des Weltuntergangs werden ausgedeutet durch große Lautstärke, schnelles Tempo, hohe Tonlage, die Tonart d-Moll, Tremolo und Synkopen in den Streichern sowie kurze Phrasen der Sänger, die Atemlosigkeit suggerieren; „irae" wird durch einen hohen Ton hervorgehoben.

6.5.3 Evangelische Kirchenmusik

Um die Mitte des 18. Jahrhunderts ging die Bedeutung der evangelischen Kirchenmusik stark zurück. Dies lag unter anderem am (→) *Pietismus*, der sich gegen eine komplexe Kirchenmusik wandte.

6.6 Instrumentalmusik

6.6.1 Allgemeines

Zur Form. Im 18. Jahrhundert entwickelte sich aus der Form der neapolitanischen Opernouvertüre die Satzfolge der (→ Bd. I; 10.2.2) *Sonatenform* (schnell, langsam, schnell). Diese wurde bald für alle instrumentalen Besetzungen bestimmend (→ 6.1.6). Um die Mitte des 18. Jahrhunderts trat nach dem langsamen Satz das (→) *Menuett* (mittelschnell) hinzu. Für die Ecksätze aller instrumentalen (→ 6.1.6) Besetzungen wurde die (→ Bd. I) *Sonatenhauptsatzform* zum zentralen Formprinzip. In den langsamen Sätzen entwickelten sich ebenfalls neue Formen (vgl. Bd. I; 9.2.7). Gleichzeitig mit der Entstehung der neuen Prinzipien verloren die Fuge und improvisatorische Formen an Bedeutung. Die Form *Thema mit Variationen* wurde weiterhin gepflegt, und zwar als Einzelwerk und als Satz in einer Sonatenform.

Zur Einteilung. Im Folgenden wird die Instrumentalmusik nicht mehr nach Formen, sondern nach *Besetzung* eingeteilt.

Unterschied zwischen sinfonischer und Kammermusik. In der zweiten Hälfte des 18. Jahrhunderts begannen Kammer- und Orchestermusik, einschließlich der (→) *Serena-*

de, unterschiedliche Stile zu entwickeln, besonders seit *Haydns* Streichquartetten Op. 33 von 1781. In der Kammermusik, vor allem im Streichquartett, herrschte nun gegenüber der Sinfonie und der Serenade größere Kunstfertigkeit, d. h. stärkere Polyphonie und engere motivisch-thematische Beziehungen. Außerdem waren im Gegensatz zur sinfonischen Musik die Instrumente in der Kammermusik annähernd gleichberechtigt. Kammermusik sollte zuerst Musik für die Spieler selbst sein, der Zuhörer war nicht der eigentliche Adressat. Oft wurde das Streichquartett mit einem Gespräch von vier vernünftigen Leuten verglichen.

Notenbeispiel 6.17:

W. A. Mozart, Streichquartett in B-Dur, KV 589, 1. Satz, T. 1 bis 12 (1790)

Deutlich wird der Unterschied zwischen Kammermusik und Sinfonie beim Vergleich von Notenbeispiel 6.17 mit dem etwa aus der gleichen Zeit stammenden Notenbeispiel 6.3. Beide gehören dem (→) *Wiener Klassischen Stil* an. Das Streichquartett ist jedoch polyphoner als die Sinfonie, die Stimmen sind fast gleichberechtigt.

Im 19. Jahrhundert verwischten sich diese stilistischen Unterschiede zwischen Kammer- und Orchestermusik (vgl. 7.6.1).

Bedeutung des Streichquartetts. Besonders seit *Haydns* Op. 33 galt das Streichquartett als die kompositorisch am höchsten stehende Gattung, in der ein Komponist seine ganze Kunstfertigkeit unter Beweis stellen konnte. In dieser Hinsicht löste das Streichquartett die barocke (→) *Triosonate* ab.

6.6.2 Orchestermusik

Sinfonie

Italien

Um 1730 wurden die ersten selbstständigen, also von einer Oper unabhängigen (→ 5.6.2) *Sinfonien* geschrieben. Die Sinfonie wurde alsbald zur führenden Orchestergattung.

Maßgeblich an der Entwicklung der Sinfonie und des sich hierbei herausbildenden neuen Stils, war der Mailänder *Giovanni Battista Sammartini* (1700–1775). Er schrieb ab 1730 ca. 70 Sinfonien. Die Neuerungen bestanden darin, dass die Sätze deutlich abgeschlossen waren und dass die Sonatenhauptsatzform relativ deutlich ausgeprägt war. *Sammartinis* Sinfonien hatten großen Einfluss auf die gesamte europäische Musik. – Neben diesem ist für die Frühzeit des neuen Stils *Johann Christian Bach* (1735–1782, der *Mailänder Bach*) von Bedeutung, der über 60 Sinfonien schrieb.

Mannheimer Schule

Zur **Mannheimer Schule** gehören die Komponisten, die in Mannheim unter dem pfälzischen Kurfürsten *Karl Theodor* von dessen Regierungsantritt 1743 bis zum Umzug des Hofstaates nach München im Jahre 1778 wirkten. Die *Mannheimer Schule* trug maßgeblich zur Entwicklung der Instrumentalmusik bei. Führender Komponist war der Konzertmeister *Johann Stamitz* (1717–1757). Sein Amtsnachfolger, *Christian Cannabich* (1731–1798), war ebenfalls ein einflussreicher Komponist.

Das Mannheimer Orchester galt als eines der führenden in Europa. Viele Orchestermusiker waren auch Komponisten. Das Orchester war besonders für seine Dynamikunterschiede, seine Crescendi und seine Virtuosität berühmt.

Die Mannheimer Komponisten verbreiteten folgende in Italien ausgebildeten Neuerungen in Europa:
- Pflege der Sinfonie als Gattung;
- Standardisierung der viersätzigen Form der Sinfonie durch Einbeziehung des Menuetts;
- Ausprägung dynamischer Unterschiede;
- Einbeziehung von Elementen der Volksmusik (z. B. durch periodische Melodik).

Wien: Joseph Haydn (1732–1809)

In und um Wien wirkte um die Jahrhundertmitte eine Reihe von Komponisten, die stark vom italienischen und Mannheimer Stil beeinflusst waren. Der bedeutendste war *Joseph Haydn*.

Von *Haydn* sind nach neueren Forschungen 108 Sinfonien überliefert. Sie entstanden zwischen 1759 und 1795. Viele frühen Sinfonien besaßen noch die Form der italienischen *Opernsinfonie* (3 Sätze mit einem Menuett oder einer *Gigue* am Schluss). Etwa seit 1765 wurde die Viersätzigkeit einschließlich des Menuetts zur Regel.

Die Sinfonien der 70er Jahre sind leidenschaftlicher und erregter als die frühen; viele stehen in Moll. Kennzeichnend ist die zunehmende Verdichtung der motivisch-thematischen Beziehungen innerhalb eines Satzes im Laufe seines Schaffens. Dieses Prinzip übertrug *Haydn* später auf die Streichquartette Op. 33.

Zu den Sinfonien der 70er Jahre gehört auch die Nr. 45 in fis-Moll, die sogenannte *Abschiedssinfonie* (→ 6.1.4 Notenbeispiel 6.2). Ihren Namen erhielt sie wegen ihres ungewöhnlichen Schlusses, eines langsamen Satzes, in dem die Musiker nacheinander die Bühne verlassen, um ihren Urlaubswunsch zu verdeutlichen.

Die Sinfonien der 80er und 90er Jahre zeigen in ihrer hohen Komplexität den Einfluss der Streichquartette Op. 33. Typisch für sie ist eine erfrischende Heiterkeit. Für Pariser Konzerte entstanden die sogenannten *Pariser Sinfonien* (Nr. 82 bis 87). In den 90er Jahren schrieb *Haydn* für Londoner Konzerte die 12 Londoner Sinfonien (Nr. 93 bis 104).

Viele von *Haydns* Sinfonien tragen Namen, die sich zum größten Teil auf besondere Details einzelner Sätze beziehen; sie stammen oft nicht vom Komponisten selbst. Programm-Sinfonien sind selten. Manche Namen beziehen sich auf heitere oder derb komische Umstände. Die Sinfonie Nr. 83 trägt beispielsweise den Namen *La poule* (franz.: das Huhn) wegen der angeblich an ein Huhn erinnernden Oboentöne im ersten Satz. Zu *Haydns* beliebtesten Werken gehört die *Sinfonie mit dem Paukenschlag* Nr. 94. Im zweiten Satz, mit der Form (→ Bd. I) *Thema mit Variationen*, erklingt im Thema ein überraschender Paukenschlag. Angeblich hat *Haydn* diesen angebracht, um die Zuhörer zu wecken, die beim zweiten Satz einschlafen.

Wien: Wolfgang Amadeus Mozart (1756–1791)

Wolfgang Amadeus Mozart schrieb 41 Sinfonien, die erste im Alter von 8 Jahren. Bereits die frühen Sinfonien zeigen einen erstaunlichen Erfindungsreichtum. Sie sind kurze dreisätzige Stücke. Die Viersätzigkeit wird ab 1767 zur Regel. Der größte Teil von *Mozarts* sinfonischem Schaffen entstand bis 1774.

Unter ihnen ist die sog. kleine g-Moll-Sinfonie (KV 183) von 1773. Sie zeigt bereits eine große Meisterschaft in der Satztechnik, aber auch Tiefe der Empfindungskraft. Von *Mozarts* Sinfonien stehen nur zwei in einer Molltonart, beide in g-Moll. Diese Tonart wird von *Mozart* für traurige Musik bevorzugt eingesetzt. Neben den beiden Sinfonien stehen auch ein Streichquintett und die sog. Selbstmordarie der Pamina aus der (→) *Zauberflöte* in g-Moll.

Nach einer Pause entstanden ab 1778 noch 10 Sinfonien. Die viertletzte ist die Sinfonie Nr. 38 in D-Dur (KV 504), die sog. *Prager Sinfonie*, aus dem Jahr 1786 (→ Notenbeispiel 6.3). Die drei letzten Sinfonien schrieb *Mozart* im Sommer 1788 neben anderen Werken nieder.

Es ist durchaus möglich, dass bei seinem phänomenalen Gedächtnis die Werke bereits vorher in seinem Kopf fast fertig vorlagen. Die Werke, die zu den besten der Gattung gehören, sind:

- Sinfonie Nr. 39 in Es-Dur (KV 543);
- Sinfonie Nr. 40 in g-Moll (die große g-Moll-Sinfonie; KV 550) und
- die letzte Sinfonie Nr. 41 in C-Dur (KV 551), die sog. *Jupiter-Sinfonie*.

In der Jupiter-Sinfonie ist besonders der letzte Satz bemerkenswert. Hier verwendete *Mozart* in einer Sonatenhauptsatzform ausgeprägte polyphone Satztechniken. In der Exposition erklingen neben dem Haupt- und dem Seitenthema weitere Nebenthemen bzw. -motive oft gleichzeitig, wobei polyphone Kunstfertigkeit geboten wird (→ Bd. I; *Fugato*, *Engführungen* usw.). Nach der üblichen Durchführung und Reprise folgt eine Coda, in der Haupt- und Seitenthema zusammen mit drei weiteren Themen in einem großangelegten Fugato erklingen. Trotz dieser Kunstfertigkeit ist die Musik von höchst vitaler Heiterkeit.

Wien: Ludwig van Beethoven (1770–1827)

Ludwig van Beethovens neun Sinfonien gehören zu den am meisten gespielten Werken der Orchestermusik. Mit Ausnahme der fünfsätzigen sechsten Sinfonie haben alle vier Sätze.

Die **dritte Sinfonie** in Es-Dur, Op. 55 (1805), sollte zunächst *Napoleon Bonaparte* gewidmet werden. Nach dessen Kaiserkrönung im Jahre 1804 zog Beethoven die Widmung enttäuscht zurück und schrieb stattdessen: „*Sinfonia eroica*, dem Andenken eines Helden". Den Beinamen *Eroica* trägt sie noch heute. Der zweite Satz wird häufig als Trauermarsch verwendet.

Die **fünfte Sinfonie** in c-Moll, Op. 67 (1808), ist neben der neunten *Beethovens* wohl populärste Sinfonie. Der erste Satz ist ein Musterbeispiel für dichte motivisch-thematische Beziehungen. Er beginnt mit einem viertönigen Motiv, dessen Rhythmus den ganzen ersten Satz bestimmt. Das Motiv soll *Beethoven* mit folgenden Worten charakterisiert haben: „So pocht das Schicksal an die Pforte"; dadurch erhielt das Werk den Beinamen „Schicksals-Sinfonie". Der erste Satz ist von düsterer, leidenschaftlicher Stimmung. Der letzte Satz in C-Dur besitzt strahlenden, triumphalen Charakter. Der Gesamtverlauf der Sinfonie wird denn auch oft mit den Worten „durch Nacht zum Licht" charakterisiert. Bemerkenswert ist die Coda des letzten Satzes, eine der längsten der gesamten sinfonischen Literatur.

Zusammen mit der fünften komponierte *Beethoven* seine **sechste Sinfonie** („Pastorale") in F-Dur, Op. 68 (1808). Sie ist *Beethovens* einzige (→) *Programm-Sinfonie*. Der Beiname *Pastorale* (lat.: *pastor* – der Hirte) wurde instrumentalen und vokalen Stücken gegeben, die das Landleben, vor allem das Hirtenleben beschreiben. Die Sinfonie ist Ausdruck von Beethovens inniger Naturverbundenheit. Alle fünf Sätze besitzen Überschriften, die sich auf das Landleben beziehen. Die Musik ist aber nach

Notenbeispiel 6.18:

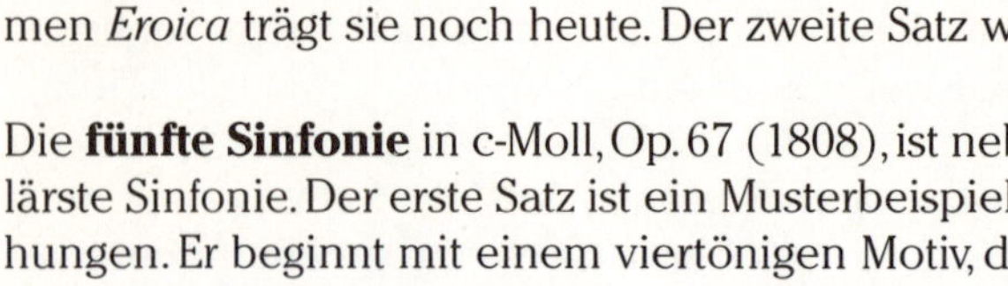

Beethoven: Fünfte Sinfonie, Op. 67, 1. Satz, Beginn

Beethoven „mehr Ausdruck der Empfindung als Malerey". Daher ist auch nur wenig (→ Bd. I) *Tonmalerei* zu finden (z. B. Vogelgezwitscher und Gewitter).

Zur **neunten Sinfonie** → 7.6.2

Konzert

Allgemeine Entwicklung. Die Ritornellform in den Ecksätzen wurde noch bis weit in die zweite Hälfte des 18. Jahrhunderts beibehalten; die Ritornelle wurden länger und waren leichter zu erkennen. Im ausgehenden 18. Jahrhundert wurde die Ritornellform durch die Sonatenhauptsatzform ersetzt.

Carl Philipp Emanuel Bach schrieb ca. 50 Cembalokonzerte, darüber hinaus eine Reihe von Konzerten für andere Soloinstrumente. Die Ecksätze waren noch in der Ritornellform komponiert.

W. A. Mozart schrieb 23 Konzerte für ein Klavier und Orchester. Alle sind für das Hammerklavier, nicht für das Cembalo geschrieben. Fast alle Konzerte hat Mozart zum eigenen Vortrag verfasst. Der erste Satz steht in Sonatenhauptsatzform, der letzte ist für gewöhnlich ein Rondo bzw. ein (→ Bd. I) *Sonatenrondo*. Viele gehören zu den Standardwerken der Konzertliteratur. Zu den am häufigsten gespielten zählen die beiden Moll-Konzerte: in d-Moll (KV 466) und in c-Moll (KV 491).

Ludwig van Beethoven schrieb ein Violinkonzert in D-Dur (Op. 61) und 5 Klavierkonzerte. Die letzten drei gehören zu den bekanntesten Werken der Konzertliteratur (3. in c-Moll, Op. 37; 4. in G-Dur, Op. 58; 5. in Es-Dur, Op. 73). Die letzten beiden Konzerte beginnen mit einer Einleitung des Klaviers, woran sich die Exposition anschließt.

Opern-Ouvertüre und Schauspielmusik

Unter einer (→ Bd. I) **Ouvertüre** (franz.: *l'ouverture* – die Eröffnung) versteht man das instrumentale Vorspiel eines Bühnenwerkes (Oper, Ballett, Schauspiel) oder eines Oratoriums, im 19. Jahrhundert auch ein selbstständiges, einsätziges, sinfonisches Werk (*Konzertouvertüre*). Die *Ouvertüre* besitzt im 18. Jahrhundert zunächst noch die Form der (→ Bd. I) *neapolitanischen Opernouvertüre* oder der (→ Bd. I) *französischen Ouvertüre*, später zumeist die *Sonatenhauptsatzform*.

Die **Opern-Ouvertüre** hatte im Barock selten Bezug zur Oper. Im 18. Jahrhundert wurden von Theoretikern Forderungen nach Beziehungen zwischen Ouvertüre und Oper laut. *Rameau* war einer der ersten, der eine engere Verbindung zwischen beiden herstellte, indem er Themen der Oper in die Ouvertüre einband bzw. die Ouvertüre, welche die erste Szene musikalisch schildert, in diese übergehen ließ. *Gluck* nahm diese Prinzipien seit seiner Oper *Alceste* (1767) auf.

In *Mozarts* großen Opern ist die Ouvertüre in Sonatenhauptsatzform komponiert und geht in vielfältiger Weise auf die Oper ein; in der Ouvertüre zur *Entführung aus dem Serail* wird im Mittelteil Material der ersten Szene verwendet; in der Ouvertüre zum *Don Giovanni* und zur *Zauberflöte* wird jeweils bedeutsames Material aus der Oper zitiert; die Ouvertüre zu *Figaros Hochzeit* bildet durch ihr rasches Tempo und ihren rastlosen Gestus die Turbulenz des Operninhaltes ab.

Ouvertüren von (→ Bd I; 12.4) *Schauspielmusiken* waren wie die Opern-Ouvertüren zumeist in der Sonatenhauptsatzform komponiert; sie weisen zum Teil detaillierte Bezüge zur Handlung auf und gehören in diesem Fall zur Programm-Musik.

Notenbeispiele 6.19–6.21:

L. v. Beethoven: Coriolan-Ouvertüre, Op. 62, „Coriolanthema", T. 15–20

Coriolan-Ouvertüre, Seitenthema, T. 52–56

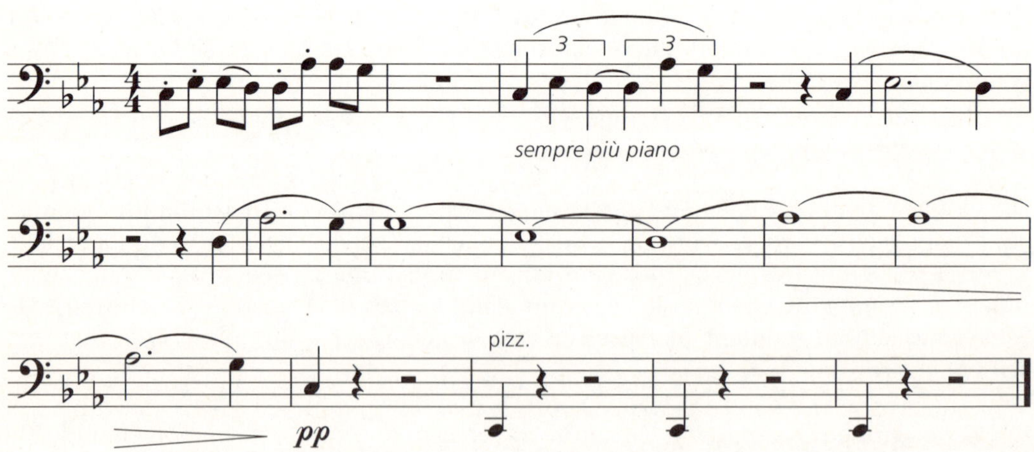

Coriolan-Ouvertüre, Schluss: Violoncello, T. 297 bis Ende

Beethoven schrieb einige Ouvertüren zu Schauspielen, darunter zu *Collins* Drama *Coriolan*, Op. 62 (1807). In diesem wird der Römer Coriolan zu Unrecht verbannt. Als Führer der feindlichen Volsker besiegt er in einem Krieg seine Vaterstadt fast vollständig. Seine Mutter fleht ihn um Gnade an. Schließlich gibt Coriolan nach, wird dadurch zum Verräter an den Volskern und tötet sich. Die Ouvertüre zu *Coriolan* stellt den inneren Konflikt des Dramas dar. Sie ist in der Sonatenhauptsatzform verfasst. Das erste Thema charakterisiert Coriolan, das Seitenthema das Flehen seiner Mutter. Während des Hauptteils der Komposition erfolgt auf das Erklingen des Seitenthemas „keine Reaktion" von seiten Coriolans. Aber in der Coda, nachdem das Seitenthema in Moll erklungen ist, hört man das allmähliche Abebben seiner Wut. In den letzten Takten löst sich das Coriolanthema allmählich auf, wodurch das Erlöschen von dessen Leben verdeutlicht wird.

Die Ouvertüre entwickelte sich im 19. Jahrhundert zur (→) *Programmatischen Konzert-Ouvertüre* und diese zur (→) *Sinfonischen Dichtung*.

Handlungsballett

Um die Mitte des 18. Jahrhunderts entstand das (→ Bd. I; 12.3) **Handlungsballett**, eine mehrteilige Komposition für Orchester ohne Gesang, zu der eine dramatische Handlung getanzt wird. *Beethoven* schrieb ein Handlungsballett, nämlich *Die Geschöpfe des Prometheus*, Op. 43.

6.6.3 Serenade, Divertimento, Kassation

Unter den Begriffen **Serenade, Divertimento** und **Kassation** versteht man mehrsätzige instrumentale Kompositionen für kleinere Besetzung heiteren Charakters. Die Begriffe sind schwer voneinander abgrenzbar. Die Stücke besitzen in der Regel 5 bis 7 Sätze. Die verbreitete Satzfolge heißt:

- *Allegro*;
- (→) *Menuett* und *Trio*;
- langsamer Satz;
- *Menuett* und *Trio*;
- *Finale* (→ Bd. I; 10.2.3).

Serenaden wurden oft im Freien aufgeführt. Da sich hierfür wegen ihrer Lautstärke Bläser besonders gut eignen, gab es viele Stücke mit Bläsern. Ihrer einfacheren Satztechnik nach sind Serenaden eher mit der damaligen sinfonischen Musik als mit der Kammermusik verwandt. So konnte *Mozart* aus der sechssätzigen *Haffner-Serenade* die Haffner-Sinfonie, KV 385, bilden, indem er zwei Sätze aus der Serenade wegließ.

Mozart schrieb eine größere Anzahl von Serenaden, Divertimenti und Kassationen. Zu den bekanntesten Serenaden zählt *Eine kleine Nachtmusik* in G-Dur, KV 525. Sie besaß zunächst 5 Sätze, später wurde ein Menuett weggelassen, was zur heutigen viersätzigen Form führte. Die Satztechnik dieser Serenade zeigt deutlich diejenige der Sinfonie der damaligen Zeit.

6.6.4 Kammermusik

Im Folgenden wird nur das Streichquartett behandelt. (Zu weiteren kammermusikalischen Besetzungen → Bd. I; 5.3.)

Haydn

Haydn gilt als Erfinder des Streichquartetts. Er prägte mit seinen über 70 Streichquartetten die Gattung wesentlich. Sie entstanden zwischen 1755 und 1803. Die ersten Quartette sind noch fünfsätzige (→) *Serenaden* (Divertimenti) in heiterem Tonfall. In den späteren Quartetten bis 1772 war die Viersätzigkeit die Norm; die Sätze wurden allmählich länger und ausdrucksstärker, der Tonsatz wurde komplexer.

Nach einer längeren Pause („Quartettpause"), in der sich *Haydn* besonders der Sinfonie widmete, schuf er im Jahre 1781 die 6 Quartette Op. 33, die nach seinen Worten auf „ganz neue, besondere Art" komponiert sind. Hier zeigt sich höchste kompositorische Meisterschaft: sehr dichte motivisch-thematische Beziehungen, ausgeprägte polyphone Züge, höchst abwechslungsreicher Tonsatz und nahezu Gleichberechtigung aller Stimmen. – Die weiteren Streichquartette *Haydns* blieben auf diesem kompositorischen Niveau.

Mozart

Mozart schrieb 26 Streichquartette. Wie denjenigen von *Haydn* kommt ihnen für die Geschichte der Gattung wesentliche Bedeutung zu. Die frühen Werke sind teilweise mit *Divertimento* betitelt. Spätere Quartette sind von *Haydns* früheren Quartetten beeinflusst. Ähnlich wie *Haydn* machte *Mozart* eine Quartettpause bis 1782. Die 6 Quartette aus den Jahren 1782 bis 1785 sind von *Haydns* Quartetten Op. 33 beeinflusst und sind diesem auch gewidmet. Darauf folgen nochmals 3 Quartette, darunter KV 589 (→ Notenbeispiel 6.17).

Beethoven

Durch *Haydns* und *Mozarts* späte Streichquartette war höchstes kompositorisches Niveau festgelegt. So nimmt es nicht wunder, dass *Beethoven* erst relativ spät seine ersten Werke dieser Gattung veröffentlichte. Die ersten 6 seiner 18 Streichquartette kamen 1801 als Op. 18 heraus. Sie gehören zu *Beethovens* erster Schaffensperiode und knüpfen an *Haydn* und *Mozart* an.

Beethovens Streichquartette der mittleren Schaffensperiode (Op. 59 Nr. 1–3, Op. 74 und Op. 95) zeigen höchste Intensität des Ausdrucks, formale sowie harmonische Kühnheiten und fordern große Virtuosität.

6.6.5 Klaviermusik

Domenico Scarlatti (1685–1757)

Domenico Scarlatti, Sohn von (→) *Alessandro Scarlatti*, ging um 1719 als Hofcembalist nach Portugal, später nach Madrid. Er war gleich alt wie *J. S. Bach* und *Händel*, seine Kompositionen besitzen aber bereits viele Merkmale des neuen Stils. *D. Scarlatti* gilt als einer der bedeutendsten italienischen Klavierkomponisten des 18. Jahrhunderts mit höchst individueller Prägung. Berühmt ist er für 555 Klaviersonaten, die seit 1738 veröffentlicht wurden. Sie sind zumeist einsätzig und weisen eine Zwischenstufe zwischen (→ Bd I) *Suitensatzform* und *Sonatenhauptsatzform* auf. Eine Reprise ist noch nicht ausgebildet; das Ende des zweiten Teils entspricht jedoch dem Ende des ersten Hauptteils.

Carl Philipp Emanuel Bach (1714–1788)
In Norddeutschland galt *Carl Philipp Emanuel Bach* zu Lebzeiten als einer der genialsten Klavierkomponisten. Er veröffentlichte ab 1742 eine Reihe von Klaviersonaten. Sie sind zumeist dreisätzig ohne Menuett. Die Ecksätze weisen deutlich Sonatenhauptsatzform auf, die dritten Sätze oft auch Rondoform. Neben Klaviersonaten schrieb *Bach* Themen mit Variationen, Rondos und Phantasien. Besonders die Phantasien sind sehr ausdrucksstark mit kühnen Modulationen und freiem Tempo.

Viele seiner Klavierwerke sind für das im Ton flexible (→ Bd. I) *Clavichord* konzipiert und vermögen auf diesem Instrument ihre volle Wirkung zu entfalten, weil so die plötzlichen Ausdruckswechsel gut zur Geltung kommen können.

Wien: Haydn
Joseph Haydn schrieb etwa 60 Klaviersonaten und weitere Werke für Klavier. *Haydns* frühe Klaviersonaten sind noch einfache, kurze, geringstimmige Stücke, die an die Divertimentoform mit einem Menuett am Schluss angelehnt sind. Allmählich wurden die Klaviersonaten immer länger, gewichtiger, virtuoser und vielstimmiger.

Wien: Mozart
Mozart schuf 18 Klaviersonaten und weitere Werke für Klavier, darunter auch solche zu vier Händen. Die Klaviersonaten sind durchweg dreisätzig. Das Menuett fehlt weitgehend. Die späten Werke weisen stärkere Züge polyphoner Satztechnik auf.

Notenbeispiel 6.22:

W. A. Mozart: Sonate in A-Dur, KV 331, 3. Satz, A-Teil in a-Moll

B-Teil in A-Dur

Zu *Mozarts* berühmtesten Stücken zählt die Sonate in A-Dur, KV 331. Ihre Form ist untypisch, da sie keinen Satz in Sonatenhauptsatzform enthält. Der erste Satz ist ein Thema mit Variationen. Der letzte Satz ist mit *Rondo alla turca* überschrieben. Wie in der (→) *Entführung aus dem Serail* sind Elemente der türkischen Musik einbezogen. Das Türkische könnte zum Ausdruck kommen durch die (→ Bd. I) *Vorschläge*, die an das Rollen der großen Trommel erinnern, ein damals mit türkischer Musik assoziiertes Instrument. Der Charakter des Dur-Teils und die Coda könnten die vermeintliche orientalische Wildheit darstellen.

Wien: Beethoven

Zentral in *Beethovens* Schaffen sind seine 32 Klaviersonaten. Sie gehören zu den Standardwerken der Klavierliteratur. Bereits die ersten Sonaten sind von hohem technischen Schwierigkeitsgrad. Dieser steigert sich im Verlauf seines Schaffens weiter. Die Satzdichte ist schon in den frühen Klaviersonaten größer als bei *Mozart* und *Haydn*. Während bei diesen zumeist Dreistimmigkeit vorherrscht, findet sich bei *Beethovens* frühen Sonaten eher Vierstimmigkeit, wobei sich die Satzdichte im Verlauf seines Schaffens erhöht. Während die frühen Sonaten viersätzig sind, wird später die Dreisätzigkeit zur Norm.

Bezeichnend für *Beethovens* Sonaten der mittleren und späten Periode ist die Verwendung von extremen Tonlagen. Ein Beispiel ist der Beginn der Sonate Op. 53 in C-Dur, die wegen der Widmung an den großen Förderer Beethovens *Waldstein-Sonate* genannt wird. Einige beliebte Werke besitzen eigene Namen, von denen manche von *Beethoven* stammen.

Notenbeispiel 6.23:

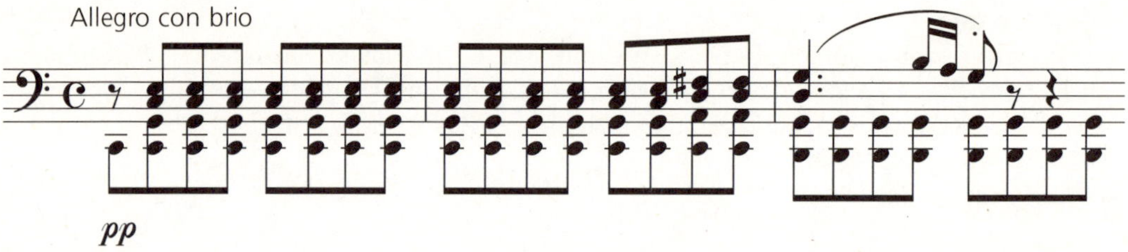

Beethoven: Sonate Op. 53 in C-Dur, Anfang (in tiefer Lage)

Zu den berühmtesten Sonatensätzen, von denen zahlreiche Bearbeitungen, auch in der Popmusik, existieren, gehört der erste Satz der Sonate Op. 27 Nr. 2 in cis-Moll, der sog. *Mondscheinsonate*. *Beethoven* nannte die Sonate selbst *quasi una fantasia*. Ihr fehlt der übliche erste schnelle Satz. Die Sonate beginnt mit dem langsamen Satz. Er besitzt entrückte Stimmung und ist von durchgehenden Dreiklangsbrechungen in Triolenachteln geprägt. Der zweite Satz ist ein Scherzo in Des-Dur von heiterem Charakter. Der letzte Satz in cis-Moll ist ein stürmisch dahinjagendes Finale im *Presto agitato*.

Das Stück, besonders der erste Satz, hat zahlreiche Deutungen erfahren. Der erste Satz erinnerte einen Musikkritiker an eine Bootsfahrt auf dem Vierwaldstädter See bei Mondschein; seitdem trägt die Sonate den besagten Titel.

Notenbeispiel 6.24:

Beethoven: Sonate Op. 27, Nr. 2, 1. Satz, Anfang

Eine (nicht bewiesene) naheliegende Deutung ist, dass die Sonate *Beethovens* unglückliche Liebe zu seiner Schülerin *Giulietta Guicciardi* schildert, der die Sonate gewidmet ist (Resignation, kurzes Glück, Leiden).

Außer Sonaten schrieb *Beethoven* Themen mit Variationen und (→ Bd. I) *Bagatellen*. Eines der beliebtesten Stücke von *Beethoven* ist die Bagatelle *Für Elise* in a-Moll, (→) WoO 59 (komponiert 1808 oder 1810). Sie wurde erst vier Jahrzehnte nach *Beethovens* Tod veröffentlicht. Bei der Abschrift des mittlerweile wieder verschollenen Manuskripts von *Beethoven* wurde die Überschrift als *Für Elise* gelesen. Es wird behauptet, dass eigentlich *Für Therese* auf dem Blatt gestanden habe.

7 Das 19. Jahrhundert (ca. 1814 bis ca. 1900)

7.1 Musikalische Neuerungen

7.1.1 Musikhistorische Abgrenzung, Intensität des Stilwandels und Stileinheitlichkeit

Abgrenzung, Intensität des Stilwandels

Einen Einschnitt in der Musik in den Jahrzehnten um 1800 zu finden, ist nicht leicht, da die Entwicklung der Musik kontinuierlich verläuft. Die Zeitgenossen empfanden nur einen geringen allmählichen Stilwandel. Als Markstein kann das Jahr 1814 angesehen werden. Es bedeutet in der politischen Geschichte eine wichtige Zäsur, da mit dem **Wiener Kongress** die Neuordnung Europas und das Zeitalter der Restauration anfing. In der Musikgeschichte wird im Jahr 1814 der Beginn von *Beethovens* später Schaffensphase festgesetzt.

Wesentliches Merkmal der Musik des 19. Jahrhunderts ist deren zunehmende Komplexität.

Stileinheitlichkeit

Das 19. Jahrhundert ist insgesamt geprägt von einer stärkeren stilistischen Vielfältigkeit als das vorangegangene. Es gab innerhalb eines Landes die unterschiedlichsten Kompositionsweisen, im deutschsprachigen Gebiet beispielsweise erkennbar an den Auseinandersetzungen zwischen (→) *Neudeutschen* und (→) *Konservativen*. Verstärkt wurden in Osteuropa nationale Stile ausgeprägt (→ *Nationalismus*).

7.1.2 Neue Gattungen/Gewichtung/neue Großform-Prinzipien

Gattungen

Das 19. Jahrhundert übernahm die meisten Gattungen des 18. Jahrhunderts. Wichtige neue waren folgende:

- das Charakterstück, oft komponiert von *Schumann*;
- die Sinfonische Dichtung, geprägt durch *Liszt*;
- die Operette, geschaffen durch *Offenbach*.

Das klavierbegleitete Sololied, maßgeblich beeinflusst von *Schubert*, nahm erheblichen Aufschwung. Die Oper erhielt durch das von *Wagner* geschaffene *Musikdrama* eine neue Ausprägung.

Gewichtungen

Im 19. Jahrhundert wurde die Produktion der geistlichen Musik geringer. Programm-Musik gewann zunehmend an Bedeutung.

Im Schaffen von Komponisten ist verstärkt die Konzentration auf bestimmte Gattungen zu erkennen, z. B. bei *Chopin* auf das Klavier, bei *Verdi* und *Wagner* auf die Oper und bei *Mahler* auf Sinfonien und Lieder.

Neue Großform-Prinzipien

Das 19. Jahrhundert übernahm die musikalischen Formen des vorigen Jahrhunderts, dehnte sie jedoch zeitlich aus und gestaltete sie komplexer. Zentral war weiterhin die Sonatenhauptsatzform.

Neue Formen entstanden in der Oper durch Veränderungen der (→ 7.4.1) *Arie* und im *Wagnerschen* (→ 7.4.4) *Musikdrama*.

Neben großen, komplexen Formen gab es auch schlichte liedhafte Gestaltung, z. B. im Lied und im Charakterstück.

7.1.3 Notation und Verzierungspraxis

Da die Komponisten ihre Werke immer genauer festlegten, ging die Bedeutung der *Verzierungspraxis* im 19. Jahrhundert stark zurück. Von den **notierten Verzierungen** blieben nur noch wenige Typen übrig (z. B. *Vorschlag*, *Triller*, *Doppelschlag*). Ansonsten ist auf dem Gebiet der Notation keine Änderung zu verzeichnen.

Die Kunst der freien Ausschmückung durch **nicht notierte Verzierungen** verschwand im 19. Jahrhundert fast ganz.

7.1.4 Musikalische Merkmale

Diese wurden allgemein komplexer.

Detailform-Prinzipien

Die Zäsuren in einem Werk wurden undeutlicher. Die *Taktgruppengliederungen* wurden unregelmäßiger und weniger deutlich.

Melodik

Die zunehmende Komplexität der Melodik entstand unter anderem durch verstärkte Verwendung von Chromatik, großen Umfang der Themen, extreme Intervalle und schnelle Durchmessung großer Tonräume. Im Notenbeispiel 7.1 ist deutlich der große Tonumfang des Themas zu erkennen.

Notenbeispiel 7.1:

L. v. Beethoven: Neunte Sinfonie, Op. 125 in d-Moll (1824), 1. Satz, T. 17–35, 1. Violine

Rhythmik

Die Rhythmen wurden oft komplexer, zuweilen wurde die Taktart verschleiert. Notenbeispiel 7.1 weist deutlich komplexe Rhythmik auf.

Harmonik

Für das 19. Jahrhundert ist die Weiterentwicklung der Harmonik von zentraler Bedeutung. Maßgeblich daran beteiligt waren *Liszt* und *Wagner*.

Die Harmonik des 19. Jahrhunderts kann durch folgende Merkmale charakterisiert werden:

a) *Beziehungen der Akkorde untereinander:* Mehrere hintereinander erklingende Akkorde gehörten oft ganz verschiedenen Dur- und Molltonleitern an. Dabei gab es oft längere Phasen ohne genau bestimmbare Tonart.

b) *Art der Akkorde*: Verstärkt erschienen dissonante Dreiklänge (übermäßiger und verminderter Dreiklang), (→ Bd. I) *Vierklänge* mit vermindertem oder übermäßigem Quintton und (→ Bd. I) *Fünfklänge*.

Ein Werk, das die Weiterentwicklung der Harmonik stark mit bestimmte, ist *Wagners* Musikdrama *Tristan und Isolde*. Berühmt ist das *Liebesmotiv*, dessen erster Akkord der *Tristan-Akkord* ist.

Hier erklingen zunächst drei Vierklänge mit vermindertem Quintton, zuletzt ein *kleiner Durseptakkord*. Da dieser weniger dissonant ist als die drei vorigen, wird er als Auflösung empfunden.

Notenbeispiel 7.2:

A. Bruckner: Sinfonie Nr. 4 in Es-Dur, 1. Satz, T. 27–42 (1878/80)

Notenbeispiel 7.3:

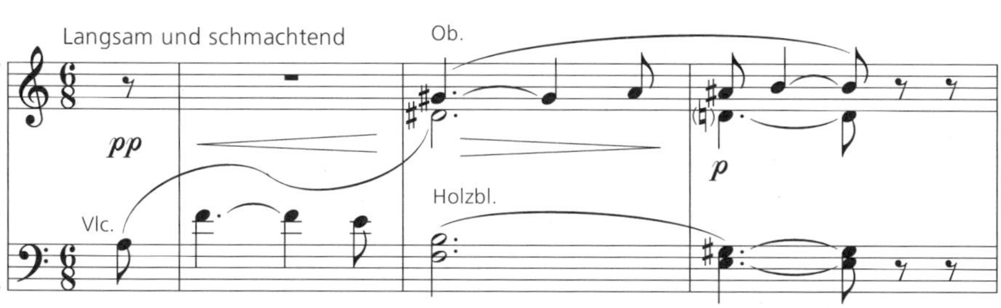

R. Wagner: Tristan und Isolde, Beginn

Anmerkung: Das unter a) beschriebene Prinzip ist hier auch deutlich ausgeprägt; zwar können der zweite Akkord als Doppeldominante und die beiden letzten als Dominanten in a-Moll aufgefasst werden, der erste Akkord ist in diesem Zusammenhang jedoch schwerlich in a-Moll oder in einer anderen Tonart deutbar.

Textur und Instrumentation

Die **Textur** wurde in Orchesterwerken zum Teil polyphoner. Die Satzdichte wurde größer, in der Orchestermusik durch mehr Instrumente, in der Klaviermusik durch vollgriffige Akkorde.

Bezüglich der **Instrumentation** wurden die Bläser gegenüber dem ausgehenden 18. Jahrhundert weiterhin selbstständiger, was unter anderem auf die verbesserte Technik der Instrumente zurückzuführen ist. Die Komponisten legten immer mehr Wert auf Variantenreichtum bei der *Klangfarbe*.

Tempo, Ausdrucks- und Dynamikbezeichnungen

Tempo- und Ausdrucksbezeichnungen wurden differenzierter. Die Erfindung des (→ Bd. I) **Metronoms** erlaubte exakte Tempoangaben, wovon die Komponisten zuweilen Gebrauch machten. Tempowechsel innerhalb eines Satzes kamen ab und zu vor. Zuweilen wurden extreme **Dynamikangaben** verwendet, wie pppp („vierfaches Pianissimo").

7.1.5 Musikalische Semantik

Für die Semantik des 19. Jahrhunderts war wesentlich, dass die (→) *Programm-Musik* zunehmend an Bedeutung gewann, besonders beim (→) *Charakterstück* und der (→) *Sinfonischen Dichtung*.

Für die Wiedergabe von Gefühlsregungen ist im 19. Jahrhundert der Begriff **Stimmung** angebracht.

Im Verlauf des 19. Jahrhunderts konnte die Musik zunehmend subtile Stimmungswechsel ausdrücken. Dies lag vor allem an der Harmonik und der größeren Bedeutung der Klangfarbe.

7.1.6 Instrumente/Besetzungen

Instrumente

In der ersten Hälfte des 19. Jahrhunderts wurden fast alle Instrumente deutlich umgestaltet, was zu wesentlichen Veränderungen im Klang und in der Spielweise führte. Nach 1850 erhielten die Instrumente den heute noch gültigen technischen Stand.

- Der Bau der Streichinstrumente wurde so verändert, dass eine höhere Saitenspannung entstand und der Klang dadurch kräftiger wurde. Im späten 19. Jahrhundert wurde das (→ Bd. I) *Vibrato* als Standardspielweise eingeführt.

- Die Blechblasinstrumente erhielten (→ Bd. I) *Ventile*.
- Bei den Holzblasinstrumenten wurde die *Querflöte* aus Metall gebaut. Diese und die *Klarinette* wurden intonationssicherer.
- Die *Pauke* erhielt maschinelle Stimmvorrichtungen.
- Das (→ Bd. I) *Hammerklavier* wurde vom modernen (→ Bd. I) *Klavier* abgelöst.
- Als wichtige neue Instrumente entstanden die *Tuba* und das *Saxophon*.

Besetzungen

Orchester. Das Orchester wurde kontinuierlich vergrößert (→ Bd. I; 5.3). Dies forderte von den Sängern immer mehr Stimmkraft.

Der größere Orchesterapparat und die zunehmend komplexere Kompositionsweise machten für die **Leitung des Orchesters** einen Dirigenten nötig. Diese sind seit dem Beginn des 19. Jahrhunderts üblich.

Kammermusikalische Besetzungen. Die Besetzungsformen des 18. Jahrhunderts wurden beibehalten (→ 7.6.3).

7.2 Andere Bezeichnung für die Epoche/ Historischer Zusammenhang

7.2.1 Romantik als Epochenbezeichnung

Allgemeines

Es ist heute verbreitet, die Musik des 19. Jahrhunderts als *romantische Musik* zu bezeichnen. In der neueren Musikwissenschaft wird jedoch betont, dass es zwar einen Einfluss der Romantik gab, dieser jedoch nur auf einen kleinen Teilbereich der gesamten Musik des 19. Jahrhunderts beschränkt blieb.

Begriff und einige allgemeine Eigenschaften der Romantik

Die **Romantik** gilt heute als geistesgeschichtliche Strömung, die etwa die Zeit der ersten Hälfte des 19. Jahrhunderts prägte. Sie beeinflusste Literatur, Philosophie, Bildende Kunst und Musik, wobei sie in den nicht abbildenden Künsten Musik und Architektur weniger deutlich war. Die Romantik war eine gesamteuropäische Erscheinung, besaß aber in den verschiedenen Ländern unterschiedlichen Charakter; besonders stark war sie im deutschsprachigen Raum ausgeprägt.

Die Romantik kann allgemein angesehen werden als eine Gegenströmung zu den klassischen Konzepten des Maßvollen und der Ausgeglichenheit. Ein Merkmal der Romantik ist die *Neigung zur Pflege und Hebung ehemals „niederer" Gattungen* wie des Volksliedes, des Märchens und des Schauerromans.

Romantik in den Musikwerken

Romantische Musikwerke sind durch folgende Merkmale gekennzeichnet:
- Vorliebe für *romantische* Themen (z.B. Phantastisches, Schauerliches, Naturverbundenheit) bei Liedtexten, Opernstoffen sowie Vorlagen für (→) *Charakterstücke* und für (→) *Programm-Musik*.
- Besondere Ausdrucksstärke der Musik und Neigung zu gefühlsgesättigten Stimmungen (z.B. melancholisch, traurig). Dies wird unter anderem durch expressive Harmonik und durch die größer gewordene Bedeutung der Klangfarbe (→ 7.1.4) hervorgerufen.
- Pflege und Hebung musikalischer Gattungen, die bislang als „niedrig" galten (Lied, Klavierstück).

Romantik in der Musikanschauung

Verbreitet waren in der romantischen Musikanschauung die Ansichten, Instrumentalmusik sei Ausdruck des *innersten Wesens der Welt* (*Schopenhauer*), Töne überträfen alle anderen Ausdrucksarten und Musik vermittle eine Ahnung des Unendlichen. Die Romantik war auch der Überzeugung, dass in der Musik die letzten Geheimnisse des Glaubens offenbar würden, und rückte damit das Tongebilde in die Nähe religiöser Offenbarung.

Zum hier verwendeten Begriff von Romantik

Man kann zur Bezeichnung der Musik des 19. Jahrhunderts den Ausdruck *Romantische Musik* als Epochenbegriff verwenden, unabhängig davon, ob in der Musik die oben genannten romantischen Elemente vorhanden sind oder nicht. Es bestünde auch die Möglichkeit, die deutsche Musik der ersten Hälfte des 19. Jahrhunderts als *romantische Musik* zu bezeichnen. In diesem Buch wird *Romantik* nicht als Epochenbegriff verwendet, sondern zur Charakterisierung von Kunstwerken.

7.2.2 Historischer Zusammenhang: Nationalismus

Eine wesentliche politische Strömung des 19. Jahrhunderts war der **Nationalismus** im Sinne des Anspruchs abhängiger oder politisch zersplitterter Völker auf einen unabhängigen bzw. geeinten Staat. *Nationalismus* äußerte sich in der Musik durch die Darstellung von *Heimatverbundenheit*, besonders bei osteuropäischen Komponisten.

a) Heimatverbundenheit wurde deutlich durch die Wahl von entsprechenden Vorlagen bei Programm-Musik, z.B. bei *Smetanas* (→) *Die Moldau*, und Opernstoffen (→ *Sinfonische Dichtung*, vgl. auch → *Nationaloper*).

b) Heimatverbundenheit wurde auch offenbar durch Verwendung von *Volkstänzen*, *Volksliedern* sowie melodischen und rhythmischen Eigenschaften der Volksmusik in der Kunstmusik, beispielsweise bei (→) *Smetana*.

Als ein Sonderfall der Verwendung von nationaler Volksmusik in der Kunstmusik kann diejenige der *Zigeunermusik* angesehen werden. Der Begriff *Zigeuner* wird heute oft abschätzig gebraucht; *Zigeunermusik* gilt aber weitgehend als neutraler Begriff. Unter **Zigeunermusik** versteht man die hauptsächlich von professionellen Mitgliedern der Volksgruppe gespielte Musik. In Repertoire, Stil und Instrumentarium ist sie deutlich von der Musik des jeweiligen Gastlandes beeinflusst. Besonders bekannt ist die ungarische Zigeunermusik. Irrtümlicherweise wurde *ungarische Zigeunermusik* im 19. Jahrhundert mit ungarischer Volksmusik gleichgesetzt. Die typische Besetzung der ungarischen Zigeunermusik ist Violine, Klarinette, *Zimbal*, eine Form des (→ Bd. I) *Hackbretts*, sowie Violoncello oder Bass. Ein häufig vorkommendes melodisches Merkmal ist die **Zigeuner-Moll-Tonleiter**, die sich von der (→ Bd. I) *harmonischen Molltonleiter* durch den erhöhten Quartton unterscheidet (Beispiel: a, h, c, dis,e, f, gis, a.). *Liszt*, gebürtiger Ungar, verwendete des Öfteren Melodien der Zigeunermusik als Ausdruck von Heimatverbundenheit. Bei *Brahms* war die Anlehnung an Zigeunermusik eher Kolorit (vgl. auch *Bizets* → *Carmen*).

7.3 Musikleben und Komponisten

7.3.1 Musikleben

Im Verlauf des 19. Jahrhunderts nahm die bürgerliche Musikkultur einen großen Aufschwung. Das Bürgertum wurde bald zur führenden Schicht im Musikleben.

Größere Bedeutung gewann die **Hausmusik**, erkennbar an den zahlreichen (→ Bd. I) *Arrangements* von Orchesterwerken für kleine Besetzung.

Öffentliche Opernhäuser und **öffentliche Konzerte** wurden immer häufiger. Als eine neue Form musikalischer Veranstaltung entwickelten sich in Deutschland überregional bedeutende **Musikfeste,** beispielsweise die 1817 ins Leben gerufenen Niederrheinischen Musikfeste.

Von großer Bedeutung für das Musikleben des 19. Jahrhunderts war die Entstehung des **weltlichen Laien-Chorwesens**. Zu Beginn des Jahrhunderts wurden viele Männergesangsvereine und gemischte Chöre gegründet. In der zweiten Jahrhunderthälfte traten auch Frauenchöre sowie berufs- und klassenspezifische Chorvereinigungen (Lehrer-, Arbeiter- und Werkschöre) in Erscheinung.

Kirchenchöre. Während in früheren Jahrhunderten nur einige wenige Gemeindemitglieder den gottesdienstlichen Gesang unterstützten (→ 1.6.2), entstanden im 19. Jahrhundert *Kirchenchöre*. Unter einem **Kirchenchor** versteht man einen aus Mitgliedern der Kirchengemeinde bestehenden (in der Regel gemischten) Chor zur Mitwirkung beim Gottesdienst. Von Bedeutung für deren Entstehung war der (→) *Cäcilianismus*.

Musikkritik und Musikjournalismus verbreiteten sich im 19. Jahrhundert zunehmend. Etliche Musik-Zeitschriften wurden gegründet, beispielsweise die (→) *Neue Zeitschrift für Musik* durch *Schumann*. Bedeutende Komponisten betätigten sich auch als Schriftsteller, beispielsweise *Schumann, Wagner, Berlioz* und *Liszt*. Öffentlich wurden erbitterte Auseinandersetzungen vor allem zwischen (→) *Neudeutschen* und (→) *Konservativen* geführt.

7.3.2 Franz Schubert (1797–1828)

Leben. Franz Schubert wurde 1797 in Lichtenthal (heute zu Wien gehörig) als zwölftes Kind eines Lehrers geboren. Er erhielt früh Unterricht in Klavier, Orgel, Gesang und Violine. Von 1808–1813 war er Sängerknabe an der Wiener Hofkapelle (wie *Haydn*) und erhielt unter anderem Kompositionsunterricht von *Antonio Salieri*. Nach dem Stimmbruch wurde er 1813 zum Hilfslehrer ausgebildet und unterrichtete von 1814–1816 an der Schule seines Vaters.

Ab 1817 lebte *Schubert* in Wien als freier Künstler von seinen Kompositionen, von Unterricht, Aufführungen und von der wirtschaftlichen Unterstützung seiner Freunde. Diese trafen sich häufig abends zu sogenannten „Schubertiaden", bei denen die Aufführung von *Schuberts* Musik sowie Tanz, Lektüre üblich war. Wiederholt bemühte sich *Schubert* vergeblich um eine feste Anstellung. Die Versuche, sich als Bühnenkomponist einen Namen zu machen, hatten wenig Erfolg. *Schubert* starb 1828 unverheiratet in Wien.

Werke (Auswahl). *Weltliche Vokalmusik:* Singspiele und Opern, über 600 Lieder – *Geistliche Vokalmusik:* 6 Messen – *Sinfonische Instrumentalmusik:* 8 Sinfonien, Ouvertüren – *Kammer-* und *Klaviermusik*.
Schubert hinterließ eine sehr große Zahl von Werken fast aller Gattungen. Sie werden nach dem *Deutsch-Verzeichnis* (Abkürzung D) klassifiziert, das 998 Nummern enthält.

Bedeutung. *Schubert* war zu seinen Lebzeiten ein durchschnittlich bekannter Komponist. Er hatte keinen großen Einfluss auf seine Zeitgenossen. Seine klavierbegleiteten Sololieder erlangten nach seinem Tod jedoch große Bedeutung (→ 7.4.5). *Schubert* war bis ins 20. Jahrhundert vornehmlich nur wegen seiner Lieder bekannt, inzwischen ist sein Rang als Instrumentalkomponist erkannt.

7.3.3 Hector Berlioz (1803–1869)

Leben. Hector Berlioz wurde 1803 in La Côte-Saint-André (in Südfrankreich) als Sohn eines Arztes geboren. Nach anfänglichem Medizinstudium in Paris nahm er 1826 gegen den Willen seines Vaters das Studium am Pariser Konservatorium auf. 1830 erhielt er den *Rompreis*. (Der **Rompreis** gilt als einer der bedeutendsten Kompositionspreise. Er wurde seit 1803 jährlich für Kompositionsschüler des Pariser Konservatoriums ausgeschrieben. Der erste Preis bestand in einem mehrjährigen Studienaufenthalt in Rom.)

Berlioz war Komponist, Dirigent und Musikschriftsteller. Er hoffte vergeblich auf eine Anstellung als Kompositionslehrer am Pariser Konservatorium. 1839 wurde er dort in der Verwaltung angestellt, seit 1850 als Bibliothekar. *Berlioz* reiste des Öfteren in Europa, um seine Orchesterwerke aufzuführen. Er starb 1869 in Paris.

Werke (Auswahl). *Weltliche Vokalmusik:* 3 vollendete Opern, Kantaten, Lieder, Chorwerke, 1 Oratorium – *Geistliche Vokalmusik:* 1 Requiem, 1 Oratorium – *Sinfonische Instrumentalmusik:* 4 Programm-Sinfonien, darunter die (→) *Symphonie fantastique*, Ouvertüren.

Berlioz' Werke zeichnen sich durch exzellente Orchestrierung aus. Er schrieb auch eine bekannte Instrumentationslehre, die von *Richard Strauss* ergänzt wurde.

Bedeutung. *Berlioz* fand zu Lebzeiten beim breiten Publikum in Frankreich keine gebührende Beachtung. Seine Programm-Sinfonien hatten jedoch großen Einfluss auf die (→) *Neudeutschen.*

7.3.4 Felix Mendelssohn Bartholdy (1809–1847)

Leben. Felix Mendelssohn Bartholdy wurde 1809 als Enkel des jüdischen Philosophen *Moses Mendelssohn* und Sohn eines Bankiers in Hamburg geboren. Die Familie übersiedelte nach Berlin, trat zum Protestantismus über und übernahm den Zusatznamen *Bartholdy.* Der junge *Felix* war ein Wunderkind und wurde früh umfassend ausgebildet; neben Unterricht in Klavier und Violine erhielt er Unterweisung in Komposition von (→) *Carl Friedrich Zelter.* Seit 1818 trat er als Pianist auf, seit 1820 komponierte er regelmäßig; die erste öffentliche Aufführung eines seiner Werke fand 1822 statt. Er unternahm zahlreiche Reisen, seit 1829 auch mehrjährige nach Großbritannien, Italien und Frankreich. Mehrmals besuchte er *Goethe* in Weimar. 1829 leitete er die erste Aufführung der *Matthäus-Passion* von *J. S. Bach* seit dessen Tod, was maßgeblichen Einfluss auf die Wiederbelebung der Bachschen Werke im 19. Jahrhundert hatte.

1833 wurde *Mendelssohn* städtischer Musikdirektor in Düsseldorf. Ab 1835 war er Kapellmeister in Leipzig und machte die Stadt zu einem musikalischen Zentrum von europäischer Bedeutung. 1837 heiratete er *Cécile Jeaurenaud*, mit der er fünf Kinder hatte. 1843 war er Mitbegründer des Leipziger Konservatoriums und wurde ihr erster Direktor. *Mendelssohn* starb 1847 in Leipzig nach einem vielseitigen Leben als Komponist, Pianist, Dirigent, Pädagoge und Organisator.

Werke (Auswahl). *Weltliche Vokalmusik:* über 500 Lieder und Duette; Chöre – *Geistliche Vokalmusik:* 2 Oratorien; Kantaten – *Sinfonische Instrumentalmusik:* 13 frühe Streichersinfonien, 5 Sinfonien für Orchester, 6 Konzerte, Konzertouvertüren, 6 Schauspielmusiken – *Kammer-, Klavier- und Orgelmusik.*

Mendelssohns Werke zeichnen sich durch erfrischende Lebendigkeit und durch hohe Kraft der melodischen Erfindung aus.

Bedeutung. *Mendelssohn* galt bereits zu Lebzeiten als einer der bedeutendsten Komponisten seiner Zeit. Während des Nationalsozialismus wurden seine Werke verboten, da er jüdischer Abstammung war.

7.3.5 Robert Schumann (1810–1856)

Leben. Robert Schumann wurde 1810 als Sohn eines Buchhändlers in Zwickau geboren. Mit 11 Jahren schrieb er seine erste größere Komposition. Er zeigte bereits in seiner Jugend eine musikalische und literarische Doppelbegabung. Für kurze Zeit studierte er Jura in Leipzig und Heidelberg, widmete sich aber seit 1830 ganz der Musik.

Leipzig 1830–1844. Schumann strebte eine Laufbahn als Klavier-Virtuose an, musste diese aber wegen einer sich selbst versehentlich zugefügten Fingerlähmung aufgeben. Danach widmete er sich der Komposition und der Tätigkeit als Musikschriftsteller. 1834 gründete er die *Neue Zeitschrift für Musik*, deren Leiter er bis 1844 war. 1840 heiratete er (→) *Clara Wieck*. Im Jahre 1843 wurde er Lehrer am Leipziger Konservatorium.

Dresden, Düsseldorf, Endenich 1844–1856. 1844 übernahm *Schumannn* eine Stelle als Chorleiter in Dresden. 1850 wurde er städtischer Musikdirektor in Düsseldorf. In selbstmörderischer Absicht stürzte er sich 1854 in den Rhein. Danach wurde er in eine geschlossene Anstalt in Endenich bei Bonn gebracht, wo er 1856 starb.

Werke (Auswahl). *Weltliche Vokalmusik:* eine vollendete Oper, ein Oratorium, 260 Lieder, Chöre – *Geistliche Vokalmusik:* 1 Requiem, 1 Messe – *Sinfonische Instrumentalmusik:* 4 Sinfonien, Ouvertüren, 1 Klavierkonzert, 1 Violinkonzert, 1 Cellokonzert – *Kammer-* und *Klaviermusik*.
Schumanns Orchesterwerke zeichnen sich durch Leidenschaftlichkeit aus. In seinen Liedern überwiegen lyrische Stimmungen.

Bedeutung. *Schumann* war zu Lebzeiten einer der führenden deutschen Komponisten. Auch als Musikschriftsteller war er bedeutend.

7.3.6 Clara Schumann-Wieck (1819–1896)

Leben. Clara Wieck wurde 1819 als Tocher des Klavierpädagogen *Friedrich Wieck* in Leipzig geboren. Sie erhielt seit dem Alter von 5 Jahren Unterricht in Klavier, später auch in Violine, Gesang und Komposition. Mit 9 Jahren gab sie ihr erstes öffentliches Konzert als Pianistin. 1831 wurde ihre erste Komposition veröffentlicht. Seit diesem Jahr unternahm sie als Pianistin zahlreiche Tourneen, auch ins Ausland, und gewann bald europäischen Ruhm. 1835 wurde ihr erstes größeres Werk, ein Klavierkonzert, unter der Leitung von *Felix Mendelssohn Bartholdy* in Leipzig uraufgeführt. Im selben Jahr liierte sie sich gegen den Willen ihres Vaters mit einem von dessen Schülern, *Robert Schumann*. Nach erbittertem Kampf mit dem Vater bis vor Gericht heirateten die beiden 1840.

Zwischen 1841 und 1854 war *Clara Schumann-Wieck* zehnmal schwanger. Sie brachte vier Jungen sowie vier Mädchen zur Welt und hatte zwei Fehlgeburten. Für ihre Karriere als Pianistin und Komponistin blieb ihr kaum noch Zeit. Nach dem Tod ihres Mannes im Jahre 1856 beendete sie ihre Kompositionstätigkeit. Sie blieb berühmt als Klaviervirtuosin und widmete sich vor allem den Werken ihres Mannes und denjenigen von *Johannes Brahms*, mit dem sie eng verbunden war.

Trotz herausragenden Talentes besaß *Clara Schumann* keine wirklich großen Ambitionen als Komponistin. 1839 schrieb sie in ihr Tagebuch: „Ich glaubte einmal, das Talent des Schaffens zu besitzen, doch von dieser Idee bin ich gänzlich zurückgekommen, ein Frauenzimmer muss nicht komponieren wollen – es konnte es noch keine, sollte ich dazu bestimmt sein? Das wäre eine Arroganz, zu der mich bloß der Vater einmal in früherer Zeit verleitete."

Werke (Auswahl). Lieder, ein Klavierkonzert, *Kammermusik* und *Klavierwerke.*

Auf dem 100-DM-Schein ist Clara Schumann abgebildet.

7.3.7 Franz Liszt (1811–1886)

Leben. Franz Liszt wurde 1811 in Raiding im Burgenland (damals zu Ungarn gehörig) als Sohn eines musikbegabten Bediensteten des Fürsten *Esterházy* geboren. Der junge *Franz* machte bald als pianistisches Wunderkind von sich reden und veröffentlichte bereits als Kind Kompositionen. Nach 1820 erhielt er Unterricht in Wien, unter anderem in Komposition von *Antonio Salieri*; in Wien wurde *Liszt* auch dem (tauben) *Beethoven* vorgestellt. Früh entwickelte er ein starkes religiöses Bewusstsein und trug sich zeitweilig mit dem Gedanken, Priester zu werden.

1823–1848. Ab 1823 lebte *Liszt* in Paris. Dort pflegte er Umgang mit vielen führenden Denkern, Literaten und Musikern. Er zeigte große Sympathie für Ideen des Frühsozialismus. Als Pianist bereiste er ganz Europa; seine Konzerte lösten vor allem beim weiblichem Publikum große Begeisterungsstürme aus.
Ab 1835 lebte er mit der Gräfin *Marie d'Agoult* in Genf und Italien. Eines ihrer drei Kinder, *Cosima*, heiratete später *Liszts* Freund *Richard Wagner.*

1847 lernte *Liszt* die Fürstin *Caroline zu Sayn-Wittgenstein* kennen, mit der er zusammenzog und die für 15 Jahre seine Geliebte blieb.

Weimar 1848–1861. Von 1848–1859 war *Liszt* Hofkapellmeister in Weimar. Hier konnte er mit einem Orchester experimentieren und seine Ideen von der (→) *Sinfonischen Dichtung* verwirklichen. Weimar wurde durch *Liszt* zum Zentrum der (→) *Neudeutschen.*

Rom 1861–1886. 1861 ging *Liszt* nach Rom. 1865 nahm er die niederen Weihen eines Abbés an. Er widmete sich verstärkt der Kirchenmusik. 1875 wurde er zum Präsidenten der ungarischen Musikakademie berufen.
Seit diesem Jahr lebte er abwechselnd in Rom, Budapest und Weimar. *Liszt* starb 1886 in Bayreuth.

Werke (Auswahl). *Weltliche Vokalmusik:* Lieder, weltliche Chorwerke – *Geistliche Vokalmusik:* 4 Messen, 1 Requiem, 2 Oratorien, geistliche Chorwerke – *Sinfonische Instrumentalmusik:* 2 Programm-Sinfonien, 13 sinfonische Dichtungen, 2 Klavierkonzerte – *Kammermusik* – *Klaviermusik*, darunter zahlreiche Transkriptionen – *Orgelmusik. Liszt* war auch als Musikschriftsteller tätig; er schrieb unter anderem Aufsätze zur Programm-Musik.

Bedeutung. *Liszt* war einer der einflussreichsten Persönlichkeiten für das europäische Musikleben des 19. Jahrhunderts. Er galt als einer der bedeutendsten Klaviervirtuosen und als wichtiger Komponist seiner Zeit; maßgeblich war er an der Ausarbeitung einer neuen virtuosen Klaviertechnik beteiligt. Seine späten Werke sind durch fortgeschrittene Harmonik gekennzeichnet. *Liszt* war auch ein großzügiger Förderer anderer Musiker.

7.3.8 Richard Wagner (1813–1883)

Leben. Richard Wagner wurde 1813 als Sohn eines Juristen in Leipzig geboren. Kompositionsunterricht erhielt er unter anderem beim dortigen Thomaskantor. Von 1832 bis 1839 war *Wagner* Chordirektor bzw. Kapellmeister in Würzburg, Madgeburg, Königsberg und Riga. 1836 heiratete er die Schauspielerin *Minna Planer*. 1839 musste er wegen Verschuldung aus Riga flüchten und siedelte sich in Paris an.

Dresden 1842–1849
1842 kehrte *Wagner* nach Deutschland zurück. In Dresden wurden seine dritte Oper, *Rienzi,* (1842) und *Der Fliegende Holländer* (1843) mit Erfolg uraufgeführt. Von 1843 bis 1849 war *Wagner* Hofkapellmeister in Dresden. Während dieser Zeit entstanden *Tannhäuser* (1845) und *Lohengrin*, der aber erst 1850 uraufgeführt wurde.

Zürich 1849–1859
1849 nahm *Wagner* an der Revolution teil, wurde steckbrieflich gesucht und flüchtete nach Zürich. (Er wurde erst 1862 amnestiert.) Hier entstanden seine Schriften über die Reform der *Oper* zum (→) *Musikdrama* (*Das Kunstwerk der Zukunft*, *Oper und Drama*). Seine neuen Ideen realisierte *Wagner* in *Der Ring des Nibelungen*, einem Bühnenwerk, das aus vier Opern besteht (*Das Rheingold*, *Die Walküre*, *Siegfried*, *Götterdämmerung*). Bis 1857 schrieb *Wagner* das Textbuch, die ersten beiden Opern und einen Teil der dritten. Eine Liebesaffäre mit der Frau seines Gastgebers, *Mathilde Wesendonk*, inspirierte ihn zum Bühnenwerk *Tristan und Isolde* (1859 beendet), welches rauschhafte ekstatische Liebe thematisiert.

Von **1859–1866** hielt sich *Wagner* in verschiedenen Städten auf; er geriet mehr und mehr in schwierige finanzielle Verhältnisse. 1864 holte ihn der junge bayerische König *Ludwig II.* nach München und eröffnete ihm Möglichkeiten zur Realisierung seiner Pläne. Hier wurden *Tristan und Isolde* (1865) und *Die Meistersinger von Nürnberg* (1868), *Wagners* einzige heitere Oper, uraufgeführt.

Triebschen 1866–1872
In diesen Jahren lebte *Wagner* zurückgezogen in Triebschen bei Luzern. Nach dem Tod seiner ersten Frau 1866 heiratete er 1870 *Cosima* (1837–1930), die Tochter seines Freundes *Franz Liszt*.

Bayreuth 1872–1883
Von 1872–1883 lebte *Wagner* in Bayreuth, wo König *Ludwig II.* ein Festspielhaus bauen ließ. 1876 wurde dieses mit der ersten Gesamtaufführung des *Ring des Nibelungen* eingeweiht. 1882 wurde dort *Wagners* letztes Bühnenwerk *Parsifal* uraufgeführt. *Wagner* starb 1883 in Venedig.

Werke (Auswahl). Neben den Opern komponierte *Wagner* nur wenig Anderes. – *Wagner* war nicht nur als Musiker, sondern auch als Schriftsteller einflussreich. Er schrieb zahlreiche Aufsätze vor allem zur Musik und Politik. Dabei äußerte er sich auch in polemischer Weise gegen Konkurrenten, beispielsweise 1879 gegen *Brahms*, nachdem dieser seine beiden ersten Sinfonien veröffentlicht hatte.

Bedeutung. *Neuerungen in der Musik. Wagner* schuf mit dem *Musikdrama* etwas grundlegend Neues. Außerdem trug er maßgeblich zur Entwicklung der Harmonik und zur Vergrößerung des Orchesters bei.

Einfluss auf andere Komponisten. Wagner übte eine sehr große Wirkung auf andere Komponisten aus. Nach ihm wurden viele Heldenopern und Erlösungsdramen komponiert. Seine musikalische Sprache, einschließlich der Leitmotivtechnik, wurde weithin übernommen. Stark von *Wagner* beeinflusst waren beispielsweise *Bruckner*, *Mahler*, *Wolf* und *Richard Strauss*.

Publikum. Wagner gewann im letzten Drittel des 19. Jahrhunderts überall glühende Anhänger (*Wagnerianer*) und besitzt sie bis heute. Bewundert werden an ihm neben den genannten Neuerungen unter anderem die vielfältigen Deutungsmöglichkeiten seiner Stoffe, die eingängigen Melodien seiner Opern sowie die engen Beziehungen zwischen Inhalt und Musik in den *Musikdramen*. *Wagners* Werke ab dem *Fliegenden Holländer* zählen heute zum eisernen Bestandteil der Opernbühne. In Bayreuth werden regelmäßig (seit 1951 jährlich) Festspiele abgehalten, die sich (bisher) ausschließlich dem Wagnerschen Werk widmen.

Wagner hat seit seinem Erfolg auch Gegner. Bezüglich der Musik wird die Länge seiner Werke (ohne Pause zumeist über viereinhalb Stunden), das Pathetische, Heldenhafte und das Rauschhafte, Ekstatische, Sinnenbetäubende kritisiert.

Wagner wird außerdem Antisemitismus und Verherrlichung des Deutschtums vorgeworfen. In seinem Schrifttum weist er sich als Antisemit aus (z. B. in *Das Judentum in der Musik*, 1850). Inwieweit diese Überzeugungen in seinen Werken hervortreten, ist umstritten. Den Zwerg *Mime* aus dem *Ring des Nibelungen* kann man als Karikatur eines Juden auffassen. Verherrlichende nationale Züge könnten in seinen Bühnenwerken vor allem in *Die Meis-*

tersinger von Nürnberg gefunden werden. *Wagners* Antisemitismus und sein vermuteter Nationalismus waren unter anderem Gründe dafür, dass seine Musik und die Bayreuther Festspiele im Dritten Reich eine bedeutende Rolle spielten. In Israel stoßen *Wagners* Werke noch heute auf großen Widerstand.

Somit gibt es schwerlich einen Komponisten, der so sehr dem Widerstreit der Meinungen ausgesetzt war und ist wie *Wagner*.

7.3.9 Giuseppe Verdi (1813–1901)

Leben. Giuseppe Verdi wurde in Le Roncole, einem kleinen Dorf in der Nähe von Busseto bei Parma in Oberitalien geboren. Sein Vater war Gastwirt, seine Mutter Spinnerin. Durch einen Mäzen erhielt der Knabe früh guten Musikunterricht, ab 1832 in Mailand. 1836 wurde er Leiter des Stadtorchesters und der Musikschule in Busseto. Im selben Jahr heiratete er die Tochter seines Mäzens. 1839 zog er mit der Familie nach Mailand, wo im selben Jahr seine erste Oper *Oberto* mit mäßigem Erfolg aufgeführt wurde. Dies verschaffte ihm weitere Opernaufträge. Der Tod seines Sohnes und seiner Frau und das vernichtende Urteil über seine zweite Oper (mit komischem Sujet) stürzten ihn in eine schwere Krise und er wollte zunächst das Komponieren aufgeben. (Weitere ausführliche Informationen bei → 7.4.2.)

Werke (Auswahl). 26 Opern, 1 Requiem, 1 Streichquartett.

7.3.10 Anton Bruckner (1824–1896)

Leben. Anton Bruckner wurde in Ansfelden in Oberösterreich als Sohn eines Lehrers geboren. Von 1837–1840 war er Sängerknabe im Stift St. Florian. 1845 wurde er dort Lehrer und 1848 Organist der Stiftskirche. 1855 ging er als Domorganist nach Linz. Im Jahr 1868 wurde er Lehrer für Generalbass, Kontrapunkt und Orgel am Wiener Konservatorium. Seit 1878 war er auch Wiener Hoforganist. *Bruckner* starb unverheiratet 1896 in Wien.

Bruckners Werdegang ist ungewöhnlich. Erst nach einer über 20 Jahren währenden Studienzeit begann er im Alter von 40 Jahren, eigenständige Werke zu komponieren, denen er seinen heutigen Ruhm verdankt. *Bruckner* war ein glühender *Wagner*-Verehrer; er widmete ihm seine dritte Sinfonie. Er war tief religiös, ein strenggläubiger Katholik; seine letzte unvollendete Sinfonie widmete er dem lieben Gott.

Ein markanter Zug von *Bruckners* Charakter war seine Unsicherheit. Im Umgang mit renommierten Künstlern und Vorgesetzten wirkte er oft gehemmt und unbeholfen. Die Unsicherheit äußerte sich auch in der wiederholten Umarbeitung seiner Sinfonien (→ 7.6.2).

Werke (Auswahl). *Sinfonische Instrumentalmusik:* 11 Sinfonien – *Geistliche Vokalmusik:* Messen, 1 Requiem, Psalmen, kleinere geistliche Werke – *Weltliche Vokalmusik:* Chorwerke – *Kammermusik:* 1 Streichquintett – *Klavier-* und *Orgelwerke.*
Bruckners tiefes religiöses Empfinden ist auch in seinen Sinfonien zu finden (→ 7.6.2).

Bedeutung. *Bruckner* stieß als Komponist zu Lebzeiten lange auf Ablehnung. Er wurde von der Gruppe der (→) *Konservativen* um *Eduard Hanslick* wegen seiner angeblichen Nähe zu *Wagner* als (→) *Neudeutscher* bezeichnet und vielen Anfeindungen ausgesetzt. Erst gegen Ende seines Lebens erfuhr er zunehmend Anerkennung. Heute gilt er vielerorts als der bedeutendste deutschsprachige Sinfoniker zwischen *Beethoven* und *Mahler*. *Bruckners* Werke waren lange Zeit außerhalb des deutschsprachigen Raums wenig bekannt.

7.3.11 Bedřich (Friedrich) Smetana (1824–1884)

Leben. Bedřich Smetana wurde 1824 in Litomysl (Leitomischl) in Ostböhmen als Sohn eines Bierbrauers geboren. Seit 1843 lebte er in Prag als Musiklehrer. 1849 heiratete er eine Pianistin, die vier Kinder gebar, von denen nur eines das Erwachsenenalter erreichte. 1856 übernahm *Smetana* die Leitung der Philharmonischen Gesellschaft in Göteborg. Nach dem Tod seiner ersten Frau 1859 heiratete er 1860 ein zweites Mal. 1861 kehrte er nach Prag zurück, wo die ersten Sinfonischen Dichtungen entstanden. 1874 ertaubte er, komponierte aber weiter. Seit 1882 zeigten sich Anzeichen einer Nervenkrankheit, die sich verschlimmerte. Smetana starb 1884 in einer Prager geschlossenen Anstalt.

Werke (Auswahl). 8 Opern, Lieder, Sinfonische Dichtungen, Kammermusik, Klavierstücke. *Smetanas* Musik ist geprägt von melodischer Frische und Spontaneität. Sie weist zuweilen auch an böhmische Volkslieder erinnernde Melodien und Rhythmen von Volkstänzen auf.

Bedeutung. *Smetana* wurde zum Begründer einer als charakteristisch tschechisch empfundenen Musik. *Die verkaufte Braut* (1866), eine Art tschechischer (→) *Nationaloper*, gehört heute zu den meistgespielten Bühnenwerken.

7.3.12 Johannes Brahms (1833–1897)

Leben. Johannes Brahms wurde 1833 als Sohn eines Orchestermusikers in Hamburg geboren. Er wurde früh gründlich musikalisch ausgebildet und trat als Pianist, Dirigent und ab ca. 1860 auch zunehmend als Komponist an die Öffentlichkeit. 1853 freundete er sich mit *Robert* und *Clara Schumann* an. Aus demselben Jahr stammt *Schumanns* berühmter Aufsatz *Neue Bahnen* in der (→) *Neuen Zeitschrift für Musik*, in welchem *Brahms* überschwänglich als künftiger großer Komponist angepriesen wurde. *Brahms* blieb mit *Clara Schumann* künstlerisch und menschlich ein Leben lang aufs Engste verbunden.

1862 ging *Brahms* nach Wien, wo er in erster Linie als freischaffender Komponist lebte und daneben als Pianist und Dirigent auftrat. Von hier aus unternahm er zahlreiche Konzertreisen. *Brahms* starb 1897 unverheiratet in Wien.

Werke (Auswahl). *Weltliche Vokalmusik:* Lieder, Chorwerke – *Geistliche Vokalmusik:* „Ein deutsches Requiem"; Motetten, geistliche Chorwerke – *Sinfonische Instrumentalmusik:* 4 Sinfonien, 2 Orchesterserenaden, Orchestervariationen, 2 Konzertouvertüren, 2 Klavierkonzerte, 1 Violinkonzert, 1 Konzert für Violine und Cello – *Kammermusik* sowie *Klavier-* und *Orgelwerke*.

Brahms schuf für die Musikgeschichte prägende Werke auf allen Gebieten außer der Oper, was der Komponist mit dem Ausspruch kommentiert haben soll: „Lieber heiraten als eine Oper schreiben."

Er galt zu seiner Zeit als Traditionalist bzw. Konservativer wegen der Verwendung der folgenden musikalischen Mittel:
- eher sangbare, liedhafte Melodik;
- durch die Pflege der in der (→) *Wiener Klassik* zentralen Gattungen Sinfonie und Kammermusik im Gegensatz zu „modernen" Komponisten, die Opern und/oder Programm-Musik komponierten;
- Anmerkung: seine im Verhältnis zu „modernen" Komponisten weniger chromatische Harmonik und seine eher regelmäßige Taktgruppengliederung.

Charakteristisch für seine Werke sind die dichten (→ Bd. I) *motivisch-thematischen Beziehungen* vornehmlich in den Kammermusikwerken und Sinfonien. Diese wurden zum Vorbild für die *Neue Musik* im 20. Jahrhundert und gelten somit heute als modern.

Bedeutung. Seit der Mitte der 1870er Jahre war *Brahms* ein in ganz Europa geschätzter Komponist. Ihm wurden zahlreiche Ehren zuteil.

7.3.13 Gustav Mahler (1860–1911)

Leben. Gustav Mahler wurde 1860 als Sohn eines jüdischen Kaufmanns in Kalischt (Böhmen) geboren. Von 1875–1878 besuchte er das Konservatorium in Wien. Nach Engagements als Opernkapellmeister in verschiedenen Städten, unter anderem Kassel, Prag und Leipzig, wurde er 1888 Direktor der königlichen Oper in Budapest. 1891 ging er als 1. Kapellmeister an das renommierte Hamburger Stadttheater. 1897 trat *Mahler* zum Katholizismus über und wurde im gleichen Jahr Kapellmeister, dann Direktor der Wiener Hofoper. Trotz seiner neuen Religionszugehörigkeit hatte *Mahler* in Wien unter antisemitischen Anfeindungen zu leiden.

1902 heiratete er *Alma Schindler* (1879–1964), eine begabte Komponistin. *Mahler* verbot ihr das Komponieren, erlaubte ihr es aber 8 Jahre später wieder. (*Alma Schindler* heiratete nach dem Tod ihres ersten Mannes den Architekten *Walter Gropius*, später den Dichter *Franz Werfel*.)

1907 ging *Mahler* als Kapellmeister an die Metropolitan Opera in New York. 1911 kehrte er, schwer herzkrank, nach Wien zurück und starb dort.

Werke (Auswahl). *Weltliche Vokalmusik:* Das klagende Lied (Kantate) – *Sinfonische Instrumentalmusik:* 9 Sinfonien, eine zehnte ist unvollendet – *Lieder*

Mahlers Musik ist geprägt von großem Ausdrucksreichtum und höchst differenzierter Instrumentation; diese ist trotz der großen Besetzung seiner Sinfonien häufig kammermusikalisch; des Öfteren verwendete *Mahler* neue Kombinationen von Instrumenten und auch Singstimmen. Seine Instrumentationskunst verdankte er seiner erfahrungsreichen Praxis als Dirigent und der Möglichkeit des Experimentierens mit dem Orchester. *Mahler* ist der letzte große Sinfoniker der deutsch-österreichischen Tradition.

Bedeutung. *Mahler* galt als einer der bedeutendsten Dirigenten seiner Zeit. Seine Werke hatten großen Einfluss auf Komponisten des 20. Jahrhunderts, z. B. auf *Arnold Schönberg*, *Alban Berg*, *Dmitri Schostakowitsch* und *Benjamin Britten*.

Beim breiten Publikum war *Mahler* zu seiner Zeit als Komponist umstritten oder verfemt. Er wurde z. B. als Epigone *Bruckners* getadelt. Auch wurde ihm die starke Einbeziehung von verschiedenen Stilen (z. B. Militärmusik, Volksmusik, Tanzmusik) als Trivialität und Eklektizismus vorgeworfen.

Mahlers prophetische Aussage „Meine Zeit wird kommen" hat sich heute erfüllt. In den 1960er Jahren wurde er zu einem der beliebtesten Komponisten. Viel dazu beigetragen haben Einspielungen seiner Werke auf Tonträger.

7.4 Weltliche Vokalmusik

7.4.1 Allgemeines zur Oper

Zum Secco-Rezitativ

Das *Secco-Rezitativ* verschwand fast ganz aus der Oper.

Zur Form der Arie

Nach dem Zurückdrängen der Dacapo-Form der Arie im Verlauf des 18. Jahrhunderts gab es um 1800 die verschiedenartigsten Formen dieser Gattung. Seit den 1820er Jahren verbreitete sich eine *Rezitativ* und *Arie* umfassende Form, die sich mit *vierteiliger Scena ed aria* (*Szene und Arie*) bezeichnen lässt. Die **vierteilige Scena ed aria** ist folgendermaßen aufgebaut:

Scena (→ Bd. I) Accompagnato-Rezitativ)	**Erster Teil der Arie:** *Cantabile* (gesangvoll)	**Scena** (Accompagnato-Rezitativ)	**Zweiter Teil der Arie:** *Cabaletta*
	langsames oder gemäßigtes Tempo		rascheres Tempo

Der zweite Teil heißt oft *Cantabile*, er kann auch andere Bezeichnungen aufweisen. Der Ausdruck *Cabaletta* steht in der Regel nicht in den Noten. Außer den Solisten sind oft weitere Personen bzw. der Chor einbezogen, besonders im ersten und dritten Teil. Der Auftritt neuer Personen dient dazu, einen Affektwechsel in der Handlung zu begründen.

Tendenz zur Bildung von langen Szenen

Die Anreicherung der vierteiligen *Scena ed aria* mit zusätzlichen Personen und Chor war Ausgangspunkt dafür, dass sich die Gattungen *Arie*, *Ensemble*, *Chor* und *Rezitativ* zunehmend vermischten. Außerdem fügten sich diese Gattungen allmählich zu immer größeren Szenen zusammen, ähnlich wie im (→) *Finale*. Beide Tendenzen waren Ausdruck einer zunehmenden Dramatisierung der Opernmusik im 19. Jahrhundert.

Seit dem frühen 18. Jahrhundert hat sich die Anzahl der (→) *Nummern* in einer Oper kontinuierlich verringert. In der *Opera seria* des frühen 18. Jahrhunderts bestand jede Nummer aus einer Arie, einem Ensemble, einem Chor oder einem Instrumentalstück; 40 Nummern waren keine Seltenheit. Vor allem durch die Verlängerung der *Finali* (ein Finale erhält nur eine Nummer) reduzierte sich in der *Opera buffa* die Zahl der Nummern. *Mozarts* späte *Opere buffe* besitzen zwischen 24 und 31 Nummern. Die Tendenz zur Bildung von langen Szenen im 19. Jahrhundert und die Zuordnung einer Nummer zu einer längeren Szene reduzierten die Anzahl der Nummern abermals; bei *Verdis* Opern liegt die Anzahl beispielsweise unter 20.

Anmerkung: Die Komponisten haben übrigens auch bei langen Szenen Stellen für möglichen Zwischenapplaus des Publikums vorgesehen, z. B. (→) *Fermaten*.

Verwendung von Erinnerungs- und Leitmotiven

Erinnerungsmotive (→ Bd. I; 14.6) wiederholt vorkommende Motive mit bestimmter inhaltlicher Bedeutung) kommen in der Oper seit dem späten 18. Jahrhundert vor. Im frühen 19. Jahrhundert werden *Erinnerungsmotive* und (→ Bd. I; 14.6) *Leitmotive* (häufig vorkommende Motive mit bestimmter inhaltlicher Bedeutung) verwendet, besonders in der (→) *deutschen romantischen Oper. Wagner* benutzt seit *Das Rheingold* eine ausgeprägte *Leitmotivtechnik*.

Andere Länder

Im 19. Jahrhundert entwickelten sich in den osteuropäischen Ländern bedeutende Operntraditionen. Sie werden im Folgenden nicht behandelt.

7.4.2 Die italienische Oper

Allgemeines

Zu Beginn des 19. Jahrhunderts haben *Opera seria* und *Opera buffa* eine einheitliche Musiksprache ausgebildet.

Stoffe

Komische Stoffe sind bei *Rossini* und *Donizetti* noch häufig, treten dann aber in den Hintergrund. In der ernsten Oper verschwindet allmählich das *Happy End*. Zu beobachten ist eine Abkehr von den klassischen Stoffen (antike Geschichte und Mythologie) und eine Hinwendung zu solchen aus Mittelalter, Roman und Schauergeschichte. Beliebt sind „romantische" Themen (Gebirge, Räuber, Zigeuner, Wahnsinnige, Schlafwandler).

Aufbau/musikalische Mittel

Konstitutiv für die italienische Oper des 19. Jahrhunderst ist die Einfachheit und Prägnanz der Melodik sowie die Klarheit der Formbildung.

Werke

Gioaccino Rossini (1792–1868) schrieb hauptsächlich Opern; er war gleichermaßen erfolgreich auf heiterem, ernstem und halbernstem Gebiet. – Seine 39 Opern verfasste er zwischen 1810 und 1829. Das wohl bekannteste Werk ist die komische Oper *Il Barbiere di Siviglia* (*Der Barbier von Sevilla*, 1816). Die Komposition gehörte im 19. Jahrhundert zu den am meisten gespielten Opern überhaupt. Sie erzählt die Vorgeschichte von *Mozarts Figaros Hochzeit*. Nach 1830 schrieb *Rossini* keine Opern mehr und nur noch wenige andere Werke.

Rossini galt den Zeitgenossen in der ersten Hälfte des 19. Jahrhunderst als einer der größten Komponisten. Berühmt war er damals und ist er heute für die charakteristischen musikalischen Mittel seiner komischen Opern: Sie besitzen eingängige Melodien, rhythmischen Elan und sprühende Lebendigkeit. Besonders berühmt sind die zündenden Schlusssteigerungen der Arien.

Weitere herausragende Komponisten sind **Gaetano Donizetti** (1797–1848) und **Vincenzo Bellini** (1801–1835).

Giuseppe Verdi (1813–1901) gilt als der bedeutendste italienische Komponist des 19. Jahrhunderts. Er schrieb in erster Linie Bühnenwerke. Seine Opern wurden zwischen 1839 und 1893 uraufgeführt; sie bestimmten maßgeblich die Geschichte der italienischen Musik. Unter *Verdis* 26 Opern sind nur zwei heitere, darunter seine letzte, *Falstaff*. *Verdi* behielt in den ersten 24 Opern bis einschließlich *Aida* das Prinzip der (→) *Nummern* bei. Unter *Verdis* Libretti sind etliche Einrichtungen von Dramen der Weltliteratur; so vertonte er vier Werke von *Schiller* und drei von *Shakespeare*.

1842 hatte *Verdi* mit *Nabucco* durchschlagenden Erfolg in Italien. Die Oper beschreibt die Not der Juden in der babylonischen Gefangenschaft unter dem König *Nebukadnezar* (Nabucco) und deren Befreiung. Der Stoff wurde zum Spiegel der italienischen Befreiungs- und Einigungsbewegung; Italien stand damals zum großen Teil unter österreichischer Herrschaft. Der heute auch noch sehr populäre Gefangenenchor aus dieser Oper war sehr berühmt und wurde vom Publikum als Freiheitshymne aufgefasst.

Notenbeispiel 7.4:

G. Verdi, Nabucco, Gefangenenchor, Beginn

Verdi war glühender Verfechter der Einigung Italiens. Auch etliche der folgenden Opern thematisierten Freiheitskämpfe und einige Chöre aus diesen Werken wurden flammende Appelle dieser Bestrebungen. *Verdis* Name wurde zur Abkürzung für *V(ittorio) E(manuele), R(e) d'I(talia)*, den zum König ausersehenen Viktor Emanuel II. von Sardinien-Piemont. Seit *Nabucco* war *Verdi* einer der populärsten Komponisten Italiens. Er lebte von Einkünften seiner Opern sowie von Opernaufträgen, auch aus dem Ausland; von diesen konnte er sich 1848 ein Landgut bei Parma kaufen. Seit 1848 lebte er dort mit der Sängerin *Giuseppina Strepponi* zusammen, die er 1859 heiratete. Europäische Geltung erzielte *Verdi* mit den drei Opern *Rigoletto – Il trovatore (Der troubadour) – La traviata*, die kurz hintereinander uraufgeführt wurden. Sie gehören auch heute zu *Verdis* meistgespielten Opern. Titelhelden sind gesellschaftliche Außenseiter. Protagonist von *Rigoletto* (1851) nach *Victor Hugo* ist ein missgestalteter Zwerg und Hofnarr. *Il trovatore* (Der *Troubadour*, 1853) ist trotz des verworrenen Librettos wohl die beliebteste Oper *Verdis*.

La traviata (1853) wurde nach einem bekannten Roman und Schauspiel von *Alexandre Dumas, dem Jüngeren,* für die Oper eingerichtet. Hauptperson ist die angesehene, schwindsüchtige Kurtisane Violetta (ital.: *la traviata* – die vom Weg Abgekommene). Alfred lernt sie bei einer Gesellschaft in ihrem Haus kennen und die beiden werden ein Paar. Auf Bitten von Alfreds Vater löst Violetta die Verbindung wieder, ohne Alfred über die Beweggründe, nämlich das Missfallen des Vaters, zu unterrichten. Bei einem Fest wirft er ihr sein gerade gewonnenes Geld zu Füßen. Nach einiger Zeit wird Alfred über die Gründe der Trennung aufgeklärt und kehrt zu Violetta zurück. Sie stirbt in seinen Armen.

Das Werk weist die typische Struktur einer Oper in der Mitte des 19. Jahrhunderts auf. Es ist in (→) *Nummern* gegliedert. Einige Nummern sind in der üblichen vierteiligen Form von *Scena ed aria* komponiert (→ 7.4.1). – Der Beginn des Vorspiels weist durch die sphärischen Klänge der vierfach geteilten Violinen in ungewöhnlich hoher Lage auf Violettas Zerbrechlichkeit. Alfreds Liebesmelodie (aus Nr. 4) erscheint als (→) *Erinnerungsmotiv* des Öfteren.

Notenbeispiel 7.5:

G. Verdi, La Traviata, aus Nr. 4

Von den Werken, die nach den drei großen Erfolgsopern geschrieben wurden, sind vor allem *Un ballo in maschera* (*Ein Maskenball*, 1859), *La forza del destino* (*Die Macht des Schicksals*, 1862) und *Don Carlos* (1867) bekannt. *Verdis* drittletzte Oper *Aida* sollte ursprünglich zur Eröffnung des Suezkanals in Kairo (1869) zum ersten Mal gegeben werden. Die Uraufführung fand dort erst 1871 statt.

Erst nach 16 Jahren schrieb *Verdi* seine folgende Oper *Otello* (*Othello*, 1887) nach *Shakespeare*. Sie spiegelt den Einfluss der neuen Entwicklungen im Wagnerschen (→) *Musikdrama* wider. Das Werk ist nicht mehr in (→) *Nummern* gegliedert, sondern durchkomponiert. *Rezitativ*, *Arioso* und *gebundene Musik* sind einander angenähert und wechseln schnell. Es gibt eine Tendenz zur asymmetrischen Taktgruppenbildung. Allerdings scheinen die traditionellen Formen wie Soli, Duette, Ensembles und Chöre deutlich durch. *Verdi* verwendete im Gegensatz zu *Wagner* wenige Leitmotive.

Verdis letztes Bühnenwerk *Falstaff* (1893) nach Shakespeares *Die lustigen Weiber von Windsor* ist eine komische Oper. Auch sie ist wie *Otello* nicht in *Nummern* eingeteilt. Das Werk ist von höchst differenziertem, durchsichtigem, sparsamem, gleichsam kammermusikalischem Orchestersatz. Es zählt neben *Mozarts Figaros Hochzeit* und *Rossinis Barbier von Sevilla* zu den größten komischen Opern.

Bedeutung. *Verdi* gehört zu den bedeutendsten Opernkomponisten. Von seinen 26 Opern zählt heute mindestens ein Drittel zu den Standardwerken aller Bühnenspielpläne. Im gleichen Jahr wie *Wagner* geboren, prägte *Verdi* die Operngeschichte in ähnlichem Maße wie dieser.

Verdis Opern sind gekennzeichet durch die meisterhafte Erfindung von zündenden, eingängigen, dennoch komplexen Melodien, von denen viele volkstümlich geworden sind. Er besaß einen untrüglichen Instinkt für die musikalische Charakterisierung von Personen und für Dramatik. Die Orchesterbegleitung ist bis auf die späten Opern von der Struktur eher einfach, aber farbenreich.

7.4.3 Die französische Oper

Grand opéra

Allgemeines. Um 1830 entwickelte sich in Frankreich aus der *Tragédie lyrique* unter Einbeziehung von Elementen der *Opéra comique* und der italienischen Oper die **Grand opéra**. Sie hatte in der ersten Hälfte des 19. Jahrhundert einen großen Einfluss in Europa und klang in den 1870er Jahren aus.

Die **Stoffe** waren nicht mehr der Antike, sondern dem Mittelalter und der Neuzeit entnommen. Auch legenden- und märchenhafte Stoffe kamen vor.

Aufbau/musikalische Mittel. Typisch für die *Grand opéra* sind Massenszenen und spektakuläre Schaueffekte (Aufmarsch, Schlacht, Naturkatastrophe, Gottesdienst usw.). Konstitutiv sind weiterhin überraschende Wendungen des Geschehens. Typisch ist die Einbeziehung von Balletten.

Werke. Zu den ersten *Grands opéras* gehört von *Daniel-François Auber* [o'bɛr] (1782–1871) *La muette de Portici* (*Die Stumme von Portici*, 1828). Sie behandelt einen neapolitanischen Aufstand im 17. Jahrhundert. Ihre Aufführung in Brüssel 1830 löste die Belgische Revolution aus, somit die Abtrennung Belgiens von Holland.

Weitere bekannte *Grands opéras* sind: von *Gioacchino Rossini Guillaume Tell* (*Wilhelm Tell*, 1829); von *Giacomo Meyerbeer* (1791–1864) *Les Huguenots* (*Die Hugenotten*, 1836) und von *Hector Berlioz Les Troyens* (*Die Trojaner*, 1863).

Opéra comique

Allgemeines

Die *Opéra comique* [ko'mik] änderte sich im 19. Jahrhundert zunächst wenig. Sie war nicht so aufwendig wie die *Grand opéra*. Verwendet wurden komische und ernste Sujets.

Georges Bizet [bi'zɛ] (1838–1875): Carmen (1875)

Wohl die bedeutendste *Opéra comique* ist *Carmen* von *Georges Bizet*, eine der meistgespielten Opern. *Bizet* wurde 1838 in Paris geboren, lebte nach dem Erhalt des (→) *Rompreises* von 1858–1860 in Rom und anschließend in Paris als freischaffender Künstler mit beachtlichem Erfolg. Die Oper *Carmen* ist heute sein bekanntestes Werk. Außer dieser schrieb er eine Anzahl weiterer Opern, von denen mehrere unvollendet sind, und Stücke verschiedener anderer Gattungen.

Carmen hatte in der ursprünglichen Fassung mit gesprochenen Dialogen (als *Opéra comique*) nur mäßigen Erfolg. Nach *Bizets* Tod wurden von einem anderen Komponisten die gesprochenen Dialoge durch neu komponierte Accompagnato-Rezitative ersetzt, wodurch das Stück in die Nähe der *Grand opéra* gerückt wurde. In dieser Version war die Oper sehr erfolgreich. Heute werden beide Versionen aufgeführt.

Inhalt. Der Stoff wurde nach einer Novelle des bedeutenden französischen Schriftstellers *Prosper Mérimée* (1803–1870) für die Bühne eingerichtet. Die Handlung spielt im Spanien des 19. Jahrhunderts. Die in einer Zigarettenfabrik arbeitende Zigeunerin Carmen macht dem Soldaten Don José schöne Augen. Wegen einer Messerstecherei wird sie verhaftet und Don José verhilft ihr zur Flucht. Carmen bringt ihn dazu, sich einer Schmugglerbande anzuschließen, zu der auch sie gehört. Bald wird sie des Don José überdrüssig und liiert sich mit dem berühmten Stierkämpfer Escamillo. Vor einer Stierkampfarena ersticht Don José Carmen aus Eifersucht. – Der realistische Text mit Zigeunerinnen, Zigarettenarbeiterinnen und Schmugglern als Protagonisten wurde von den Zeitgenossen als krass empfunden.

Musik. Die Ouvertüre reiht Themen aus der Oper in der Art einer (→) *Potpourri-Ouvertüre* in Rondoform hintereinander. Sie stellt zwei gegensätzliche Welten dar; der erste Teil repräsentiert temperamentvoll die Stierkampfarena. Der Schlussteil weist durch düstere Stimmung und den abrupten dissonanten Schluss auf das tragische Ende hin. In diesem

Abschnitt erklingt Carmens Schicksalsmotiv, das mehrmals in der Oper wieder erscheint. Es erinnert durch die übermäßige Sekunde an die (→) *Zigeuner-Moll-Tonleiter*, mit der oft das Zigeunermilieu charakterisiert wird.

Notenbeispiel 7.6:

G. Bizet, Carmen, Schicksalsmotiv

Spanisches Kolorit wird erzeugt durch Verwendung von (→ Bd. I) *Kastagnetten* und (→ Bd. I) *Tamburin* sowie durch Wendungen, die an Flamenco-Musik erinnern.

Berühmt ist die *Habanera*, in der Carmen ihre Auffassung von der Liebe als unberechenbares und bedrohliches Gefühl darstellt. *Bizet* glaubte, als Vorlage hierfür eine originale spanische Volksweise verwendet zu haben; tatsächlich handelte es sich aber um ein Lied eines anderen Komponisten.

Notenbeispiel 7.7:

G. Bizet, Nr. 5 Habanera

Beeindruckend ist der Schluss der Oper, in welchem abwechselnd ganz unterschiedliche Musikarten erklingen: zum einen die rasante Musik des Stierkampfes mit den Vivat-Rufen der Zuschauer und zum anderen die dramatische, tragische Musik mit Carmens Schicksalsmotiv zu Carmens und Don Josés letztem Streit.

Opéra bouffe (französische Operette)

Allgemeines. Unter einer **Opéra bouffe** [buf] (**französische Operette**) versteht man ein Bühnenwerk mit den unten genannten Merkmalen. Sie entstand nach 1850 aus der *Opéra comique* in Paris.

Die **Stoffe** sind gesellschaftskritisch. Bissig und witzig werden Gier nach Reichtum und Genuss, verlogene Moral, Opportunismus und Machtgelüste dargestellt.

Aufbau / Musikalische Mittel:
- gesprochene Dialoge;
- leichte, oft mitreißende Musik;
- von der *Opéra comique* unterscheidet sich die *Opéra bouffe* vor allem durch die Einbeziehung von modischen Tänzen (*Cancan*, *Walzer*, *Galopp*, *Polka* usw.) und Märschen.

Werke. Bekanntester und einflussreichster Komponist war der deutschstämmige *Jacques Offenbach* (1819–1880). Zu seinen berühmtesten *Operetten* zählen *Orphée aux enfers* (*Orpheus in der Unterwelt*, 1858) und *La belle Hélène* (*Die schöne Helena*, 1864). *Offenbachs* Werke beeinflussten auch Operetten in England und Deutschland.

7.4.4 Die deutsche Oper

Überblick

Die deutschen Opern des 19. Jahrhunderts können eingeteilt werden in ernste und heitere. Beide sind zunächst der Singspieltradition verhaftet. Die ernste Oper wird nach 1850 vom Wagnerschen Musikdrama bestimmt. Die komische Oper läuft zum Ende des 19. Jahrhunderts aus. Nach der Jahrhundertmitte entsteht nach dem Vorbild der *Opéra bouffe* die *Wiener Operette*.

Die deutsche romantische Oper (ca. 1815 – ca. 1850)

Allgemeines. Nach den Befreiungskriegen gegen Napoleon (1813/15) verstärkte sich in Deutschland der (→) *Nationalismus* im Sinne des Wunsches nach einem einheitlichen deutschen Staat. In diesem Zusammenhang wurde auch die Produktion von deutschen Opern sehr gefördert. Man wollte insbesondere eine ernste deutsche Oper eigenen Gepräges schaffen, eine sogenannte *Nationaloper*.

Musikalisch-strukturell gab es in der ersten Hälfte des 19. Jahrhunderts jedoch keine ernste deutsche Oper eigenen Stils. Sie war sowohl von der Singspieltradition als auch von der italienischen und französischen Oper stark beeinflusst.

Einheitlich war die ernste deutsche Oper in der ersten Hälfte des 19. Jahrhunderts allerdings in ihrer romantischen Stoffwahl. Unter der **deutschen romantischen Oper** versteht man somit die ernste deutsche Oper ab ca. 1815 bis ca. 1850.

Stoffe. Die Stoffe der deutschen romantischen Oper waren Sagen und Märchen entnommen. Typisch ist das Geisterhafte, Übernatürliche und Wunderbare. Konstitutiv ist auch die Erlösungsidee des in Schuld und Schicksal verstrickten Menschen.

Aufbau / musikalische Mittel. Zu Beginn des 19. Jahrhunderts gab es noch gesprochene Dialoge, die aus der *Opéra comique* und dem *Singspiel* stammen. Sie verschwanden bis zur Jahrhundertmitte.

Werke. Eine der ersten deutschen romantischen Opern ist *E. T. A. Hoffmanns* (1776–1822) *Undine* (1816).

Carl Maria von Weber (1786–1826): Der Freischütz (1821)

Carl Maria von Weber gehört zu den wichtigsten deutschen Komponisten des beginnenden 19. Jahrhunderts. Er schuf Werke verschiedener Gattungen, darunter 8 Opern und Singspiele. Sein populärstes Werk ist *Der Freischütz*.

Inhalt. Der junge Jäger Max hat Pech beim Preisschießen. Das bedrückt ihn, weil er am folgenden Tag bei einem Probeschießen sein Können unter Beweis stellen muss, damit er seine Geliebte Agathe heiraten und damit eine Försterei übernehmen kann. Kaspar, der mit dem Teufel im Bunde ist, überredet Max, mit ihm zusammen sogenannte Freikugeln zu gießen, also solche, die immer treffen. Dies geschieht um Mitternacht in der Wolfsschlucht, wobei der Teufel in der Gestalt des schwarzen Jägers Samiel erscheint. Am darauf folgenden Tag verschießt Max 6 Freikugeln erfolgreich. Mit der siebten, die der Teufel lenken kann, führt er den eigentlichen Probeschuss aus. Agathe bricht zusammen, sie ist aber nur ohnmächtig; der Schuss hat nicht sie, sondern Kaspar getroffen. Ein frommer Einsiedler setzt sich für Max ein. Dieser darf Agathe nach einem Jahr heiraten, wenn er sich bewährt.

Musik. Zur *Ouvertüre* → 7.6.2. Die Oper enthält einige (→) *Erinnerungsmotive*, unter denen das *Samiel-Motiv* heraussticht. Es erscheint, wenn vom Teufel die Rede ist.

Notenbeispiel 7.8:

Samiel-Motiv

Berühmt ist die Wolfsschluchtszene. Während die Freikugeln gegossen werden, gibt es seltsame, furchterregende Erscheinungen, die musikalisch kommentiert werden. Nach dem Guss der fünften Kugel erscheinen „Nebelgestalten von Jägern". Sie singen, wie dies Geister oft in Opern tun, nur auf einem Ton:

Notenbeispiel 7.9:

C. M. Weber: Der Freischütz, 2. Akt, Finale, T. 340–345

Bedeutung. *Der Freischütz* hatte sehr großen Erfolg. Das Werk wurde zur Nationaloper erklärt, auf die sich das deutsche Nationalgefühl richten konnte. Allerdings sind, wie erwähnt, an dieser Oper keine typisch deutschen musikalischen Eigenschaften zu finden. Auch heute ist *Der Freischütz* sehr populär und gilt als typisch deutsche Oper.

Richard Wagner (1813–1883): Der fliegende Holländer (1843)

Inhalt. An der norwegischen Küste landet das Schiff des Fliegenden Holländers. Er ist dazu verurteilt, lebenslang das Meer zu befahren, darf aber alle sieben Jahre an Land gehen und zu seiner Erlösung eine Frau suchen, die bereit ist, ihm bis in den Tod die Treue zu halten. Der Seemann Daland bietet ihm seine Gastfreundschaft an. Dalands Tochter, Senta, schwört dem Holländer ewige Treue. Am Ufer des Meeres wirft Sentas ehemaliger Verlobter Erik dieser ihre Untreue ihm gegenüber vor. Der Holländer glaubt irrtümlich, Senta wieder verloren zu haben, und sticht ohne sie in See. Darauf stürzt sich Senta ins Meer, um ihre Treue zu beweisen. Der Holländer wird auf diese Weise erlöst, sein Schiff versinkt, er und Senta fahren gen Himmel.

Die Idee der Erlösung steht auch in anderen Opern *Wagners* im Mittelpunkt. Im *Tannhäuser* wird der Titelheld wie im *Fliegenden Holländer* durch eine aufopferungsvolle Frau im Tode erlöst. In *Wagners* letzter Oper, *Parsifal*, ist der Titelheld Erlöser in christlicher Sphäre.

Musik. Die Tendenz zur Bildung größerer Szenen (→ 7.4.1) ist im *Fliegenden Holländer* bereits sehr deutlich ausgeprägt: Es gibt nur noch 8 Nummern.

Die Musik ist geprägt durch abwechslungsreiche Stimmungen. Der Holländer und seine Mannschaft werden in düsteren Farben geschildert; in starkem Gegensatz dazu steht der heiter beschwingte Chor der mit dem Spinnen beschäftigten Mädchen. Zentrales *Leitmotiv* ist das *Holländer-Motiv*.

Notenbeispiel 7.10:

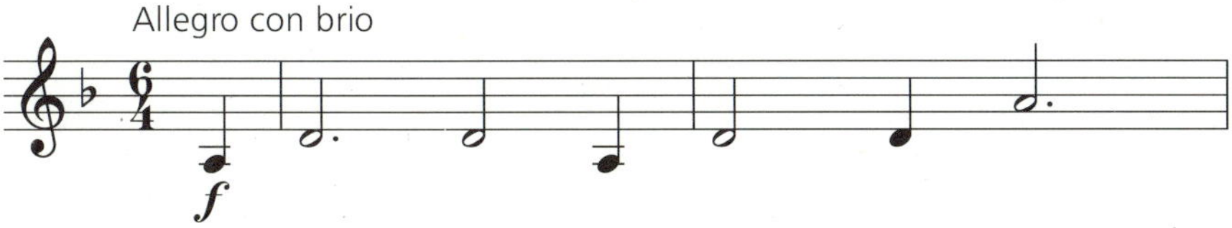

R. Wagner: Der fliegende Holländer, Holländer-Motiv

Als *Leitthema* fungiert das sogenannte *Erlösungsthema*, zu dem in Sentas Ballade (in Nr. 4) der folgende Text erscheint.

Notenbeispiel 7.11:

R. Wagner: Der fliegende Holländer, Nr. 4, Ballade

Mit diesem Thema endet das Werk. Beide Themen bzw. Motive erscheinen bereits in der Ouvertüre, die deutlich auf den Inhalt der Oper Bezug nimmt.

Weitere romantische Opern Wagners. Auf den *Fliegenden Holländer* folgen zwei weitere romantische Opern *Wagners*: *Tannhäuser* (1845) und *Lohengrin* (1850). Sie sind nicht mehr wie *Der Fliegende Holländer* klar in *Arien*, *Ensembles* und (→ 7.4.1) *Scena-Abschnitte* eingeteilt. Äußerlich ist dies daran zu erkennen, dass beide Werke keine *Nummern* mehr aufweisen. Gegenüber dem *Fliegenden Holländer* gibt es eine größere Anzahl von *Leitmotiven*, die auch öfters wiederholt werden.

Das Musikdrama Richard Wagners und sein Einfluss (ab ca. 1850)

Allgemeines

Unter einem **Musikdrama** versteht man ein Werk mit den unten genannten musikalischen Eigenschaften. Die begriffliche Trennung zwischen *Musikdrama* und *Oper* wird nicht immer deutlich vorgenommen; *Musikdramen* werden oft auch als *Opern* bezeichnet. *Wagners* Bühnenwerke ab *Das Rheingold* sind *Musikdramen*.

Wagners Grundidee des *Musikdramas* war, dass sich die Musik dem Drama unterzuordnen habe; sie sollte ganz dem dramatischen Ausdruck dienen. Das beinhaltete auch hohe Textverständlichkeit.

Stoffe von Wagners Werken

Wagners Stoffe sowohl seiner *Opern* als auch der *Musikdramen* sind mit Ausnahme der heiteren Oper *Die Meistersinger von Nürnberg* aus dem mittelalterlichen Sagenschatz übernommen. Teilweise verknüpfte *Wagner* auch verschiedene Sagen miteinander. Zu allen seinen Werken verfasste er die *Libretti* selbst.

Aufbau / musikalische Mittel

	(herkömmliche) Oper	**Musikdrama**
Großform	Einteilung in Nummern	keine Einteilung in Nummern; die Musik ist (→) durchkomponiert. Sie ist in **musikalisch-dichterische Perioden** eingeteilt: Abschnitte mit einheitlichem Inhalt, relativ einheitlichem musikalischem Material und in der Regel gleicher Tonart
Wort-Ton-Verhältnis	Wechsel zwischen Rezitativ und gebundener Musik	Wechsel zwischen kurzen Rezitativen und kurzen Abschnitten gebundener Musik bzw. Auflösung des Unterschiedes
(→ Bd. I) Taktgruppengliederung	oft regelmäßig	zumeist unregelmäßig
Melodik	Wiederholungen oder Abwandlungen von Teilen der Melodie	**„unendliche Melodie"** (selten Wiederholungen oder Abwandlungen)
Erinnerungs- und Leitmotive	zuweilen einige Erinnerungs- oder Leitmotive bzw. -themen	Eine große Anzahl von (→) Leitmotiven durchzieht den gesamten Tonsatz.

Aus Gründen der Textverständlichkeit sind in den Musikdramen *Wagners* keine Chöre und selten Ensembles vorhanden.

Im Musikdrama *Wagners* sind auch noch herkömmliche Arien zu erkennen; berühmt ist beispielsweise: *Winterstürme wichen dem Wonnemond* des Siegmund aus *Die Walküre*.

Werkbeispiel: Das Rheingold (Vorabend aus: Der Ring des Nibelungen)

Inhalt. Alberich, Angehöriger der Zwergensippe der Nibelungen, stiehlt von den Rheintöchtern das Rheingold, ein Symbol für die Macht. Er schwört, der Liebe zu entsagen, und schmiedet sich aus dem Gold einen Ring, mit dem er zur Weltherrschaft gelangen will. Die Götter haben sich von den Riesen die Götterburg Walhall bauen lassen und ihnen dafür die Göttin Freia versprochen. Da die Götter ohne Freia ihre ewige Jugend verlören, verspricht der oberste Gott Wotan den Riesen an Freias Stelle das Rheingold als Lohn. Mit einer List stehlen die Götter das Rheingold und den Ring. Alberich verflucht daraufhin den Ring: Wer ihn besitze, sei dem Tod verfallen. Zur Bezahlung der Riesen muss Wotan nicht nur das ganze Rheingold, sondern auch den Ring übergeben. Alberichs Fluch zeigt alsbald Wirkung, da ein Riese seinen Bruder aus Habgier erschlägt.

Die übrigen drei Werke aus *Der Ring des Nibelungen* sind vom Kampf um den Ring gekennzeichnet. Am Ende der *Götterdämmerung* geht die ganze Welt, samt der Götterburg Walhall, in Flammen auf. Das ständige Streben nach Macht hat die Welt zugrunde gerichtet.
Wagner verwendete im *Ring des Nibelungen* freie Verse, also solche ohne Versmaß und ohne Reime, sowie (wie in der altgermanischen Dichtung) *Stabreime*.

Musik

Notenbeispiel 7.12:

Das Beispiel stammt aus dem Beginn der zweiten Szene. Wotan bewundert die eben fertig gewordene Götterburg Walhall. Seine Frau Fricka erinnert ihn daran, dass die Göttin Freia der vertraglich festgelegte Lohn für die Riesen ist.

Großform: Deutlich ist nach T. 12 das Ende einer musikalisch-dichterischen Periode festzustellen: Der Inhalt, die Satztechnik und die Tonart wechseln.

Wort-Ton-Verhältnis: Bis T. 12 herrscht gebundene Musik, danach rezitativische Struktur.

Taktgruppengliederung: Zu Beginn herrscht zumeist Zweiertaktgruppengliederung vor, ab T. 12 nicht mehr.

Melodik: Am Anfang des Beispiels liegt in der Gesangsmelodie die Wiederholung eines zweitaktigen Abschnittes vor; ansonsten gibt es keine Wiederholungen oder Abwandlungen.

Leitmotive: Zu Beginn des Abschnittes erklingt über zwei Takte das *Walhall-Motiv*, da Wotan von der Burg schwärmt. In den folgenden vier Takten erklingen Abwandlungen dieses Motivs. In T. 18 erklingt das *Vertrags-Motiv*, da von einem Vertrag die Rede ist.

Textverständlichkeit: Die Textverständlichkeit ist in den rezitativischen Teilen hoch.

Genaueres zur Leitmotivtechnik

Zur inhaltlichen Bedeutung. Der Charakter eines Leitmotivs ähnelt seiner Bedeutung. Beispielsweise hat das üblicherweise von den Blechbläsern gespielte *Walhall-Motiv* eine erhabene Wirkung, wie die Götterburg auch. Das *Vertrags-Motiv* klingt durch die kontinuierliche Abwärtsführung etwas bedrohlich; es erscheint, wenn an die unangenehmen Bedingungen eines Vertrags erinnert werden soll.

Ein Leitmotiv wird mit Bedeutung versehen, indem es bei seinem ersten Erscheinen deutlich mit einem entsprechenden Text oder Bild verknüpft wird. Das *Walhall-Motiv* beispielsweise erklang kurz vor dem obigen Beispiel mehrmals, als auf der Bühne die Burg sichtbar wurde. Anders als bei der (→) *Programm-Musik* wäre also eine Information des Zuhörers über die Bedeutung der instrumentalen Musik prinzipiell nicht nötig.

Wenn die Bedeutung eines Leitmotivs festgelegt ist, kann es als Kommentar ohne entsprechenden Text oder dazugehöriges Bild erklingen, was zuweilen der Fall ist. Dabei „weiß" die Musik manchmal mehr als die handelnden Personen, da sie das Geschehen eigenständig ausdeutet.

Zur Gestalt. Leitmotive werden oft verarbeitet, d. h. sequenziert, variiert, verkürzt usw. Auch können mehrere Leitmotive miteinander kombiniert werden.

Zur formbildenden Funktion. Leitmotive stiften Zusammenhang in einem ganzen Werk, der durch die fehlende regelmäßige Taktgruppengliederung und die *unendliche Melodie* nicht mehr so deutlich gegeben ist. Wenn eine Szene vornehmlich durch ein oder mehrere Leitmotive geprägt ist, so wird diese vereinheitlicht.

Spezifisches für Wagner. *Wagners* Leitmotive sind kurz und prägnant. In *Das Rheingold* sind über 30 Leitmotive feststellbar, in der *Götterdämmerung*, dem letzten Werk von *Der Ring des Nibelungen*, sind es über 70, von denen viele schon aus den vorigen Opern aus *Der Ring des Nibelungen* bekannt sind. Die meisten Leitmotive sind einstimmig. Oft ist die Klangfarbe konstitutiv. Die Namen der Wagnerschen Leitmotive stammen nicht von ihm.

Leitmotive nach Wagner. Die Leitmotivtechnik wurde in der Oper vielfach aufgegriffen, so z. B. bei *R. Strauss* und *Puccini*.

Komische Oper und Wiener Operette

Komische Oper

Zu Beginn des 19. Jahrhunderts gab es in Deutschland neben der *romantischen Oper* auch eine *komische Oper* mit gesprochenen Dialogen. Bekannte Werke sind von *Albert Lortzing* (1801–1851) *Zar und Zimmermann* (1837) und von *Otto Nicolai* (1810–1849) *Die lustigen Weiber von Windsor* (1849).

Wiener Operette

Nach 1850 entstand nach dem Vorbild der *Operetten* von (→) *Offenbach* die *Wiener Operette*. Ihre Sujets waren weniger gesellschaftskritisch als diejenigen ihrer französischen Vorbilder. Die Musikeinlagen zwischen den gesprochenen Dialogen waren zum Teil an der Wiener Tanzmusik, vor allem dem Walzer, orientiert. Bekannte Werke sind von *Johann Strauß Sohn* (1825–1899) *Die Fledermaus* (1874) und *Der Zigeunerbaron* (1885). – Die *Berliner Operette* entstand um 1900.

7.4.5 Das klavierbegleitete Sololied

Allgemeines

Große Bedeutung des Liedes

Das klavierbegleitete Sololied erlebte im 19. Jahrhundert in Deutschland eine besondere Blüte. Während es im Schaffen großer Komponisten des 18. Jahrhunderts, z. B. *Haydn* und *Mozart*, eine untergeordnete Rolle spielte, war es bei *Beethoven* bereits von größerer Bedeutung. In *Schuberts* Schaffen nahm die Komposition von Liedern einen zentralen Raum ein. Dies gilt auch für *Schumann*, *Brahms*, *Wolf* und *Mahler*.

Zur Aufführung von Liedern

Klavierbegleitete Sololieder wurden zunächst eher in privatem Kreise dargeboten. In öffentlichen **Konzerten** wurden einzelne Lieder zwischen der Aufführung von Orchester- und Kammermusik vorgetragen; (→) *Liederzyklen* traten als solche mithin gar nicht in Erscheinung. Öffentliche Liederabende, also Veranstaltungen, in denen ausschließlich Lieder vorgetragen wurden, waren im 19. Jahrhundert selten.

Komplexere Klavierbegleitung

Im 19. Jahrhundert wurde im Zuge der zunehmenden Komplexität der Musik die Klavierbegleitung differenzierter und damit selbstständiger gegenüber dem Gesangspart. Der Klavierpart konnte beispielsweise eine gegenüber der Gesangsstimme eigenständige Melodie besitzen.

Liederzyklus

Im 19. Jahrhundert entstand eine Vielzahl von *Liederzyklen*. Unter einem **Liederzyklus** versteht man den Zusammenschluss mehrerer Lieder ähnlichen Inhalts oder ähnlicher Stimmung. Zuweilen stellt ein Liederzyklus auch eine Erzählung dar. Musikalisch kann ein Zyklus zusammengehalten werden durch instrumentale Überleitungen zwischen den Einzelliedern und durch gemeinsames thematisches Material, insbesondere durch eine Reprise von früherem Material im letzten Lied. Zu den ersten Liederzyklen gehört *Beethovens* „An die ferne Geliebte“, Op. 98 (1816), der aus 6 Liedern besteht.

Franz Schubert

Allgemeines

Schubert zählt zu den bedeutendsten Liedkomponisten. Er schuf seine über 600 klavierbegleiteten Sololieder und gilt heute als derjenige, der es maßgeblich geprägt und seine hohe Bedeutung im 19. Jahrhundert bestimmt hat. Zu Lebzeiten waren *Schuberts* Lieder jedoch nicht sehr weit verbreitet. Sie waren jedoch *Mendelssohn* und *Schumann* bekannt, die durch ihr Liedschaffen in den 40er und 50er Jahren zur erhöhten Bedeutung des Liedes beitrugen. *Schuberts* Lieder sind zunächst durch (→) *Transkriptionen* von *Liszt* bekannt geworden; in den 40er und 50er Jahren des 19. Jahrhunderts wurden auch die Lieder *Schuberts* verstärkt aufgeführt.

Für *Schuberts* Liedschaffen sind folgende **Merkmale** charakteristisch:
- Die hohe melodische Erfindungskraft, welche manche Lieder sehr eingängig macht.
- Der Abwechslungsreichtum in der Form.

Neben einer größeren Anzahl von *Strophen-* und *variierten Strophenliedern* sind viele Lieder in anderen Formen komponiert (z.B. A B A oder durchkomponiert; vgl. Bd. I; 9.4.1).

- Die Vielfalt und Tiefe der Stimmungen.

Neben lyrischen, dramatischen und euphorischen gibt es häufig traurige Stimmungen. Manche seiner Lieder sind von starker Schwermut geprägt (die meisten Lieder der *Winterreise*, einige Lieder aus dem *Schwanengesang*). Solche Stimmungen gab es bei bekannten Liedern vorher und nachher selten. Sie sind auch bei *Schumann* und *Mahler* anzutreffen.

- Die Vielfalt und Komplexität der Klavierbegleitung.

Die Klavierbegleitung ist manchmal auf einem sich ständig variiert wiederholenden Grundmotiv aufgebaut; sie bezieht sich dabei einerseits konkret auf den Inhalt und beschreibt andererseits die Stimmung. In einem der frühesten und berühmtesten Lieder, *Gretchen am Spinnrade* (aus *Goethes Faust*) aus dem Jahr 1814, beschreibt das sich fast durch das ganze Lied ziehende Motiv einerseits die Spinnbewegung, andererseits Gretchens innere Erregtheit.

Notenbeispiel 7.13:

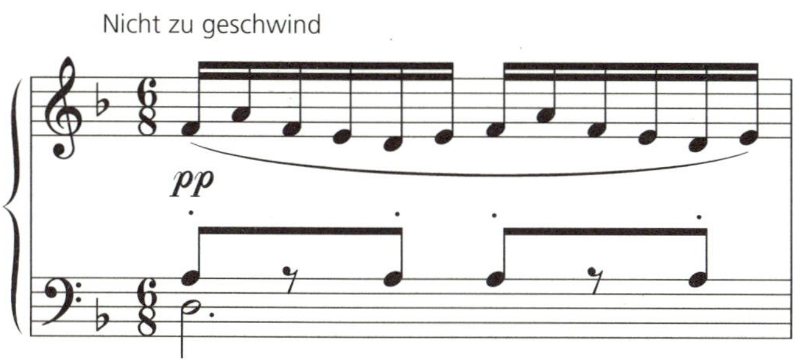

F. Schubert, Gretchen am Spinnrade, T. 1

∾ Die engen Beziehungen zwischen Inhalt und Musik vor allem durch (→ Bd. I) Tonmalerei.

Durch diese Mittel gelang es Schubert auch, die nur durchschnittliche Qualität eines Gedichts vergessen zu machen. Dies ist bei *Der Wanderer* der Fall, einem der bekanntesten Lieder Schuberts.

Schubert verwendete einige seiner Lieder als Vorlagen für Instrumentalkompositionen (→ *Wandererfantasie*, → *Streichquartett Der Tod und das Mädchen*, → *Forellenquintett*).

Die schöne Müllerin

Zu den bekanntesten Liedern *Schuberts* zählen diejenigen aus dem Zyklus *Die schöne Müllerin* (D 795), komponiert 1823 nach Gedichten von *Wilhelm Müller*. Die Lieder stellen eine Handlung dar: Ein junger Müllersbursche auf Wanderschaft folgt dem Lauf eines Bächleins und findet in einer Mühle Arbeit. Er verliebt sich in die Tochter des Hauses; aber nach anfänglichem Glück verbindet sich die Geliebte mit einem Jäger. Aus Kummer stirbt der Müllersbursche im Bach durch Selbstmord. Die Gedichte von *Wilhelm Müller* lassen eine ironisierende Interpretation dieser tragischen Geschichte durchaus zu. Bei *Schubert* ist von Ironie nichts zu spüren.

Musikalisch gibt es keine thematischen Verbindungen zwischen den Liedern. Allerdings wird der Bach, der vom Ich-Erzähler des Öfteren persönlich angesprochen wird und in dem er Trost findet, außer im letzten Lied des Zyklus mittels durchlaufender schneller Notenwerte symbolisiert (siehe Notenbeispiel 7.14).

Notenbeispiel 7.14:

Nr. 2, Wohin?

Winterreise

Der Zyklus *Winterreise* (D 911) stammt aus dem Jahre 1827, wiederum nach Gedichten von *Wilhelm Müller*. Hier wird keine Handlung dargestellt; die Lieder beschreiben die Situation eines im Winter ziellos umherwandernden, von Todessehnsucht erfüllten, unglücklichen

Ich-Erzählers. Wie in *Die schöne Müllerin* fehlen auch hier instrumentale Überleitungen und musikalisch-thematische Verbindungen zwischen den Liedern.

Eines der wenigen Lieder von freundlicher Grundstimmung aus der *Winterreise* ist *Der Lindenbaum*. Es ist in der vereinfachten Version von *Friedrich Silcher* (1789–1860), der einen erregten Mittelteil wegließ, zum Volkslied geworden.

Das letzte Lied aus der Winterreise, *Der Leiermann*, ist von äußerst resignativer Stimmung. Die ganzen 61 Takte hindurch erklingen, von der linken Hand gespielt, als (→ Bd. I) *Bordun* die Töne A und e. Diese ahmen die (→) *Bordunsaiten* einer *Drehleier* nach. Über diesen Tönen wechseln sich Singstimme und die rechte Hand des Klaviers ab, die die Melodie der Drehleier nachahmt. Erst am Ende vereinen sich beide Ebenen bei den Worten: *Wunderlicher Alter, soll ich mit dir gehn? Willst zu meinen Liedern deine Leier drehn?* Die Deutung des Leiermanns als Tod ist möglich, aber nicht zwingend.

Notenbeispiel 7.15:

Nr. 24, Der Leiermann, T. 9–24

Schuberts aus 14 Liedern bestehender *Schwanengesang* ist kein Liederzyklus; vielmehr wurden die Lieder nach *Schuberts* Tod von seinem Verleger zusammengefasst.

Robert Schumann (1810–1856)

Von seinen 260 Liedern schrieb *Schumann* über die Hälfte im sogenannten Liederjahr 1840. Die Hinwendung zum Lied ist zum Teil mit der bevorstehenden Heirat mit (→) *Clara Wieck* zu erklären.

Im Liederjahr entstand eine Reihe von Liederzyklen, z. B. *Liederkreis* (Op. 39) nach Gedichten von *Eichendorff*, *Frauenliebe und Leben* (Op. 42), nach Gedichten von *Chamisso* und *Dichterliebe* (Op. 48), nach Gedichten von *Heine*. Die einzelnen Zyklen werden zum Teil durch motivische Beziehungen zusammengehalten.

Für *Schumanns* Lieder sind folgende Merkmale charakteristisch:
- Die komplexe, feinsinnige Klavierbegleitung;
- die manchmal längeren Klaviernachspiele, die dem Gedicht zuweilen eine neue Bedeutungsebene verleihen;
- das Überwiegen von lyrischen gegenüber dramatischen Stimmungen.

Im Zyklus *Dichterliebe* fasste *Schumann* 16 Lieder aus *Heinrich Heines Buch der Lieder* zusammen. Im Lied *Ein Jüngling liebt ein Mädchen* entspricht dem zunächst unbekümmerten Ton *Heines* die einfache volksliedartige Melodie. Die synkopische, den einfachen Fluss gleichsam störende Klavierbegleitung weist auf den tragischen Inhalt.

Notenbeispiel 7.16:

Ein Jüngling liebt ein Mädchen, T. 5 m.A.–12

Johannes Brahms (1833–1897)

Brahms schrieb über 200 klavierbegleitete Sololieder. Für diese sind folgende Merkmale charakteristisch:
- Viele Lieder sind im Stil dem Volkslied verpflichtet (Sangbarkeit, klare Taktgruppengliederung, → Bd. I *Strophenform* oder → Bd. I *variierte Strophenform*);
- die Klavierbegleitung ist komplex, aber selten bildlich ausdeutend;
- Vor- und Nachspiele sind nicht oft anzutreffen;
- ernste Stimmungen überwiegen.

Brahms bearbeitete auch zahlreiche Volkslieder für Singstimme und Klavier.

Hugo Wolf (1860–1903)

Wolf wurde in *Windischgraz* geboren, lebte von untergeordneten Tätigkeiten, war ab 1898 wegen der Syphilis geistig umnachtet und starb in einer geschlossenen Anstalt in Wien. *Wolf* gehört zu den bedeutendsten Liedkomponisten des 19. Jahrhunderts. Die rund 300 Lieder bilden einen Hauptteil seines gesamten Schaffens. Die meisten schrieb er in Zeiten höchst kreativer Arbeit zwischen 1887 und 1897. Der Hauptteil der Lieder gehört fünf Sammlungen an, so dem *Spanischen Liederbuch* und dem *Italienischen Liederbuch I* und *II*.

Wolfs Lieder sind durch folgende Merkmale zu charaktierisieren:
- Der Gesangspart orientiert sich an der gesprochenen Dichtung; daher sind rezitativartige Gestaltung und schwer singbare Intervalle anzutreffen;
- der Klaviersatz ist bezüglich der Harmonik und der Textur komplex.

7.4.6 Das Orchesterlied

Allgemeines

Komponisten in der zweiten Hälfte des 19. Jahrhunderts orchestrierten zunehmend ihre eigenen klavierbegleiteten Sololieder, z. B. *Wolf*, *Mahler* und *Strauss*.

Im ausgehenden 19. Jahrhundert und zu Beginn des 20. wurde das **Orchesterlied** zu einer gewichtigen Gattung. Dies kann zum einen damit erklärt werden, dass das Lied in immer größeren Konzerträumen aufgeführt wurde und somit ein Bedarf an stärkerer Klangfülle gegeben war. Ein anderer Grund war die zunehmende Differenzierung des Klaviersatzes, was den Wunsch nach einem Orchester mit mehr Möglichkeiten für eine komplexe Begleitung wachrief. Bedeutende Komponisten von Orchesterliedern waren *Strauss* und *Mahler*.

Gustav Mahler

Die etwa 40 Lieder spielen in *Mahlers* Schaffen eine zentrale Rolle. Neben Frühwerken schrieb er 5 Liederzyklen. Den ersten Zyklus bilden die vier *Lieder eines fahrenden Gesellen* (1883–1885) nach eigenen Texten; zwei dieser Lieder gingen in die erste Sinfonie ein (→ 7.6.2 *Mahlers* Sinfonien). Es folgten die 12 *Lieder aus des Knaben Wunderhorn*. Diese beiden Zyklen existieren in Klavier- und Orchesterfassung. Alle folgenden Lieder sind Orchesterlieder (*Kindertotenlieder, 7 Lieder aus letzter Zeit, Das Lied von der Erde*). Charakteristisch für *Mahlers* Lieder ist der Gegensatz zwischen Traumwelt und Realität.

Zu den bedeutendsten Werken *Mahlers* gehört *Das Lied von der Erde* (1908/09). Es besteht aus 6 vokalen Sätzen mit übersetzten chinesischen Texten. Das Werk trägt den Untertitel *Eine Symphonie* und kann als Mischform zwischen Orchesterlied und Sinfonie aufgefasst werden.

7.4.7 Das deutsche Chorlied

Das **deutsche Chorlied** blühte seit dem ausgehenden 18. Jahrhundert im Zuge der Entwicklung des Chorwesens (→ 7.3.1) auf. Grundmodell war der vierstimmige Satz *a cappella* oder mit Instrumentalbegleitung, in der Regel ein Klavier.

Wichtige Komponisten von Chorliedern sind *Schubert, Friedrich Silcher, Schumann, Brahms* und *Mendelssohn. Brahms* bearbeitete auch Volkslieder für vierstimmigen Chor.

7.5 Geistliche Vokalmusik

7.5.1 Das Oratorium

Allgemeines

Die Entstehung des (→) Chorwesens brachte eine intensive Pflege des Oratoriums mit sich. Das führte auch zur Neukomposition zahlreicher Werke, von denen die meisten aber heute weniger bekannt sind. Neben geistlichen Oratorien entstanden vermehrt auch weltliche mit historischen und märchenhaften Stoffen. Die Großform folgt in der Regel derjenigen des 18. Jahrhunderts (Ouvertüre, Arien, Chöre und Rezitative).

Zu den bedeutendsten Werken des 19. Jahrhunderts gehören die Oratorien *Paulus* (1836) und *Elias* (1846) von *Mendelssohn*. Weitere wichtige Komponisten sind *Berlioz* (*L'enfance du Christ*, 1854) und *Liszt* (*Die Legende von der Heiligen Elisabeth*, 1862, und *Christus*, 1873).

Johannes Brahms: Ein deutsches Requiem (1869)

„Ein deutsches Requiem" für Chor, Soli und Orchester wurde in seiner letztgültigen Fassung zum ersten Mal 1869 aufgeführt. Es trug maßgeblich zum Ruhm seines Komponisten bei. Das Werk ist hinsichtlich der Gattung schwer einzuordnen. Es ist am ehesten als Oratorium zu bezeichnen; untypisch ist jedoch das Fehlen einer Handlung.

Die Komposition besteht aus 7 Sätzen mit Texten aus dem Alten und Neuen Testament, die *Brahms* selbst zusammengestellt hat. Die Texte, die übrigens Christus nicht erwähnen, thematisieren verschiedene Aspekte des Todes, beispielsweise Trauer und Schmerz; es überwiegen dabei tröstende und zuversichtliche Inhalte bezüglich des Glaubens an die Wiederauferstehung. Der Charakter ist vornehmlich ruhig; außer im 6. Satz sind dramatische Stellen die Ausnahme.

Notenbeispiel 7.17:

J. Brahms, Ein deutsches Requiem, 6. Satz T. 128 m. A. bis 133

Anmerkung: Die Ecksätze sind inhaltlich durch die Seligpreisung der Lebenden im 1. Satz und der Toten im 7. Satz sowie auch musikalisch miteinander verwandt. Zentrum des Werkes ist der vierte Satz, der als einziger keine angst- oder trauererfüllten Aussagen enthält, sondern das Paradies beschreibt; musikalisch unterscheidet sich der Satz von den übrigen durch hellere Klangfarbe. Bemerkenswert ist das Ende des 3. Satzes, eine Fuge über einem 36 Takte währenden (→ Bd. I) *Orgelpunkt*. Er kann als Gottvertrauen gedeutet werden.

Der 6. Satz thematisiert den Tag des Jüngsten Gerichts, lehnt sich somit inhaltlich an das (→) *Dies irae* des katholischen Requiems an (vgl. 6.5.2). Er ist der dramatische Höhepunkt des Werkes und steht auch musikalisch dem *Dies irae* nahe. Der Satz beginnt ruhig und steigert sich allmählich bis zu höchster Erregung. Zentraler Text ist folgender: „Denn es wird die Posaune schallen, und die Toten werden auferstehen unverweslich, und wir werden verwandelt werden. Dann wird erfüllet werden das Wort, das geschrieben steht: Der Tod ist verschlungen in den Sieg. Tod, wo ist dein Stachel? Hölle, wo ist dein Sieg?" (1. Korinther 15, 52–55)

Zur Dramatik tragen die schnelle Streicherbewegung, das rasche Tempo, der große Tonraum sowie die Haupttonart c-Moll bei. Das auch im Text zentrale Wort *Sieg* wird in der Musik deutlich hervorgehoben und ausgedeutet durch lange Töne und einen Dur-Akkord, zumeist als C-Dur-Dreiklang, der oft bei Freude und Jubel verwendet wird. Der Abschnitt endet mit einem über vier Takte gehaltenen C-Dur Akkord. Daran schließt sich eine Fuge in C-Dur an, deren Text Gotteslob beinhaltet.

Das Brahmssche *Deutsche Requiem* unterscheidet sich vom katholischen Requiem dadurch, dass es einmal nicht liturgisch ist, zum nächsten durch die deutsche Sprache und auch durch deutlich andere inhaltliche Akzentsetzungen, beispielsweise durch die Dominanz von tröstenden und zuversichtlichen Inhalten.

7.5.2 Die katholische (liturgische) Kirchenmusik

Cäcilianismus

Zu Beginn des 19. Jahrhunderts entstand eine Bewegung, die später nach der heiligen Cäcilie, der Schutzpatronin der Musik, *Cäcilianismus* genannt wurde. Unter **Cäcilianismus** versteht man die Bewegung zur Reform der katholischen Kirchenmusik im 19. Jahrhundert mit folgenden Zielen:

- Förderung von kirchenmusikalischen Kompositionen, die sich an das Ideal des (→) *Palestrina-Stils* anlehnen, somit Verzicht auf die gängigen Stilprinzipien der Kirchenmusik des 18. und 19. Jahrhunderts;
- Wiederbelebung der geistlichen A-cappella-Musik des 16. Jahrhunderts für die liturgische Praxis;
- Förderung des (→) *Gregorianischen Chorals*.

Der *Cäcilianismus* ist teilweise erklärbar durch das für die (→) Romantik typische Interesse an der Vergangenheit. Die intensive Anwendung seiner Prinzipien blieb auf Teilbereiche des kirchenmusikalischen Schaffens beschränkt, die heute weniger bekannt sind. Der *Cäcilianismus* beeinflusste jedoch „moderne“ Komponisten, beispielsweise *Bruckner* und *Liszt*.

Die Messe

Die Form der (→) *Orchestermesse* blieb im 19. Jahrhundert erhalten.

Beethoven schrieb 2 Messen. Seine erste in C-Dur, Op. 86, entstand 1807. – Die *Missa solemnis* in D-Dur, Op. 125 (entstanden 1819–1823) hielt *Beethoven* für sein größtes Werk. Die Messe sollte ursprünglich einer kirchlichen Krönungsfeierlichkeit dienen, ist demnach als liturgisches Werk konzipiert; sie wurde aber nicht rechtzeitig vollendet. Mit ihrer außergewöhnlichen Länge (sie dauert weit über eine Stunde) sprengt sie für heutige Verhältnisse den liturgischen Rahmen. Im Stil steht die Messe *Beethovens* Neunter Sinfonie nahe, die in der gleichen Zeit entstand.

Beethoven notierte im *Agnus Dei* bei der Textstelle *Dona nobis pacem* („schenke uns Frieden“) in die Partitur „Bitte um inneren und äußeren Frieden“. Die Bedrohung des äußeren Friedens wird an einigen Stellen durch Stilzitate aus der Militärmusik in Pauken und Trompeten dargestellt.

Von den 6 Messen *Schuberts* sind aufgrund ihrer Ausdruckstärke die 5. in As-Dur (1819–1822) und vor allem die 6. in Es-Dur (1828) bedeutsam.

Bruckner gehört zu den wichtigsten katholischen Kirchenmusikern des 19. Jahrhunderts. Er schrieb neben zwei frühen Messen und einem Requiem drei große sinfonische Messen: Nr 1 in d-Moll (1864), Nr. 2 in e-Moll (1866), Nr. 3 in f-Moll (1867/68).

Notenbeispiel 7.18:

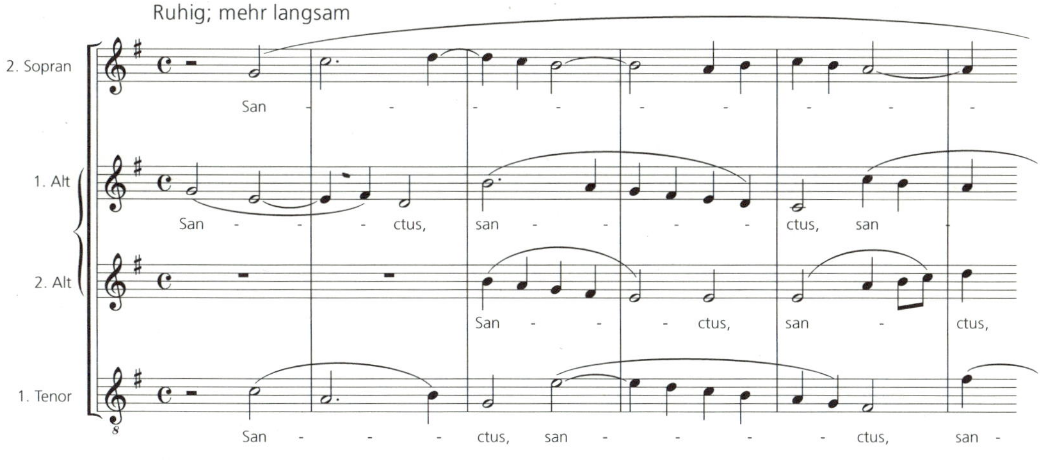

A. Bruckner, Messe Nr. 2 in c-Moll, Anfang des *Sanctus*

Bruckners Messe Nr. 2 in e-Moll ist für achtstimmigen Chor und Blasinstrumente komponiert. Das *Sanctus* zeigt deutlich Einflüsse des (→) *Cäcilianismus*, da es sich an den Palestrinastil anlehnt, was sich in folgenden musikalischen Mitteln äußert:

- Das Werk beginnt A-cappella;
- der Takt ist nicht deutlich wahrnehmbar wegen der vielen Überbindungen auf der 1. Zählzeit eines Taktes, die somit nicht verklanglicht ist;
- die Harmonik ist diatonisch, d. h. ohne Vorzeichen;
- es herrschen kleine Intervalle vor.

Im weiteren Verlauf des Werkes werden zeitgenössische musikalische Mittel einbezogen.

Requiem

Neben Kompositionen von Messen sind im 19. Jahrhundert Vertonungen der Totenmesse bedeutsam. Mit großem Aufwand wurde der Text des Requiems vor allem von *Berlioz* (1838) und *Verdi* (1874) vertont. Beide Werke sind eher für den Konzertsaal als für den liturgischen Zweck bestimmt.

7.5.3 Die evangelische (liturgische) Kirchenmusik

Die evangelische liturgische Kirchenmusik nahm im 19. Jahrhundert wieder einen Aufschwung. Herausragende Komponisten sind *Mendelssohn* (Kantaten, Motetten, Psalmvertonungen) und *Brahms* (Motetten).

7.6 Instrumentalmusik

7.6.1 Allgemeines

Die stilistische Trennung zwischen Orchester- und Kammermusik, die sich im ausgehenden 18. Jahrhundert entwickelt hatte, verschwand im 19. Jahrhundert wieder, da der sinfonische Stil sehr komplex wurde und sich somit dem Kammermusikstil anglich (→ 6.6.1).

7.6.2 Orchestermusik

Allgemeines

Form

In den Sinfonien des 19. Jahrhunderts wurden des Öfteren Verbindungen zwischen den Sätzen hergestellt

a) durch motivisch-thematische Verwandtschaft der Themen der einzelnen Sätze und
b) durch Wiederaufnahme von Motiven oder Themen in jeweils folgenden Sätzen, zumeist im letzten Satz.

Das letztere Prinzip war in *Beethovens* Neunter Sinfonie vorgeprägt.

Die Sonatenhauptsatzform war weiterhin die zentrale Form der Orchestermusik im 19. Jahrhundert. Ihre Form wurde komplexer; zuweilen finden sich im Hauptsatz drei Themen, z. B. bei *Bruckner*. Oft nimmt die Coda großen Umfang an.

Besonders in (→) *sinfonischen Dichtungen* kommt es vor, dass ein Stück gleichzeitig als Sonatenhauptsatz und als Komposition mit vier ineinander übergehenden Sätzen aufgefasst werden kann (z. B. die → h-Moll-Sonate von *Liszt*).

Allgemein gilt, dass Sinfonien selten programmatisch sind; Ausnahmen bilden beispielsweise die Sinfonien von *Berlioz* und *Mahler*. Einsätzige sinfonische Werke sind zumeist programmatisch.

Der Streit um die Programm-Musik bzw. die Sinfonische Dichtung
In den 50er und 60er Jahren des 19. Jahrhunderts fand in Deutschland ein Parteienstreit um die Programm-Musik statt. Befürworter der vermeintlich „fortschrittlichen" Programm-Musik war eine Gruppierung um *Liszt* und *Wagner*, die sich *Neudeutsche* nannte. Die Gegenseite bildeten die *Konservativen*; ihr wichtigster Vertreter war der Musikkritiker *Eduard Hanslick* (1825–1904). In die Rolle des führenden Komponisten der Konservativen wurde gegen seinen ausdrücklichen Willen *Brahms* gedrängt. Die *Konservativen* stellten der Programm-Musik als Ideal die nicht-programmatische Instrumentalmusik gegenüber und nannten diese *absolute Musik*.

Hanslick wandte sich nicht gegen Programm-Musik überhaupt. Er verlangte jedoch, dass die Musik allein durch die innere Logik verständlich bleiben, also auch ohne Programm sinnfällig sein müsse. *Liszts Sinfonischen Dichtungen* warf er diese mangelnde innere Logik vor. Die Werke seien von zu großer (→) *Diskontinuität*, die vielleicht durch das Programm, nicht aber rein musikalisch gerechtfertigt sei; ebenso kritisierte er, dass die Großform nicht der musikalischen Logik, sondern dem Programm verpflichtet sei.

Sinfonie (selten programmatisch)

Ludwig van Beethoven (1770–1827)
Zehn Jahre nach der Achten wurde 1824 *Beethovens* Neunte Sinfonie in d-Moll, Op. 125, uraufgeführt. Das Werk hat größere Ausmaße als seine bisherigen Sinfonien. Ungewöhnlich war die Einbeziehung von Gesangssolisten und Chor im vierten Satz (eine Auswahl aus *Friedrich Schillers Ode an die Freude*). Die Sinfonie wurde bei der Uraufführung begeistert aufgenommen.

In den ersten 15 Takten des ersten Satzes (→ 7.1) erklingen nur die Töne a und e. Da der Terzton fehlt, ist das Tongeschlecht noch nicht festgelegt; es ertönen Motive des Themas. In T. 16 beginnt das Hauptthema in d-Moll. Ähnliche Anfänge finden sich in Sinfonien des 19. Jahrhunderts des Öfteren, besonders bei *Bruckner*.

Im vierten Satz findet ein allmählicher Übergang von der Instrumental- zur Vokalmusik statt. Der Satz beginnt mit einer Einleitung, in der die Hauptthemen der ersten drei Sätze zitiert werden, unterbrochen durch eine einstimmige Melodie, die an ein (→) *Rezitativ* erinnert. Dadurch wird die Sphäre der Vokalmusik hervorgerufen. Anschließend wird das Hauptthema instrumental vorgetragen, erst in T. 216 erklingt eine menschliche Stimme, nämlich der Solobariton. Im Folgenden wird der Chor ganz allmählich einbezogen. – Der Gesangspart fordert von den Chor-Sängern in den hohen Tonlagen große stimmliche Fähigkeiten.

Anmerkung: Die Einbeziehung von Chor und Soli findet Nachahmung bei *Berlioz*, *Mendelssohn*, *Liszt* und *Mahler*.

Heute wird *Beethovens* Neunte Sinfonie oft zu festlichen Anlässen aufgeführt, beispielsweise am Jahresende oder bei Eröffnungsfeiern. Das „Freudenthema" ist in zahllosen Bearbeitungen in der Popmusik zu finden.

Notenbeispiel 7.19:

Franz Schubert (1797–1828)
Schubert schuf acht Sinfonien. Die siebte Sinfonie in C-Dur ist von heiterem Charakter. Sie wurde von *Schumann* entdeckt und von ihm wegen „ihrer himmlischen Längen" gerühmt.

Die populäre Sinfonie in h-Moll (entstanden 1822), *Unvollendete* genannt, besteht nur aus (den ersten) zwei Sätzen. Der erste Satz ist bemerkenswert durch seine extrem unterschiedlichen Stimmungen. Die Spannbreite reicht von heiter beschwingtem Charakter bis zur tiefsten Verzweiflung. Die Stimmungen wechseln zuweilen ganz abrupt.

Hector Berlioz (1803–1869)
Berlioz schrieb vier Programm-Sinfonien. Die bekannteste ist die *Symphonie fantastique* (1830). Sie trug ursprünglich den Untertitel: „Episoden aus dem Leben eines Künstlers". Wie *Beethovens* Sechste Sinfonie ist sie fünfsätzig. Dem Werk ist ein Programm vorangestellt, das ursprünglich bei Aufführungen an das Publikum verteilt wurde. Später ließ *Berlioz* auch Aufführungen ohne Austeilung des Programms gelten.

Die *Symphonie fantastique* beschreibt Gefühle und Erlebnisse eines Musikers mit seiner Geliebten. Die Geliebte wird durch ein (→ Bd. I) *Leitthema* dargestellt, von *Berlioz idée fixe* genannt, das in allen Sätzen (auf unterschiedlichste Weise) erklingt. Im ersten Satz (*Träume – Leidenschaften*), in der Sonatenhauptsatzform komponiert, stellt die *idée fixe* das Hauptthema dar, ist somit wesentlicher Bestandteil des Satzes (Notenbeispiel 7.20). In den folgenden drei Sätzen (*Ein Ball*, *Szene auf dem Lande*, *Gang zum Richtplatz*) erklingt die *idée fixe* nur jeweils einmal als Zitat. Im letzten Satz (*Traum einer Sabbatnacht*) erscheint die Geliebte als Hexe; die *idée fixe* fungiert wieder wie im ersten Satz als Hauptthema, allerdings grotesk verzerrt. Außer diesem Thema erklingt das (→) *Dies irae* aus der katholischen Totenmesse, ebenfalls in grotesker Gestalt.

Das Werk trägt biografische Züge. *Berlioz* verarbeitete hier seine Gefühle zu einer englischen Schauspielerin, die er erst nach der Komposition persönlich kennenlernte und die vorübergehend seine Frau war.

Die *Symphonie fantastique* nahm großen Einfluss auf die Programm-Musik des 19. Jahrhunderts, besonders durch die Verwendung eines *Leitthemas*.

Notenbeispiel 7.20:

idée fixe im ersten Satz

Notenbeispiel 7.21:

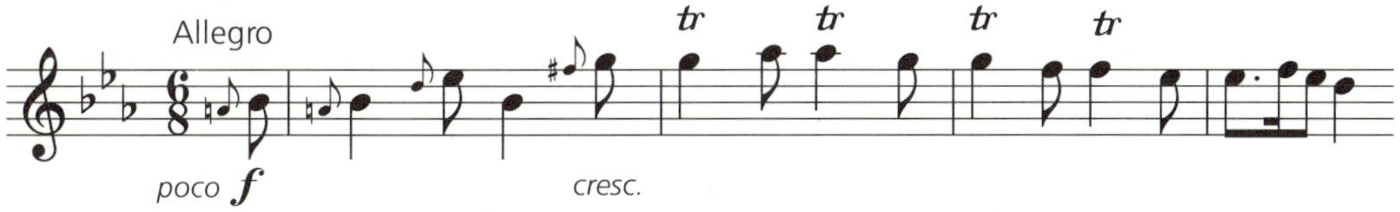

idée fixe im letzten Satz

Felix Mendelssohn-Bartholdy (1809–1847)
Mendelssohn komponierte zwölf frühe Streichersinfonien (1821–1823), anschließend fünf Sinfonien für großes Orchester. Die dritte Sinfonie in a-Moll (Schottische) und die vierte in A-Dur (Italienische) schildern Reiseeindrücke. Der letzte Satz der Italienischen Sinfonie ist beispielsweise ein *Saltarello*, ein schneller italienischer Tanz. Beide Sinfonien stellen keine Handlung dar.

Robert Schumann (1810–1856)
Schumann schuf vier Sinfonien. Die erste Sinfonie in B-Dur, Op. 38 (1841), wurde vom Komponisten selbst als *Frühlingssinfonie* bezeichnet. Der erste Satz beginnt mit einem Motiv, dem eine Gedichtzeile zugrunde liegt. Nahezu der ganze Satz ist von diesem Motiv (in unterschiedlichster Gestalt) geprägt.

Notenbeispiel 7.22:

Anton Bruckner (1824–1896)
Bruckner komponierte elf Sinfonien; eine in f-Moll ohne Ordnungszahl, die Nullte, sowie die Sinfonien Nr. 1 bis 9. Das letzte Werk ist unvollendet.

Alle Sinfonien sind viersätzig. Die Ecksätze besitzen Sonatenhauptsatzform, dabei zumeist drei Themen. Einige von *Bruckners* Sinfonien haben erhebliche Ausmaße; so dauert seine achte über 70 Minuten. Die Instrumentierung in *Bruckners* Sinfonien erinnert an die Registrierung beim Orgelspiel. Des Öfteren setzt abrupt eine neue Instrumentengruppe ein, die längere Zeit erklingt.

Bruckners Sinfonien besitzen oft ernste, erhabene, mystische Stimmungen, von denen auch die Scherzi nicht frei sind. Hervorgerufen werden solche Stimmungen unter anderem durch Themen und Abschnitte, die in Rhythmik, z. T. Melodik und z. T. in der homophonen Textur an Kirchenlieder erinnern. Außerdem werden solche Stimmungen hervorgerufen durch relativ langsamen (→) *harmonischen Rhythmus* und repetitive Streicherfiguren oder (→) *Tremoli*, sodass ein Satz trotz vorgegebenen schnellen Tempos eher langsam wirkt.

Notenbeispiel 7.23:

A. Bruckner, 5. Sinfonie, 4. Satz, 1. von 4 Zeilen des sog. Chorals

In diesem Notenbeispiel sind typisch für ein Kirchenlied die Einteilung in kurze Abschnitte, die Rhythmik, die Kadenz am Schluss einer Zeile und die homorhythmische Begleitung. Untypisch sind (→ Bd. I) *Diastematik* und vor allem die Harmonik.

Zu seinen Lebzeiten fanden *Bruckners* Sinfonien wenig Beachtung. Auf Anraten seiner Schüler und Freunde arbeitete er sie mehrfach um, sodass z. T. drei Fassungen existieren.

Johannes Brahms (1833-97)

Brahms komponierte vier Sinfonien. Er schob unter dem Einfluss *Beethovens* seine Sinfoniepläne vor sich her und stellte seine erste Sinfonie in c-Moll erst 1876 fertig. Die vierte Sinfonie in e-Moll besitzt einen ungewöhnlichen Schlusssatz, nämlich eine (→ Bd. I) *Passacaglia / Chaconne* mit 32 Variationen.

Piotr Tschaikowsky (1840–1893)

Tschaikowsky gehört zu den bekanntesten russischen Sinfonikern des 19. Jahrhunderts. Er schrieb sechs Sinfonien. Die Vierte in f-Moll, Op. 36, besitzt ein Programm, das der Komponist seiner (→) *Mäzenin*, Frau von Meck, brieflich mitgeteilt hat. Das Thema der Einleitung sei das Fatum, „jene Schicksalsgewalt, die unser Streben nach Glückseligkeit hindert". Dieses Thema erscheint des Öfteren im ersten Satz und unterbricht abrupt freundliche Stimmungen.

Notenbeispiel 7.24:

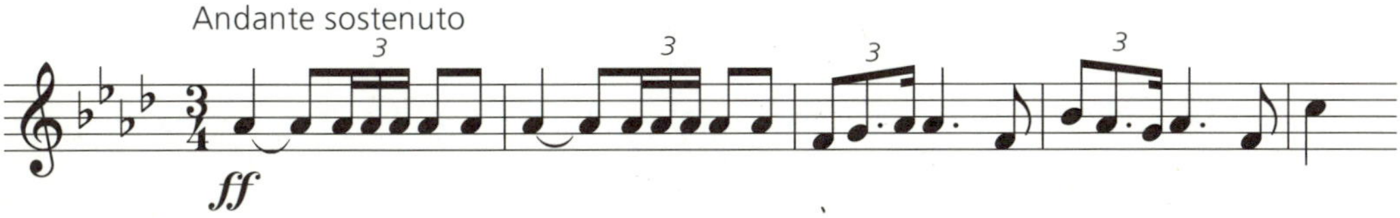

P. Tschaikowsky, 4. Sinfonie in f-Moll, Thema der Einleitung, Beginn

Antonin Dvořak ['dvɔrʒa:k] (1841–1904)

Dvořak ist neben (→) *Smetana* der bekannteste tschechische Komponist des 19. Jahrhunderts. Von seinen neun Sinfonien ist eine der meistgespielten Sinfonien überhaupt seine neunte, mit dem Beinamen *Aus der neuen Welt*. Sie entstand 1893 in New York; ihre Themen sind nach den Worten des Komponisten beeinflusst durch Indianermelodien und Negro Spirituals.

Gustav Mahler (1860–1911)

Mahler schrieb neun Sinfonien, eine zehnte ist unvollendet. Seine Sinfonien sind von großem Umfang. Sie fordern ein großes Orchester, einige beziehen Gesangssolisten ein. Die Achte (entstanden 1906) wird wegen der großen Anzahl der Teilnehmenden auch *Sinfonie der Tausend* genannt (großes Orchester, 8 Gesangssolisten, zwei gemischte Chöre, ein Knabenchor). *Mahlers* erste Sätze stehen bis auf den der fünften Sinfonie in einer veränderten Sonatenhauptsatzform.

Mahlers Musik ist charakterisiert durch starke Einbeziehung von fremdem musikalischem Material und somit durch hohen semantischen Beziehungsreichtum. Zahlreich sind die Zitate aus Kunst-, Volks- und Militärmusik, zahlreich auch die Zitate von Stilen; es kommen ebenfalls Naturlaute vor wie Vogelstimmen und Herdenglocken. Charakteristisch für *Mahlers* Sinfonien ist weiterhin die Entlehnung von Melodien aus dem eigenen Liedschaffen.

Zu den ersten drei Sinfonien verfasste *Mahler* Programme. Später zog er diese wieder zurück, weil sie seiner Erfahrung nach zu Missverständnissen führten.

Mahlers charakteristische musikalische Mittel sind bereits in der ersten Sinfonie in D-Dur (1889) deutlich ausgeprägt. Das Werk hieß ursprünglich *Titan*. Der erste Satz trug den Titel *Frühling und kein Ende*. Die langsame Einleitung beschreibt das Erwachen der Natur am frühen Morgen. Der schnelle Teil des Satzes verwendet als Material das Lied *Ging heut morgen übers Feld* aus *Mahlers* (→) *Liederzyklus* (→) *Lieder eines fahrenden Gesellen*. Das Lied schildert Beglückung durch die Natur.

Notenbeispiel 7.25:

G. Mahler, Lieder eines fahrenden Gesellen, Nr. x, T. y

Der dritte Satz der ersten Sinfonie stellt einen in Handlung und Musik grotesken Trauermarsch dar. Laut ursprünglichem Programm geleiten *Die Tiere des Waldes <...> den Sarg des verstorbenen Jägers zu Grabe*. Der Satz steht in der Form: A B A'. In den beiden Eckteilen erklingt die bekannte Melodie *Bruder Jakob* als Kanon in Moll. Im Mittelteil ertönt Material aus dem vierten der *Lieder eines fahrenden Gesellen* (*Auf der Straße stand ein Lindenbaum, da hab' ich zum ersten Mal im Schlaf geruht!*). Die Texte beider Lieder thematisieren Schlaf.

Der letzte Satz war ursprünglich mit *dall'inferno al paradiso* (von der Hölle zum Paradies) überschrieben. Die Hölle und das Paradies sind gekennzeichnet durch Zitate aus *Liszts Dante-Sinfonie* und *Wagners Parsifal*; deutlich sind die Gralsglocken aus dem *Parsifal* zu hören.

Notenbeispiel 7.26:

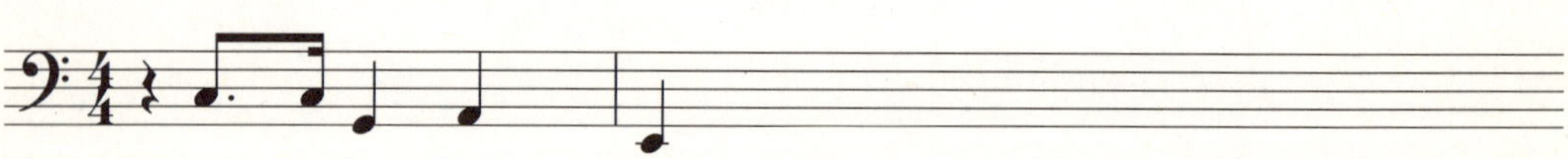

Gralsglocken-Motiv aus *Wagners* Oper Parsifal

Konzert

Das am meisten verwendete Soloinstrument im 19. Jahrhundert war das Klavier. Zu den bekanntesten **Klavierkonzerten** gehören folgende:

- *Chopin* (e-Moll und f-Moll);
- *Schumann* (a-Moll);
- *Liszt* (Es-Dur und A-Dur);
- *Brahms* (d-Moll und B-Dur);

- *Edvard Grieg* (1843–1907) (a-Moll);
- *Tschaikowsky* (b-Moll).

Verbreitet war als Soloinstrument auch die Violine. Viele Komponisten ließen sich von Geigenvirtuosen über die spieltechnischen Möglichkeiten auf der Geige beraten. Zu den berühmtesten **Violinkonzerten** gehören diejenigen von

- *Mendelssohn* (e-Moll);
- *Brahms* (D-Dur);
- *Tschaikowsky* (D-Dur) und
- *Max Bruch* (1838–1920, g-Moll).

Seltener sind Konzerte für Violoncello und Orchester. Zu den bekanntesten zählt dasjenige von *Dvořak* in h-Moll.

Für alle Arten von Konzerten schrieben nicht mehr die Interpreten, sonderen die Komponisten die (→ Bd. I; 6.2) Kadenzen.

Ouvertüre (zumeist programmatisch)

Ouvertüre zu szenischen vokalen Gattungen

Die Ouvertüren zu Opern im 19. Jahrhundert bieten ein vielfältiges Bild. Die Formen sind sehr unterschiedlich, ebenso die Funktionen.

Viele Opern-Ouvertüren der ersten Hälfte des 19. Jahrhunderts waren eng mit der Opernhandlung verknüpft. Dabei wurden zumeist wichtige Themen der Oper einbezogen. Die Sonatenhauptsatzform war weiterhin üblich.

In der Ouvertüre zum (→) *Freischütz* von *C. M. von Weber* ist das meiste Material aus der Oper entnommen. Das Stück ist in Sonatenhauptsatzform mit langsamer Einleitung komponiert. Am Schluss der Einleitung erklingt das (→) *Samiel-Motiv*. Die Exposition repräsentiert die beiden Sphären der Oper: Der Hauptsatz in c-Moll stellt Themen der Verzweiflung und der Mächte des Finsteren vor; der Seitensatz in Es-Dur Material aus der Sphäre des Guten. In der Durchführung werden die Themen beider Bereiche verarbeitet. In der Reprise erklingt nach dem Hauptsatz wiederum das *Samiel-Motiv*. Nach einer Generalpause erklingt überraschend in strahlendem C-Dur Material des Schlusses der Oper, formal gleichzeitig Seitensatz und Coda. Auch am Ende der Oper wird eine vermeintlich katastrophale Situation überraschend zum guten Schluss gewendet.

Eine schwächere Verbindung mit der Opernhandlung bietet die *Potpourri-Ouvertüre*. Unter einer **Potpourri-Ouvertüre** versteht man ein Eröffnungstück, das Themen aus dem Bühnenwerk lose aneinander reiht. Diese Form der Ouvertüre wurde besonders in der italienischen und französischen komischen Oper, in der Operette und im 20. Jahrhundert im Musical verwendet.

In der zweiten Hälfte des 19. Jahrhunderts ist eine Tendenz zum *Opernvorspiel* festzustellen, besonders in Italien. Unter einem **Opernvorspiel** versteht man ein die Oper einleitendes Orchesterstück, das zumeist nicht mehr Sonatenhauptsatzform besitzt und das des Öfteren als Einleitung zum ersten Akt fungiert. Solche Stücke werden auch *Preludio*, *Prélude* oder *Einleitung* genannt.

Anmerkung: *Wagner* hat ab dem *Lohengrin* Vorspiele komponiert. Allerdings ist das Vorspiel zu *Die Meistersinger von Nürnberg* durchaus als herkömmliche Ouvertüre mit Sonatenhauptsatzform aufzufassen.

Seit der zweiten Hälfte des 19. Jahrhunderts beginnen Opern zuweilen auch gänzlich ohne Einleitung. Dies ist der Fall bei *Verdis Otello* und *Falstaff*, ebenso bei Opern von *Strauss* und *Puccini*.

Ouvertüre von Schauspielmusiken
Schauspielmusik war zu Beginn des 19. Jahrhunderts weit verbreitet; gegen Ende des Jahrhunderts wurde sie seltener. Zu den bekanntesten Schauspiel-Ouvertüren zählt *Schumanns* Ouvertüre zu *Manfred* nach *Lord Byron*.

Programmatische Konzertouvertüre
Als Gattung mit außermusikalischem Inhalt nahm die Ouvertüre im 19. Jahrhundert einen großen Aufschwung. Seit je löste man sie gern aus ihrem Bühnenzusammenhang heraus und führte sie im Konzert auf. So liegt es nahe, dass neben der Opern- und Schauspiel-Ouvertüre die *programmatische Konzertouvertüre* entstand. Unter einer **programmatischen Konzertouvertüre** versteht man ein einsätziges sinfonisches Stück, das nicht an die Aufführung eines bestimmten Bühnenwerkes gebunden ist. Der Themenkreis umfasst neben Schauspielen auch allgemeine Inhalte wie Naturbilder, Romane, Stimmungen usw. In der Regel sind *programmatische Konzertouvertüren* in der Sonatenhauptsatzform komponiert.

Zu den bekannten *programmatischen Konzertouvertüren* zählt *Mendelssohns* Ouvertüre zu *Shakespeares Sommernachtstraum*, die er im Alter von 17 Jahren schrieb. In modifizierter Sonatenhauptsatzform komponiert, nimmt das Stück auf den Inhalt des Dramas deutlichen Bezug. 15 Jahre später schrieb Mendelssohn zum *Sommernachtstraum* Bühnenmusik, bei der er die Ouvertüre einbezogen hat. Der bekannte Hochzeitsmarsch von *Mendelssohn* ist übrigens Teil dieser Bühnenmusik.

Nicht-programmatische Konzertouvertüre
Im 19. Jahrhundert entstand auch die *nicht-programmatische Konzertouvertüre*. Unter einer **nicht-programmatischen Konzertouvertüre** versteht man ein einsätziges sinfonisches Werk, das nicht für ein bestimmtes Bühnenwerk geschrieben ist, das keine Inhalte darstellt und das anlässlich der Eröffnung von Festen, Feiern usw. aufgeführt werden kann. *Brahms* schrieb beispielsweise eine *Akademische Festouvertüre* (1880) und eine *Tragische Ouvertüre* (1881).

Sinfonische Dichtung (programmatisch)

Erläuterungen

Aus der programmatischen Konzertouvertüre entwickelte sich die *sinfonische Dichtung*. Unter einer **sinfonischen Dichtung** versteht man ein zumeist einsätziges programmatisches sinfonisches Werk, das nach der Mitte des 19. Jahrhunderts entstanden ist. Als Programm dienen Themen der Literatur und Geschichte, Gemälde, Landschaften oder persönliche Erlebnisse des Komponisten. Begriff und Gattung wurden von *Liszt* geprägt. Gegenüber der *programmatischen Konzertouvertüre* ist die *sinfonische Dichtung* zumeist

a) umfänglicher;
b) deutlicher programmatisch;
c) freier in der Form, obschon sich des Öfteren an die Sonatenhauptsatzform anlehnend sowie
d) im Rang der Sinfonie ebenbürtig.

Zuweilen wurden auch in der zweiten Hälfte des 19. Jahrhunderts größere einsätzige programmatische Werke *Ouvertüren* genannt (z. B. *Tschaikowskys* (→) *Ouvertüre 1812*).

Die sinfonische Dichtung entwickelte sich in der zweiten Hälfte des 19. Jahrhunderts zu einer Hauptform der Orchestermusik. Komponisten drückten ihre Heimatverbundenheit im 19. Jahrhundert oft dadurch aus, dass sie in sinfonischen Dichtungen nationale Themen zur Grundlage machten (→ Nationalismus). Beispiele sind (→) *Mein Vaterland* von *Smetana* und *Finlandia* (1899) von *Jean Sibelius*.

Franz Liszt (1811–1886): Mazeppa

Liszt schrieb ab 1848 insgesamt 13 sinfonische Dichtungen. Ihre Programmatik ist unterschiedlich stark ausgeprägt.

Zu den bekanntesten Werken *Liszts* gehört *Mazeppa* (1854). Dem Orchesterwerk gingen verschiedene Klavierfassungen voraus. Ihm ist das gleichnamige Gedicht von *Victor Hugo* vorangestellt. Die Komposition besteht aus drei Teilen. Der Erste schildert in der Form *Thema mit Variationen* mit großem Aufgebot an Effekten den rasenden Ritt des auf ein Pferd gebundenen Mazeppa durch die Steppe. Der langsame Mittelteil stellt sein Schmachten nach dem Ende des Ritts dar. Der schnelle Schlussteil kann als freie Sonatenhauptsatzform ohne Durchführung aufgefasst werden. Er beschreibt in triumphalem Pathos die Prognose am Schluss von *Hugos* Gedicht, dass nämlich Mazeppa zum Herrn der Ukraine gekürt würde. In der Coda erklingt verklärt noch einmal das Hauptthema aus dem ersten Teil.

Notenbeispiel 7.27:

F. Liszt, Hauptthema aus Mazeppa, 1. Teil

Liszts sinfonische Dichtungen hatten im 19. Jahrhundert einen großen Einfluss auf andere Komponisten.

Bedřich Smetana (1824–1884): Die Moldau

Zu den beliebtesten sinfonischen Dichtungen gehört *Die Moldau* (1875) von *Smetana*. Das Stück ist das zweite aus *Mein Vaterland*. Dieses Werk besteht aus 6 abgeschlossenen sinfonischen Dichtungen, die Themen aus der heimischen Geschichte und Bilder von böhmischen Landschaften darstellen. Die Werke sind untereinander durch gemeinsame Themen und Motive verbunden.

In *Die Moldau* wird der Verlauf des Flusses von den Quellen bis zur Mündung in die Elbe beschrieben. Das Stück besitzt die Form: Einleitung A B A' Coda.

In der Einleitung werden die beiden *Quellflüsse* durch je eine Melodie in den Flöten und den Klarinetten dargestellt. Der A-Teil führt das *Moldau-Thema* in der Haupttonart e-Moll. Im B-Teil wird beschrieben, wie die Moldau an einer *Jagd*, einer *Bauernhochzeit* und einem *Nymphenreigen im Mondschein* vorbeifließt. Im darauf folgenden A'-Teil erklingt zunächst das *Moldau-Thema*; anschließend werden in einem dramatischen Abschnitt durchführungsartigen Charakters die *St. Johann-Stromschnellen* dargestellt, in welchem Motive des Themas erklingen. Darauf ertönt erneut das *Moldau-Thema*, nunmehr in Dur. In der Coda wird das Vorbeifließen der Moldau an der einstmaligen, sagenumwobenen Burg *Vyšehrad* dargestellt, repräsentiert durch das majestätische Erklingen des *Vyšehrad*-Thema welches das Hauptthema aus dem gleichnamigen ersten Stück von *Mein Vaterland* ist.

Notenbeispiel 7.28:

B. Smetana, Moldau-Thema

Piotr Tschaikowsky (1840–1893): Ouvertüre 1812

Sehr bekannt ist die sinfonische Dichtung *Ouvertüre 1812*, Op. 49, von *Tschaikowsky* aus dem Jahre 1880. Sie beschreibt den napoleonischen Russlandfeldzug von 1812. Dem Stück liegt eine freie Rondoform zugrunde. Zu Beginn erklingt eine kirchenliedartige Passage; anschließend ertönen in verschiedenen Abschnitten abwechselnd zum einen die französische Nationalhymne, die *Marseillaise*, mit kriegerischer Musik und zum anderen musikalisches Material, das die russische Seite darstellt. Nach einer dramatischen, in tiefere Tonlagen führenden Unisonopassage erklingt triumphal die Zarenhymne.

Die *Ouvertüre 1812* gehört zur Gattung der *Schlachtenmusik*, die sich vom 16. bis ins 20. Jahrhundert großer Beliebtheit erfreute. Weitere Beispiele hierfür sind *Beethovens Wellingtons Sieg*, Op. 91 (1813), und *Liszts Hunnenschlacht*. (1857).

Richard Strauss (1864–1949): Till Eulenspiegels lustige Streiche
Zu den bedeutendsten Komponisten der Programm-Musik gehört *Richard Strauss*. Er schrieb 9 sinfonische Dichtungen, die meisten vor 1900. Diese weisen oft sehr enge Beziehungen zwischen Musik und außermusikalischem Inhalt auf.

Zu den bekanntesten Werken zählt *Till Eulenspiegels lustige Streiche* (entstanden 1894/95), zu dem der Komponist das Programm mitgeteilt hat. Nach einem kurzen Prolog erfolgt im ersten Hauptteil die Vorstellung und Verarbeitung der beiden Eulenspiegel-Themen:

Notenbeispiel 7.29:

R. Strauss, Eulenspiegel-Thema

Im zweiten Hauptteil werden 4 konkrete Abenteuer Eulenspiegels dargestellt, in denen seine beiden Themen ständig präsent sind:

1. zu Pferde mitten durch die Marktweiber;
2. als Pastor verkleidet trieft er von Salbung und Moral;
3. Till als Kavalier, zarte Höflichkeiten mit schönen Mädchen tauschend;
4. nachdem er den Philistern ein paar ungeheuerliche Thesen aufgestellt, überlässt er die Verblüfften ihrem Schicksal.

Im dritten Hauptteil erfolgt eine Reprise der Eulenspiegel-Themen und *Das Gericht*, bei dem der Protagonist angeklagt, verurteilt und gehängt wird. Ein kurzer Epilog beschließt das Werk.

Paul Dukas (1865–1935): L'apprenti sorcier (Der Zauberlehrling)
Das Programm der sinfonischen Dichtung *Der Zauberlehrling* (1897) von *Dukas* [dy'ka] ist das gleichnamige Gedicht von *Johann Wolfgang von Goethe*. Das Stück besitzt *Sonatenhauptsatzform* mit langsamer Einleitung und langsamer Coda.

In der langsamen *Einleitung* werden wesentliche Motive der wichtigsten Themen vorgestellt, was den Intentionen des Zauberlehrlings, den Besen Wasser holen zu lassen, zu Beginn des Gedichtes entspricht. Am Ende der Einleitung trägt der Lehrling den Zauberspruch vor, es erklingt das dazugehörige Thema.

Die *Exposition* beginnt mit dem allmählich in Fahrt kommenden Besenthema, welches das Laufen des Besens darstellt. Dieses Besen-Thema fungiert als Hauptthema, das Lehrlings-Thema als Seitenthema. Der Besen fördert allmählich immer mehr Wasser, ausgedrückt durch kontinuierliche Steigerung der Musik. Verschiedene Wassermotive verdeutlichen dies zudem.

An die Exposition fügt sich nahtlos die *Durchführung* an. Hier wird die Stimmung allmählich immer bedrohlicher. Am Ende der Durchführung erklingt das Zauberspruchthema. Da aber der Zauberlehrling den richtigen Spruch vergessen hat, erfolgt darauf keine durchschlagende Änderung in der Musik. Der Zauberlehrling versucht nun, den Besen mit einem Beil zu zerhacken. Man hört die Schläge im Orchester, tatsächlich bricht die Musik ab.

In der *Reprise* erklingen zwei Besen-Themen im (→ Bd. I) *Fugato*, was das Aufstehen der beiden Besenteile darstellt. Wieder steigert sich die Musik, diesmal bis ins Grotesk-Bombastische. Ein mächtiger Zauberspruch des herbeigerufenen Meisters bringt den Spuk zum Stehen. Die langsame *Coda* stellt die letzten Zuckungen des Besens dar.

Notenbeispiel 7.30:

Beginn des Besen-Themas

Weitere sinfonische Dichtungen
Weitere bekannte sinfonische Dichtungen sind:
- Der Totentanz von Camille Saint-Saëns;
- Eine Nacht auf dem kahlen Berge von Modest Mussorgskij;
- Eine Steppenskizze aus Mittelasien von Alexander Borodin und
- Scheherezade von Nicolaj Rimskij-Korsakow.

Handlungsballett

Das (→ Bd. I) **Handlungsballett** war im 19. Jahrhundert verbreitet. Besonders in Russland entwickelte sich eine reiche Ballett-Tradition. Zu den am meisten gespielten Komponisten zählt *Tschaikowsky* (*Schwanensee*, *Nussknacker*, *Dornröschen*).

Orchestersuite

Die **Orchestersuite** als lose aneinandergereihte Folge von einzelnen Sätzen spielte in der ersten Hälfte des 19. Jahrhunderts eine untergeordnete Rolle. In der zweiten Hälfte lebte sie wieder auf:
1. als Nachahmung der barocken Suite (z. B. *Edvard Grieg*: *Aus Holbergs Zeit*);
2. als Folge programmatischer Tonbilder (*Bizet*: *Jeux d'enfants*) und folkloristischer Eindrücke (*Saint-Saëns*: *Suite algérienne*);
3. als Zusammenstellung von (→) Schauspiel- und (→) Ballettmusiken.

Tanzmusik

Im Verlaufe des 19. Jahrhunderts entwickelte sich in Wien eine orchestrale **Tanzmusik** von hohem kompositorischen Niveau. Der verbreitetste Tanz war der (*Wiener*) *Walzer*. Die bekanntesten Komponisten sind *Johann Strauß (Vater)* (1804–1849) und *Johann Strauß (Sohn)* (1825–1899), der auch *Walzerkönig* genannt wird. Zu seinen beliebtesten Walzern gehören *An der schönen, blauen Donau* und der *Kaiserwalzer*.

7.6.3 Kammermusik

Allgemeines

Das Streichquartett war im 19. Jahrhundert nicht mehr allein die führende Gattung, in der ein Komponist seine Kunstfertigkeit unter Beweis stellen konnte. Ebenbürtig wurden kammermusikalische Werke anderer Besetzung, besonders Kammermusik mit Klavier (mit Streichern und mit Bläsern). Dies ist Ausdruck der zunehmenden Bedeutung der Klangfarbe (vgl. 7.1.4: Instrumentation).

Während Orchester- und Klaviermusik des 19. Jahrhunderts des Öfteren programmatisch waren, war dies in der Kammermusik selten der Fall.

Die Kammermusik spielte bei den Vertretern der (→) *Neudeutschen* (*Wagner*, *Liszt*) kaum eine Rolle.

Beethovens späte Streichquartette

Zu *Beethovens* (→) Spätstil rechnet man die 5 letzten Streichquartette ab Op. 127 (entstanden 1823/24) und die Große Fuge in B-Dur, Op. 133. Diese Werke sind geprägt durch folgende Merkmale:
- starke Polyphonie und Einbeziehung von Fugen (z. B. in Op. 131);
- Ausweitung der Viersätzigkeit bis zu 7 Sätzen und Ausdehnung der Sätze;

- enge motivisch-thematische Beziehungen, auch zwischen den einzelnen Sätzen;
- neue Formbildungen, z. B. fließende Satzübergänge und freie Formen;
- starker Kontrastreichtum in Charakter und Satztechnik.

Anmerkung: *Beethovens* späte Quartette wurden von den Zeitgenossen reserviert aufgenommen. Die große Fuge Op. 133 war ursprünglich der Schlusssatz des Quartettes Op. 130. Auf Anraten seines Verlegers komponierte *Beethoven* für das Streichquartett einen neuen letzten Satz.

Die Kammermusik des 19. Jahrhunderts knüpfte kaum an *Beethovens* späte Streichquartette an. Dies geschah erst bei den Komponisten des 20. Jahrhunderts, wie *Schönberg* und *Bartók*. Heute zählen *Beethovens* späte Streichquartette zu den Höhepunkten der Kammermusik.

Franz Schubert

Von *Schuberts* erhaltenen 15 Streichquartetten sind vor allem die letzten drei bedeutsam: die tragischen in a-Moll (D. 804) und d-Moll (D. 810) und sein letztes, umfänglichstes Quartett in G-Dur (D. 887). Der zweite Satz des d-Moll-Quartetts ist eine Variationsfolge über *Schuberts* eigenes Lied *Der Tod und das Mädchen*.

Zu den bekanntesten Werken der Kammermusik gehört *Schuberts* heiteres *Forellenquintett* für Violine, Viola, Violoncello, Kontrabass und Klavier. Es besitzt 5 Sätze; der vierte ist ein Variationssatz über *Schuberts* Lied *Die Forelle*.

Robert Schumann

Schumann schrieb seine kammermusikalischen Hauptwerke im Jahre 1842: 3 Streichquartette, 1 Klavierquartett und 1 Klavierquintett.

Bedřich Smetana

Von den beiden Streichquartetten *Smetanas* ist das erste in e-Moll (entstanden 1876) bemerkenswert, da es ein Programm aufweist („Aus meinem Leben"), eine für Kammermusik unübliche Tatsache. Im letzten Satz ist plötzlich ein lautes e^4 zu hören; dies stellt *Smetanas* Ohrgeräusch dar, mit dem seine Ertaubung begann.

Johannes Brahms

Brahms gehört zu den bedeutendsten Komponisten von Kammermusik im 19. Jahrhundert. In seinem Werk nimmt die Kammermusik einen zentralen Platz ein. Er schrieb das erste seiner drei Streichquartette nach langen Vorstudien im Alter von 40 Jahren. Zu seinen bekanntesten Werken zählt das Klavierquartett in g-Moll, Op. 25 (1863), mit einem furiosen *Rondo alla zingarese* (nach Zigeuner Art). *Brahms*' Musik lehnt sich des Öfteren an (→) *Zigeunermusik* an.

7.6.4 Klaviermusik

Allgemeines

Die **Klaviersonate**, zentrale Gattung des 18. Jahrhunderts, verlor im 19. Jahrhundert an Bedeutung. Sie war selten programmatisch.

Zur wichtigsten Form der Klaviermusik des 19. Jahrhunderts wird das (→) *Charakterstück*. Unter einem **Charakterstück** versteht man ein oft kurzes, lyrisches, stimmungsvolles instrumentales Stück, in der Regel für Klavier, das üblicherweise mit einem charakterisierenden Titel ausgestattet ist. Die Programmatik von Charakterstücken ist unterschiedlich stark ausgeprägt. Es gibt sehr deutlich programmatische Stücke, wie z. B. aus *Mussorgskijs* (→) *Bilder einer Ausstellung*. Andere tragen Namen, die die Stimmung des Werkes beschreiben (z. B. *Nocturnes*, d. h. Nachtstück). Es gibt auch einsätzige Kompositionen ohne Titel, bei denen der Begriff des Charakterstücks problematisch ist. Nicht alle Charakterstücke gehören somit zur (→) *Programm-Musik*. Die Form des Charakterstücks ist nicht festgelegt, oft aber besitzt es eine (→ Bd. I) *Liedform*. Ein Charakterstück kann für sich stehen, oder mehrere selbstständige können zusammengefasst werden.

Neben der *Klaviersonate* und dem *Charakterstück* wurden im 19. Jahrhundert auch andere Gattungen komponiert wie **Themen mit Variationen**, (→ Bd. I) stilisierte **Tänze**, besonders *Walzer*, und *Etüden*. Unter einer **Etüde** versteht man ein Übungsstück, bei dem zumeist die Fertigkeit bezüglich eines bestimmten technischen Problems, z. B. Sexten oder Oktaven, trainiert werden kann.

Für die Hausmusik entstanden im 19. Jahrhundert zahlreiche **vierhändige Klavierwerke**. Von Orchesterstücken und Opern wurden (→ Bd. I) **Klavierauszüge** (für 2 und 4 Hände) angefertigt, die wesentlich zur Verbreitung dieser Werke beitrugen. Die (→ Bd. I) **Transkriptionen** (Bearbeitungen) von Liedern oder Opernstücken verbreiteten die Werke ebenfalls, befriedigten aber auch den Wunsch des Publikums nach bekannten Stücken. Berühmt waren vor allem die *Transkriptionen* für Klavier von *Liszt*.

Franz Schubert

Einer der letzten Komponisten, der eine größere Anzahl von bedeutenden Klaviersonaten schrieb, ist *Schubert*. Seine 12 vollendeten Klaviersonaten sind eher lyrisch als dramatisch, die motivisch-thematischen Beziehungen sind weniger ausgeprägt. Insofern knüpfen sie nicht an *Beethovens* Sonaten an.

Zu *Schuberts* bekanntesten Klavierwerken gehört die *Wandererphantasie*, D. 760. Sie besteht wie eine Sonate aus vier Sätzen, die jedoch nahtlos ineinander übergehen und deren Themen miteinander verwandt sind. Ihren Namen trägt sie, weil der zweite Satz ein Variationssatz über eine Melodie aus *Schuberts* Lied *Der Wanderer* ist.

Zu den berühmtesten Charakterstücken zählen *Schuberts* 6 *Moments musicaux* (D. 789) und die 8 *Impromptus* (D. 899, 935). *Schubert* schuf auch eine Reihe von vierhändigen Kompositionen.

Felix Mendelssohn Bartholdy

Von *Mendelssohn* sind vor allem bemerkenswert seine 48 Charakterstücke, die er *Lieder ohne Worte* nannte. Sie besitzen die Form und die Stimmung von Liedern. Einige tragen Titel. – Beim *Venezianischen Gondellied*, Op. 9 Nr. 6, wird das Auf und Ab der Gondel vermutlich durch die gleichmäßige Auf- und Abbewegung in der linken Hand repräsentiert. Die Melodie der rechten Hand könnte den Gesang des Gondoliere darstellen.

Notenbeispiel 7.31:

F. Mendelssohn, Venezianisches Gondellied, Op. 9 Nr. 6, T. 7 bis 11

Robert Schumann

Alle von *Schumann* bis 1840 veröffentlichten Kompositionen (Op. 1 bis 23) sind Werke für Klavier. Sie stellen auch die wichtigsten Klavierwerke in seinem Schaffen dar. Die meisten sind Charakterstücke, die er oft in Gruppen zusammenfasste, in denen Stücke durch ähnliche Überschriften miteinander verbunden sind, z. B. *Nachtstücke*, *Waldszenen*, *Kinderszenen*. *Schumann* schuf mit dem *Album für die Jugend* und den *Kinderszenen* technisch einfache Stücke von höchstem kompositorischen Niveau.

Frédéric Chopin

Chopin (1810–1849) wurde in Polen geboren; er lebte seit 1831 ständig in Paris als Klavierlehrer, Pianist und Komponist und starb an Lungentuberkulose. *Chopins* Schaffen war fast ausschließlich dem Klavier gewidmet. Zu seinen zahlreichen Kompositionen gehören neben 3 *Sonaten* 27 (→) *Etüden*, 4 *Scherzi*, 4 *Balladen*, 24 *Préludes*, 19 *Nocturnes*, viele *Walzer*, *Mazurken* und (→ Bd. I) *Polonaisen*.

Mazurken und *Polonaisen* sind (→ Bd. I) *stilisierte* polnische Tänze. Sie sind Ausdruck von *Chopins* Heimatverbundenheit.

Chopins Etüden sind nicht nur Übungsstücke, sondern auch brilliante Konzertwerke; sie weisen einen bis dahin unerhörten Schwierigkeitgrad auf. Das Notenbeispiel 7.32 ist ein Beispiel für eine technisch schwierige Etüde, die Sexten in der rechten Hand trainiert.

Charakteristisch für *Chopins* Werke ist ein an Improvisation erinnernder Gestus.

Notenbeispiel 7.32:

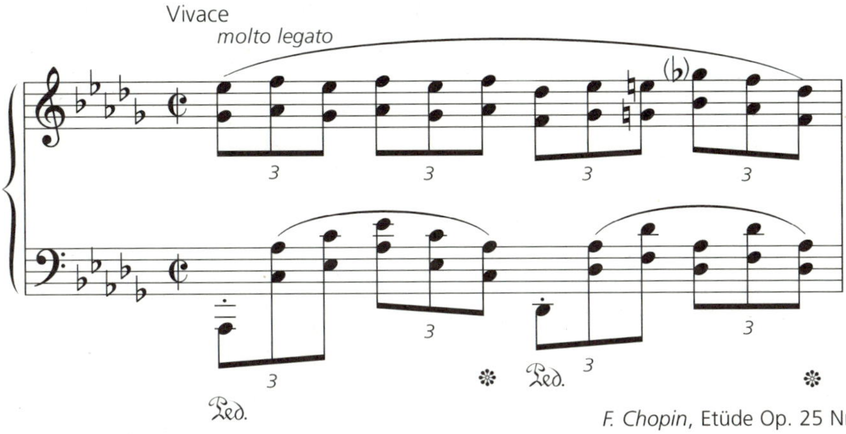

F. Chopin, Etüde Op. 25 Nr. 8, Beginn

Franz Liszt

Liszt hinterließ eine große Anzahl von Klavierkompositionen. Viele seiner Werke sind von höchstem Schwierigkeitsgrad. Etliche von *Liszts* Klavierstücken tragen programmatische Titel. Seine 19 *Ungarischen Rhapsodien* verarbeiten keine ungarischen Weisen, sondern solche aus der (→) *Zigeunermusik*.

Zu den wegen ihrer Ausdrucksstärke bemerkenswerten Kompositionen des 19. Jahrhunderts zählt *Liszts* h-Moll-Sonate. Das Stück kann einerseits als Sonate mit vier ineinander übergehenden Sätzen, andererseits als ein Satz in Sonatenhauptsatzform aufgefasst werden.

Neben eigenständigen Kompositionen schrieb *Liszt* etwa 400 *Transkriptionen* von Sinfonien, Opern und Liedern, die zum Repertoire seiner Klavierabende gehörten.

Johannes Brahms

Brahms komponierte zunächst 3 Klaviersonaten und führte so die Tradition des 18. Jahrhunderts fort. Daraufhin widmete er sich vornehmlich der Form *Thema mit Variationen*. Bekannt sind die Variationen über ein Thema von *Paganini* in a-Moll, Op. 35. Über dieses beliebte Thema hatte bereits *Paganini* selbst Variationen für Violine verfasst; *Liszt* hatte diese auf das Klavier übertragen. Nach *Brahms* haben weitere Komponisten dieses Thema zur Grundlage von Variationen gemacht (z. B. *Sergej Rachmaninow* und *Boris Blacher*). Im Zentrum von *Brahms*' spätem Schaffen stehen Charakterstücke.

Notenbeispiel 7.33:

Anfang des Themas von Paganini in der Fassung von Brahms

Modest Mussorgskij

Der Russe *Modest Mussorgskij* (1839–1881) war zunächst Offizier, später Ministerialbeamter. Am Ende seines Lebens litt er unter Trunksucht. Zu Lebzeiten erhielt er wenig öffentliche Anerkennung. Heute gilt er als einer der bedeutendsten russischen Komponisten des 19. Jahrhunderts. Bekannt sind von ihm vor allem die Oper *Boris Godunow* und das Klavierwerk *Bilder einer Ausstellung*.

Mussorgskij schrieb die *Bilder einer Ausstellung* 1874 anlässlich einer Ausstellung für einen kurz zuvor verstorbenen, befreundeten Maler. Im Zentrum des Werkes stehen 10 Bildbeschreibungen. Zwischen den meisten Bildern erklingt die *Promenade*, die das Weitergehen von Bild zu Bild darstellt und sich gemäß dem Charakter der Bilder ändert. Die Komposition kann somit als *Suite* von *Charakterstücken* in *Rondoform* bezeichnet werden. Fünf der Bilder lassen sich noch im Original nachweisen. Nach *Mussorgskijs* Tod wurden vom Veranstalter der Ausstellung kurze Beschreibungen der Bilder verfasst.

Das 4. Stück *Bydło* trägt die Erläuterung: *Ein polnischer Wagen auf gewaltigen (rumpelnden) Rädern, mit Ochsen bespannt.* Die das ganze Stück durchziehende gleichförmige Bewegung kann als Schaukeln des Wagens oder als Trotten der Ochsen aufgefasst werden. Das Ende des Stücks verdeutlicht das Verschwinden des Ochsenkarrens. Es erscheinen Teile der Melodie, als ob der Wind nochmals Klänge, oder also ob die Landschaft nochmals Teile des Ochsenkarrens freigibt. Ganz am Schluss wird *ritardando* und *decrescendo* gefordert. Die massiven Begleitakkorde dünnen sich aus. Die Bewegung verlangsamt sich von Achteln zu Vierteln.

Notenbeispiel 7.34:

Mussorgskij, Bilder eine Ausstellung, *Bydło*, Schluss

Das Werk ist heute hauptsächlich in der Instrumentation von *Maurice Ravel* (1922) bekannt. Außerdem gibt es eine Reihe anderer Versionen der Orchester- und Popmusik.

Anhang

Weiterführende Literatur

Musikgeschichten

Europäische Musik in Schlaglichtern. Herausgegeben von Peter Schnaus. Mannheim/Wien/Zürich: Meyers Lexikonverlag, 1990.

Geschichte der Musik. 4 Bände. Herausgegeben von Michael Raeburn und Alan Kendall. München: Kindler; Mainz: Schott, 1993.

Michels, Ulrich: dtv-Atlas zur Musik. Band 1 (Systematischer Teil, Historischer Teil: Von den Anfängen bis zur Renaissance). München: dtv, 1977.

Michels, Ulrich: dtv-Atlas zur Musik. Band 2 (Historischer Teil: Vom Barock bis zur Gegenwart). München: dtv, 1985.

Neues Handbuch der Musikwissenschaft. Band 5: Die Musik des 18. Jahrhunderts. Herausgegeben von Carl Dahlhaus. Laaber: Laaber-Verlag, 1985

Neues Handbuch der Musikwissenschaft. Band 6: Die Musik des 19. Jahrhunderts. Verfasst von Carl Dahlhaus. Laaber: Laaber-Verlag, ^{2}1989

Wörner, Karl H.: Geschichte der Musik: Ein Studien- und Nachschlagebuch. Göttingen: Vandenhoeck und Ruprecht, ^{8}1993.

Lexikon

Riemann Musiklexikon. Sachteil. Herausgegeben von Hans Heinrich Eggebrecht. Mainz: Schott, ^{12}1967.

Beispielsammlungen

Hamburg, Otto: Musikgeschichte in Beispielen: Von der Antike bis Johann Sebastian Bach. Wilhelmshaven: Heinrichshofen, 1979.

Das Musikwerk: Eine Beispielsammlung zur Musikgeschichte. 48 Bände. Herausgegeben von Karl Gustav Fellerer. Köln: Arno Volk Verlag, 1959 folgende (mit Kommentaren).

Meierott, Lenz und Hans-Bernd Schmitz: Materialien zur Musikgeschichte. Band 2: Noten. München: Bayerischer Schulbuch-Verlag, 1986. Mit Musik-Kassette.

Quellenangaben

Seiten 17, 19, 28, 34: Musik aus Geschichte und Bildern, © Bärenreiter-Verlag, Kassel.
Seiten 100, 101, 133, 135, 177, 178, 180, 182, 183, 201: Edition Geisselbrecht, Lübeck.

Tabellarische Übersicht über die europäische Musikgeschichte

Epochen / Merkmale	Mittelalter (ca. 500 bis ca. 1420)	15. und 16. Jh. (ca. 1420 bis ca. 1600)	Barock (ca. 1600 bis ca. 1730)
andere Bezeichnungen		Renaissance	
jeweils neue vokale Gattung(en)	**Gregorianischer Choral, Organum, Motette, mehrstimmiges Lied**	**Messe, Madrigal, evangelischer Choral**	**Oper, Oratorium, Geistliches Konzert, Kantate**
jeweils neue instrumentale Gattungen			**Kirchensonate, Kammersonate, Fuge, Konzert**
Notation	Neumen, Modalnotation, Mensuralnotation	Mensuralnotation, Notendruck	**heutige Notenschrift entsteht, Generalbassschrift**
Detailform		**Verbreitung der Imitation um 1500**	**Konzertierendes Prinzip, Monodie, am Ende des 17. Jhs. Einheitsablauf**
Melodik		**sanglicher als zuvor**	**ab Mitte 17. Jh. Rezitativ; Melodik am Ende des Baroc oft instrumental angelegt**
Takt und Rhythmik	in polyphoner Musik zunächst Takt, dann selten	**Takt selten**	**Wortbetonungen entsprech musikalischen Betonungen; Takt setzt sich am Ende des 17. Jhs. allgemein durch**
Harmonik	**modal; auf betonte Pulse zumeist Quint-Oktav-Klänge**	**modal; Terzen und Sexten werden vorherrschend; geregelte Dissonanzbehandlung**	**modal; seit Ende des 17. Jhs durmolltonal; am Ende des Barocks schneller harmonischer Rhythmus**
Textur	insgesamt eher polyphon	Polyphonie wird komplexer; **Kanonkünste**	**Musik wird homophoner; in gesamt aber eher polyphon**
Musikalische Semantik	seit 14. Jh. vereinzelt Tonmalerei und Tonsymbolik	Im 16. Jh. deutliche Tonmalerei und Tonsymbolik	**seit Ende des 17. Jhs. Affekteinheitlichkeit innerhalb ein Satzes**
Ensembles und Instrumente			**idiomatische Schreibweise**
Träger der Kunstmusik	Kirche und Hof	Kirche und Hof	Kirche, Hof und Bürgertum
Opern- und Konzertwesen			ab 1637 öffentliche Opernhäuser

. Jh. a. 1730 bis ca. 1814)	19. Jh. (ca. 1814 bis ca. 1900)	20. Jahrhundert
assik	Romantik	
	Operette	**Musical**
nfonie, Streichquartett (Sonaten uptsatzform wird wesentlich.)	**Charakterstück, Sinfonische Dichtung**	**Filmmusik**
eneralbassschrift verschwindet llmählich; Tempo-, Ausdrucks-, namikangaben werden wesentlich.		auch neue Notationsformen
nheitsablauf verschwindet; er regelmäßige Taktgruppen- iederung	komplexer	komplex
nfacher, sanglicher als zuvor	komplexer	im Allgemeinen sehr komplex; zuweilen Zwölftontechnik
nächst einfachere Rhythmik, dann ferenziertere	komplexer	oft Taktwechsel, öfter ohne Takt
nächst einfachere Harmonik; eistens eher langsamer harmoni- ner Rhythmus	komplexer	**oft freie Tonalität und Atonalität**
er homophon	öfter recht polyphon	zuweilen sehr komplex
rschiedene Affekte innerhalb nes Satzes	Ausdrucksgehalt wird intensiver; Klangfarbe wird zunehmend wichtiger.	
ste Besetzung wird wesentlich	Orchester wird erweitert, Dirigent	ganz neue Spieltechniken
rche, Hof und Bürgertum	Bedeutung der Kirche und des Hofes gehen zurück	Musik wird zum Massenmedium
rstärkt öffentliche Konzerte	weltliches und kirchliches Laienchorwesen entsteht.	

Personenregister

Komponisten

Dichter und Personen

Werkregister

Opern, Oratorien und Werke der Programm-Musik sind in der jeweiligen Originalsprache und gegebenenfalls auf Deutsch aufgeführt.

Sachregister